本书为中央高校基地项目"主体功能区制度的立法构建研究"（项目号：2018CDJSK08PT14）成果

重大法学文库

生态环境修复法治研究

Study on the Rule of Law for Eco-environmental Restoration

王 江 著

中国社会科学出版社

图书在版编目（CIP）数据

生态环境修复法治研究／王江著. —北京：中国社会科学出版社，
2019.5
（重大法学文库）
ISBN 978-7-5203-4674-0

Ⅰ.①生… Ⅱ.①王… Ⅲ.①生态恢复-环境保护法-研究-中国
Ⅳ.①D922.680.4

中国版本图书馆 CIP 数据核字（2019）第 136358 号

出 版 人	赵剑英
责任编辑	梁剑琴
责任校对	沈丁晨
责任印制	郝美娜

出　　　版	中国社会科学出版社
社　　　址	北京鼓楼西大街甲 158 号
邮　　　编	100720
网　　　址	http：//www.csspw.cn
发 行 部	010-84083685
门 市 部	010-84029450
经　　　销	新华书店及其他书店

印刷装订	环球东方（北京）印务有限公司
版　　　次	2019 年 5 月第 1 版
印　　　次	2019 年 5 月第 1 次印刷

开　　　本	710×1000　1/16
印　　　张	13.75
插　　　页	2
字　　　数	231 千字
定　　　价	78.00 元

《重大法学文库》编委会

出 版 寄 语

　　《重大法学文库》是在重庆大学法学院恢复成立十周年之际隆重面世的，首批于 2012 年 6 月推出了 10 部著作，约请重庆大学出版社编辑发行。2015 年 6 月在追思纪念重庆大学法学院创建七十年时推出了第二批 12 部著作，约请法律出版社编辑发行。本次为第三批，推出了 20 本著作，约请中国社会科学出版社编辑发行。作为改革开放以来重庆大学法学教学及学科建设的亲历者，我应邀结合本丛书一、二批的作序感言，在此寄语表达对第三批丛书出版的祝贺和期许之意。

　　随着本套丛书的逐本翻开，蕴于文字中的法学研究思想花蕾徐徐展现在我们面前。它是近年来重庆大学法学学者治学的心血与奉献的累累成果之一。或许学界的评价会智者见智，但对我们而言，仍是辛勤劳作、潜心探求的学术结晶，依然值得珍视。

　　掩卷回眸，再次审视重大法学学科发展与水平提升的历程，油然而生的依然是"映日荷花别样红"的浓浓感怀。

　　1945 年抗日战争刚胜利之际，当时的国立重庆大学即成立了法学院。新中国成立之后的 1952 年院系调整期间，重庆大学法学院教师服从调配，成为创建西南政法学院的骨干师资力量。其后的 40 余年时间内，重庆大学法学专业和师资几乎为空白。

　　在 1976 年结束"文化大革命"并经过拨乱反正，国家进入了以经济建设为中心的改革开放新时期，我校于 1983 年在经济管理学科中首先开设了"经济法"课程，这成为我校法学学科的新发端。

　　1995 年，经学校筹备申请并获得教育部批准，重庆大学正式开设了经济法学本科专业并开始招生；1998 年教育部新颁布的专业目录将多个部门法学专业统一为"法学"本科专业名称至今。

1999 年我校即申报"环境与资源保护法学"硕士点，并于 2001 年获准设立并招生；这是我校历史上第一个可以培养硕士的法学学科。

值得特别强调的是，在校领导班子正确决策和法学界同仁大力支持下，经过校内法学专业教师们近三年的筹备，重庆大学于 2002 年 6 月 16 日恢复成立了法学院，并提出了立足校情求实开拓的近中期办院目标和发展规划。这为重庆大学法学学科奠定了坚实根基和发展土壤，具有我校法学学科建设的里程碑意义。

2005 年，我校适应国家经济社会发展与生态文明建设的需求，积极申报"环境与资源保护法学"博士学位授权点，成功获得国务院学位委员会批准。为此成就了如下第一：西部十二个省区市中当批次唯一申报成功的法学博士点；西部十二个省区市中第一个环境资源法博士学科；重庆大学博士学科中首次有了法学门类。

正是有以上的学术积淀和基础，随着重庆大学"985 工程"建设的推进，2010 年我校获准设立法学一级学科博士点，除已设立的环境与资源保护法学二级学科外，随即逐步开始在法学理论、宪法与行政法学、刑法学、民商法学、经济法学、国际法学、刑事诉讼法学、知识产权法学、法律史学等二级学科领域持续培养博士研究生。

抚今追昔，近二十年来，重庆大学法学学者心无旁骛地潜心教书育人，脚踏实地地钻研探索、团结互助、艰辛创业的桩桩场景和教学科研的累累硕果，仍然历历在目。它正孕育形成重大法学人的治学精神与求学风气，鼓舞和感召着一代又一代莘莘学子坚定地向前跋涉，去创造更多的闪光业绩。

眺望未来，重庆大学法学学者正在中国全面推进依法治国的时代使命召唤下，投身其中，锐意改革，持续创新，用智慧和汗水谱写努力创建一流法学学科、一流法学院的辉煌乐章，为培养高素质法律法学人才，建设社会主义法治国家继续踏实奋斗和奉献。

随着岁月流逝，本套丛书的幽幽书香会逐渐淡去，但是它承载的重庆大学法学学者的思想结晶会持续发光、完善和拓展开去，化作中国法学前进路上又一轮坚固的铺路石。

陈德敏

2017 年 4 月

序

　　《生态环境修复法治研究》一书是王江博士的第一本学术专著，是他在博士学位论文的基础上，经过进一步补充、修改和完善的作品。获悉这一成果即将付梓，感到些许的欣慰，特闲话几句。

　　往事如烟！2004年，王江考入重庆大学法学院，成为我带的2004级硕士生。在硕士期间，他就表现出了良好的学术潜质。读硕士期间，他共发表了6篇论文，其中CSSCI论文2篇，中文核心期刊论文2篇，全国性学术会议论文2篇。2007年，他又顺利考上了博士生，成为我的首届博士弟子。攻读博士学位期间，在我的指导下，他又发表了8篇论文，其中，CLSCI论文1篇，CSSCI论文4篇，中文核心期刊和会议论文3篇。此外，他还参加了我主持的包括国家社科基金、教育部基地重大项目等多项课题的申报、研究工作。无论从发表论文的数量和质量，还是从他参与课题研究中的表现来看，王江在整个研究生期间的科研成绩均较为优异。也得益于这些锻炼和培养，使得他能够在重庆大学法学院同届的30名博士生中脱颖而出，成为在三年内顺利攻下博士学位的三个博士学生之一。毕业后的第二年，他顺利地留校工作，自此，我与他之间又多了一层同事的关系。作为他的导师，看到学生有此成绩，备感欣慰；作为他的同事和领导，我除了继续对他进行工作上的关心、帮助外，还时常督促他继续上进。

　　记得就在他读博的第二年，我受国家留学基金委的资助赴英国牛津大学访学一年。在访学期间，我通过电话和邮件等方式对他的论文选题进行了多次指导，在他将选题报给我时，多年的研学和思考让我敏锐地意识到，王江的这个选题具有很强的前瞻性。在对他的选题给予充分肯定的同时，我也有一些担心。我的担心主要源于两点：其一，根据他的汇报，生态环境修复源自恢复生态学，在自然科学领域已经得到了检验。但是要将其引入社会科学的研究领域，尤其是要纳入法学研究的范畴，必然要对其进行规范化改造和体系化构建，而这两个任务均需要在一篇论文中得以完成，其研究难度和工作量之大是显而易见的。其二，当时的环境法学界尚未对生态环境修复问题予以足够的关注，前期研究成果和可供参考的资料非常匮乏。令人欣慰的是，从最终的结果来看，王江博士较好地完成了研究任务，达到了预期设定的目标。及至现在来看，他的这一开拓性研究，无论对于后续的学术跟进，还是对于当前的生态环境修复实践，均有开创性意义和持续性价值。

文字是思想的载体，而思想是学术的灵魂。这本书中的部分文字承载了作者的学术思想，这些学术思想对于环境法的理论研究和环境法律的发展与演进均有一定的参考价值。书中可读之处很多，有待进一步思考和完善的地方也不在少数。希望王江博士能继续努力，奋发上进，追求更大的进步，也希望各位同仁能给予他更多的指导和帮助。

黄锡生

2019 年 2 月 20 日

目　　录

第一章

背景铺设：现实危机与理论回应的
双域梳析

第一节　生态环境危机的催逼与因应失当

一　生态环境危机的催逼

自农业文明被工业文明所取代后，生态环境问题就成为威胁人类生存和发展的重要事项。当生态环境问题因因应不力而逐步严重，并最终恶化为危机时，人类因工业文明而获得的成就面临着系统性调整和整体性危机。发展至今，生态环境危机已经成为继贫穷、战争、瘟疫后影响人类生存和发展的又一重大危机。生态环境危机，是指生态系统的结构和功能被严重破坏，从而威胁人类生存和发展的现象。[①] 视线转向中国，从以生态学为代表的环境科学视角审视，我国正面临着非常严重的生态环境危机。

（一）生态环境承载力下降，生态环境退化加剧

生态环境承载力亦称环境承受力或环境忍耐力，是指某一环境状态和结构在不发生对人类生存和发展有害变化的前提下，所能承受的人类社会作用在强度、规模和速度上的限值，它是环境的基本属性，即环境有限性的自我调节能力的量度。当人类社会对环境的作用，不论在强度、规模还是速度上超过这个限值后，环境状态和结构就将发生不利于人类生存和发

---

① 王召明：《草原区域荒漠化防治与产业融合发展的探索》，《草原与草业》2017 年第 29 期。

展的变化。① 美国环境保护机构科学顾问委员会也曾明确指出："生态系统，比如大气、海洋、湿地，都有一个吸收由人类行为所引起的环境恶化的容量极限。超过这个极限，生态系统迟早会发生恶化，人类的健康则迟早会受到破坏。"② 生态环境承载力下降的直接表现是生态环境的退化加剧。我国的生态环境退化问题从以下几方面可以窥知全貌：

一是草地退化、土地沙化、荒漠化面积巨大。从总体上看，我国草原生态局部改善、总体恶化的趋势尚未根本扭转，绝大部分草原存在不同程度的退化、沙化、石漠化、盐渍化等现象。③ 根据国家林业局 2015 年 12 月发布的《中国荒漠化和沙化状况公报》的数据表明，截至 2014 年，我国荒漠化土地面积 261.16 万平方公里，重度以上荒漠化土地面积 93.68 万平方公里，占全国荒漠化土地总面积的 35.87%；沙化土地面积 172.12 万平方公里，重度以上沙化土地面积 120.64 万平方公里，占全国沙化土地总面积的 70.09%，同时，全国具有明显沙化趋势的土地面积为 30.03 万平方公里，占国土总面积的 3.13%。

二是土壤侵蚀强度大，水土流失严重。我国是世界上水土流失最为严重的国家之一。数据表明，目前，我国水土流失面积为 367 万公顷，占国土面积的 38.2%，而且在以每年 1 万公顷的速度递增，每年流失 50 亿公顷土壤，损失 6.67 万公顷土地。此外，我国还是土壤侵蚀问题最严重的国家之一，几乎所有的大流域都存在严重的水土流失现象。水利部 2013 年 5 月发布的《第一次全国水利普查水土保持情况公报》的数据表明，到 2011 年全国（未含香港、澳门特别行政区和台湾省）共有土壤侵蚀面积 294.91 万平方公里，占普查范围总面积的 31.12%。突出的问题还有"边治理，边流失"的状况未得到扭转。西部地区植被稀疏、降水量少，导致流域人工种植的林地成活率不高，加剧了风蚀程度。此外，乱砍滥伐、内部河流的不合理开发以及部分水利开发建设项目不注重水土保持，也加剧了人为的水土流失。总体来看，我国水土流失和生态环境退化状况未得到有效控制。

---

①　罗肇鸿、王怀宁等主编：《资本主义大辞典》，人民出版社 1995 年版，第 1016 页。

②　[美] 查尔斯·哈珀：《环境与社会——环境问题中的人文视野》，肖晨阳等译，天津人民出版社 1998 年版，第 323 页。

③　李洪远、鞠美庭等：《生态恢复的原理与实践》，化学工业出版社 2005 年版，第 17 页。

三是自然灾害频发，地区贫困不断加剧。生态脆弱区是我国生态保护的重点区域，也是中国最贫困的地区。国家林业局 2015 年发布的《中国荒漠化和沙化状况公报》的数据表明，我国沙漠化土地面积中，生态脆弱的新疆、内蒙古、西藏、甘肃、青海 5 省（区），荒漠化土地面积占全国荒漠化土地总面积的 95.64%，沙化土地面积占全国沙化土地总面积的 93.95%。生态脆弱区每年因沙尘暴、泥石流、山体滑坡、洪涝灾害等各种自然灾害所造成的经济损失为 2000 多亿元人民币，自然灾害损失率年均递增 9%，普遍高于生态脆弱区 GDP 增长率。①

四是气候干旱，水资源短缺，资源环境矛盾突出。我国北方生态脆弱区耕地面积占全国的 64.8%，实际可用水量仅占全国的 15.6%，70% 以上地区全年降水不足 300 毫米，每年因缺水而使 1300 万—4000 万公顷农田受旱。根据《生态环境质量公报》的数据显示，2017 年全国平均降水量为 641.3 毫米，但内蒙古大部、宁夏、甘肃中部、青海中部、西藏中西部、新疆北部等地降水量为 100—400 毫米；新疆南部、甘肃西北部和内蒙古西部等地降水量不足 100 毫米。西部地区的降水不足，同时，由于水土流失并带走大量的氮、磷、钾等营养元素，从而导致土地干旱、贫瘠化、退化现象十分严重。再加上我国人口多、耕地少，土地后备资源相对匮乏，人地矛盾越来越突出。

五是湿地退化，调蓄功能下降，生物多样性丧失。我国现有湿地面积位居亚洲第一，世界第四。② 但我国的湿地正面临着严重的生态功能的退化和丧失风险。根据第二次全国湿地资源的调查结果，一方面，我国湿地面积持续减少，近十年来我国湿地面积减少了 339.63 万公顷，其中自然湿地面积减少了 337.62 公顷，减少率为 9.33%。此外，河流、湖泊湿地沼泽化，河流湿地转为人工库塘等情况突出；另一方面，湿地受威胁压力进一步增加。湿地受威胁因素从原有的三因素增加至现在的污染、过度捕捞和采集、围垦、外来物种入侵和基建占用五大因子，主要威胁因素增多，影响频次和面积都呈增加态势，生态功能严重退化。

---

① 地区贫困问题与生态环境密切相关。统计表明，我国《"八七"扶贫计划》所涉及的 592 个贫困县，中西部地区占 52%，其中 80% 以上的贫困县地处生态脆弱区。2005 年全国绝对贫困人口 2365 万，其中 95% 以上分布在生态环境极度脆弱的老少边穷地区。

② 徐慧博、乔红娟、雷茵茹：《中国湿地保护现状问题及对策分析》，《南方农业》2018 年第 19 期。

六是脆弱生态系统分布广泛、面积增大。生态学研究表明，脆弱生态系统是抵抗外界干扰能力低、自身稳定性差的生态系统，它极易沦为退化的生态系统，最终导致生态环境的退化。我国生态脆弱生态系统面积超过国土面积的1/5。[①]数据表明，最近30年，由于人为过度干扰，植被退化趋势明显，水土流失面积平均每年净增3%以上，土壤侵蚀模数平均高达3000吨/平方公里/年，云贵川石漠化发生区，每年流失表土约1厘米，输入江河水体的泥沙总量为40亿—60亿吨。

上述事实和数据是我国生态环境承载力下降，生态环境退化加剧的直接证据。

（二）生态系统退化导致生态环境类型的多样性受到挑战

正如生物多样性对于生态环境的重要性，生态环境类型的多样性对于生态环境的健康和稳定，乃至对于生物多样性都有重要的意义。根据《2017年中国生态环境状况公报》统计的数据，中国具有地球陆地生态系统的各种类型，其中森林类型212类、竹林36类、灌丛113类、草甸77类、荒漠52类。我国淡水生态系统复杂，自然湿地有沼泽湿地、近海与海岸湿地、河滨湿地和湖泊湿地4大类。近海海域有黄海、东海、南海和黑潮流域4个大海洋生态系统，分布滨海湿地、红树林、珊瑚礁、河口、海湾、潟湖、岛屿、上升流、海草床等。虽然我国生态系统的类型具有多样性，但退化现象也十分严重。以我国的几大流域的生态环境为例，由于水资源与水电资源的大规模开发，河流生态系统面临巨大冲击，河流断流、湿地丧失及废水排放显著增加，水环境污染严重、流域类生态环境的多样性受到挑战。例如，长江上游支流水电开发强度大，河道断流普遍发生。断流、水环境严重污染以及水库和水电站建设，导致河道片段化、江湖阻隔和水环境恶化，野生动植物栖息地丧失与退化。又如黄河27条主要支流中，11条常年干涸，黄河下游干流已经成为人工控制的"水渠"。海河流域优、良等级森林生态系统面积比例仅为4.6%，水土流失面积比例为30.7%，水资源总开发利用程度为98%，全流域浅层地下水超采严

[①]　我国脆弱生态系统的分布为北方半干旱—半湿润区、西北干旱脆弱区、华北平原区、南方丘陵区、西南石灰岩山地、西南山地和青藏高原区。其中，西部12省（自治区、直辖市）是我国生态脆弱区的集中分布区。转引自李洪远、鞠美庭《生态修复的原理与实践》，化学工业出版社2005年版，第18页。

重，总开发利用程度高达 110.4%。

近30年来，我国生态系统退化呈现出区域性、累积性和综合性的新特点。区域性是指生态退化已经由局部扩大到更大范围，由流域的部分扩大到全流域。累积性是指多个时段与多个地区的生态退化，由于累积作用而具有长期性、全国或全球效益，并引发灾难性后果。综合性是指由单要素的生态退化扩大到多要素的总体退化。这种综合性体现在各种生态退化过程互为因果并相互交织。①

引起生态系统退化的原因是多方面的，但其基本机理是在干扰的压力下，生态系统的结构和功能发生变化，干扰是生态系统退化的驱动力。②生态系统退化的干扰来自两个方面：其一是自然干扰，包括洪水、冰雹、地震等自然因素对生态系统的干扰。其二是人类干扰。人类干扰包括有毒化学物质的施放与污染、森林砍伐、植被过度利用、露天开采等人类活动因素对生态系统的影响。③现实生活中的生态系统退化往往是多种干扰的综合作用所造成的。例如对草地的过度放牧，致使草地的沙化，而洪水又会造成沙化草地的水土流失，导致草地的生态系统退化更为严重。我国大部分的国土属于生态脆弱区，其中西部地区的生态脆弱尤其明显。受恶劣气候的影响，生态脆弱区的生态系统退化严重，加上人为干扰的累积效应，我国的生态系统退化问题非常突出。

生态系统是生态环境的基本组织结构和基础性要素。一定区域内的生态环境往往由若干的生态系统所构成，生态系统的多样性是生态环境多样性的基础。我国的生态系统退化直接影响到生态系统的多样性，间接影响到生态环境类型的多样性。

（三）生态系统退化导致"生态难民"问题凸显

"生态难民"问题是随着生态系统破坏和退化，生态环境恶化而出现的社会性问题。生态难民，是指由于生态恶化所导致的生态需要得不到正常满足的贫困人口或群体。④《资源环境法词典》将"生态难民"界定为

---

① 于秀波：《我国生态退化、生态恢复及政策保障研究》，《资源科学》2002年第1期。

② 彭少麟：《恢复生态学》，气象出版社2007年版，第23页。

③ 同上书，第27页。

④ 王小梅：《"三江源"生态难民问题研究》，《青海民族学院学报》（社会科学版）2006年第1期。

"由于生态系统的恶化和环境质量的下降导致失去生存基础的居民"①。《新词语大词典》将"生态难民"界定为"由于生态平衡遭到破坏而产生的自然灾害的影响而被迫流离失所生活困难的人"。② 人为的生态破坏和污染，以及生态环境的自然退化，致使生态环境系统内部失衡、生态功能退化，从而引发居民生存的生态环境质量持续降低，当生态环境质量不能满足居民的需求时，"生态难民"必然出现。

"生态难民"问题的本质是社会问题，但其根源是生态环境问题。一定区域内生态系统退化的直接后果是区域生态环境恶化，环境质量下降，而区域性生态系统退化的最终受害者是区域内的居民。

依据"生态难民"产生的生态原因，"生态难民"可以分为环境污染"生态难民"和生态环境退化"生态难民"。我国的"生态难民"问题成因复杂。既有环境污染所导致的"生态难民"，又有生态环境自然退化而导致的"生态难民"。此外，以上两种原因共同导致的"生态难民"更是占整个"生态难民"群体的绝对多数。以山西涉矿"生态难民"为例，矿产资源的开采一方面带来环境污染，煤矸石自燃和煤矿甲烷体的排放造成大气污染，另一方面导致生态环境自然退化，开采形成的采空区塌陷灾害导致森林植被大面积的减少，加速了土地的荒漠化。此外，采煤对水资源破坏严重，全省69%的河段完全失去使用功能。③

就我国的情况来看，我国正面临着非常严重的"生态难民"问题。

从"生态难民"的分布来看，我国的"生态难民"分布广泛，遍及西部、北部地以及南方部分沼泽地区，又以西部地区为"生态难民"的主要集中地，其中，陕西和山西两省的"生态难民"问题尤其突出。

从"生态难民"的救济来看，"生态难民"问题尚未引起足够的重视，同时，以生态补偿机制为代表的相关政策和法制尚不健全，导致我国的"生态难民"难以得到充分的救济。

从"生态难民"的危害来看，"生态难民"本身涉及社会、环境与经济诸多方面。"生态难民"的救济会引发"生态移民"潮，在耗费了大量

---

① 江伟钰、陈方林主编：《资源环境法词典》，中国法制出版社2005年版，第1324页。

② 韩明安主编：《新词语大词典》，黑龙江人民出版社1991年版，第627页。

③ 肖峰昌、刘剑：《山西涉矿生态难民成因及制度保障》，《山西省政法管理干部学院学报》2009年第2期。

社会资源的同时会加大其周边城市的人口压力、环境压力，极易引发新的生态环境问题。从总体上看，因生态环境恶化，环境质量下降而产生的难民是"生态难民"的主要来源。我国的"生态难民"问题既影响了西部大开发战略的实施效果，也影响了和谐社会和生态文明的建设，给社会稳定带来隐患。

从"生态难民"问题的发展趋势来看，我国的"生态难民"风险有持续增强的趋势，因生态环境危机迟迟未得到有效的应对，多年环境污染和破坏积累下来的环境损害也没有得到很好的治理，资源依赖型的经济运行仍是主流，自然资源耗竭的速度持续增长等，将进一步加重我国的"生态难民"问题。特别是我国西部和北部的几个资源大省，面临着日益增强的新增"生态难民"风险。[①]

（四）生态环境系统内部失衡导致的灾害频发

研究表明，频发的自然灾害背后也有生态环境退化的原因。生态环境的各个系统之间存在复杂的联系，由生态环境系统内部失衡而导致的自然灾害也是我国生态环境危机的重要表现。生态学研究表明，生态环境作为一个大的生态系统，其内部包含若干子生态系统，而构成子生态系统的基本要素是生态因素。生态因素分为生物因素和非生物因素，各生态因素之间相互联系，相互影响，共同构成复杂多样的生态环境系统。一般情况下，生态环境系统内部各生态因素之间通过能量的交换，呈现并维持着平衡的状态。基于人为或自然原因而导致生态环境系统内部之间的平衡被打破，生态环境系统就会出现异常，当这种异常达到一定的强度，就会通过各种方式表现出来。生态环境系统内部失衡直接导致各种自然灾害的发生，造成巨大的损失和危害。《2017年中国生态环境状况公报》的统计数据表明，由区域生态系统内部失衡所导致的区域性、小规模灾害的数量更是无法统计，所造成的损失也非常惊人。

（五）生物多样性危机加剧

生物多样性危机是近年来学界关注的热点问题。1992年联合国《生物多样性公约》第2条规定，生物多样性是指所有来源的活的生物体中的变异体，这些来源包括陆地、海洋和其他水生生态系统及其所构成的生态

---

① 自2009年起，国家发展与改革委员会分批次公布了我国的资源枯竭城市，"生态难民"问题是资源枯竭城市面临的主要问题。

综合体。1994 年我国制定的《生物多样性保护行动计划》中，将生物多样性界定为地球上所有的生物、植物、动物和微生物及其所构成的综合体。生态学研究表明，生物多样性有四个层次，分别是遗传基因多样性、物种多样性、生态系统多样性和景观多样性。其中，物种多样性和遗传基因多样性是生物多样性的基础，生态系统多样性和景观多样性是前两者赖以存在的载体，因而，生态系统多样性和景观多样性是生物多样性的外部环境载体。

我国是世界上少数几个生物多样性特别丰富的国家之一。据 1990 年联合国专家就世界生物多样性进行统计的数据表明，我国的生物多样性在全球位居第八，在北半球位居第一。[①] 与此同时，我国的生物多样性正承受巨大的考验，生物多样性危机日益严重。据统计，在中国高等植物中濒危或接近濒危的物种达 4000—5000 种，约占中国拥有的物种总数的 15%—20%，高于世界 10%—15% 的平均水平。据《2017 年中国生态环境状况公报》数据显示，全国 34450 种高等植物中受威胁的高等植物有 3767 种，约占评估物种总数的 10.9%，对全国 4357 种已知脊椎动物（除海洋鱼类）中受威胁的脊椎动物有 932 种，约占评估物种总数的 21.4%；在联合国《国际濒危物种贸易公约》列出的 640 种世界濒危物种中，中国有 156 种，约占总数的 1/4。据《2008 年中国环境状况公报》数据显示，我国哺乳动物中濒危物种比重约占 20%，鸟类中濒危物种比重达到 15.4%。

此外，栖息地丧失与破碎化、资源的过度利用、气候变化、环境污染

---

① 就物种多样性来看，我国约有脊椎动物 6266 种（其中兽类约 500 种，鸟类约 1258 种，爬行类约 376 种，两栖类约 284 种，鱼类约 3862 种），约占世界脊椎动物种类的 10%。我国约有 3 万多种高等植物，居世界第 3 位。其中约 50%—60% 为我国所特有。我国已定名的昆虫有 3000 多种。就生态系统的多样性来看，据《2006 年中国生态环境状况公报》统计，我国具有地球陆生生态系统的各种类型，且每种包括多种气候型和土壤型，主要有森林、灌丛、草甸、沼泽、草原和稀树草原、荒漠和冻原等，共约 595 类（群系）；在水生生态系统中，有各类河流生态系统、湖泊生态系统以及海洋生态系统等。我国是世界上湿地类型最齐全、数量最丰富的国家之一。现有 100 公顷以上的湿地总面积 3848 万公顷（不包括香港、澳门和台湾地区），占国土总面积的 4% 和世界湿地总面积的 10%，分别居亚洲第 1 位和世界第 4 位。其中天然湿地面积 3620 万公顷，包括滨海湿地面积 594 万公顷，河流湿地面积 820 万公顷，湖泊湿地面积 835 万公顷，沼泽湿地面积为 1370 万公顷。以上数据为笔者查阅各种统计资料并汇总后得出。

以及生物入侵等影响因素都在加剧我国生物多样性危机。具体来看，其一，我国经济快速发展和城镇化进程的持续推进，均需要大量的基础设施建设工程，而建造的铁路和公路等交通设施使野生动植物栖息环境破碎化，兴修水利工程造成湖泊、江河的隔断，彻底改变河道的自然状态，对鱼类繁殖造成灾难性的后果。其二，我国草原退化沙化情况严重，造成物种赖以生存的栖息地被破坏。农业部草原监理中心 2016 年统计的数据表明，我国过度放牧现象严重，全国重点天然草原的平均牲畜超载率为 12.4%，全国 268 个牧区半牧区县（旗、市）天然草原的平均牲畜超载率为 15.5%。长期过度放牧破坏了草原植被，造成草原退化、沙化。其三，环境污染。我国环境状况局部改善，但总体来看污染情况依然严重。环境污染一方面直接引起生态灾害，对该地区的生物多样性造成严重损害，另一方面破间接造成栖息地的丧失，从而导致物种濒临灭绝。其四，外来物种入侵。我国幅员辽阔，跨越近 50 个纬度、5 个气候带，多样化的生态系统使来自世界各地的大多数外来物种都可能在中国找到合适的生境。我国是世界上遭受外来入侵物种危害最严重的国家之一，外来入侵物种对农林业生产、环境和生物多样性造成严重的不利影响。其五，气候变化。我国是全球气候变化的敏感区和影响显著区。根据《2017 中国气候蓝皮书》显示，近 20 年是我国自 20 世纪初以来的最暖时期。1951—2017 年，我国地表年平均气温每 10 年升高 0.24℃，升温率高于同期全球平均水平。而气候的变化会影响生物候期改变、物种分布范围变化、加大物种灭绝速率，对生物多样性造成了广泛的影响。[①]

二　生态环境危机的因应失当

在人类诞生前，生态环境是在各种自然力量的交互作用下，遵循自身的规律维持其有序的结构和稳定的平衡状态。人类诞生后，在以自然为神的古代，由于认识的浅薄和生产力的低下，对生态环境的影响相对较小，这时，生态环境靠其自身的机制尚能维持固有的平衡，因此，生态环境问题基本上是不存在的。随着劳动工具的改进，特别是火的使用，人类对生态环境开始产生重大影响。自工业革命起，人类的活动能力迅速提高，人

---

① 吴军、徐海根、陈炼：《气候变化对物种影响研究综述》，《生态与农村环境学报》2011 年第 4 期。

类由自然的奴仆一跃而成为自然的征服者和统治者。于是在对自然的开发中，人类需要的物质资料得到了极大的满足，但与此同时，由于掠夺式的开发也给生态环境带来了严重的消极影响。随着大规模的物质资料生产和人口增长所带来的需求增加，导致人类向生态环境索取的物质资料和能源总量迅速增加。由于生态环境自然生产能力是有限的，当人类对生态环境的消费小于生态环境的自然生产力时，生态环境问题不会出现，当人类对生态环境的消费大于生态环境的自然生产力时，便会出现生态环境的恶化，累积以后就会导致生态环境危机。对生态环境危机的应对不力主要表现在对生态环境危机根源的认识和生态环境危机应对社会性策略的效果上。

（一）对生态环境危机根源的认识不足

对生态环境危机根源的认识不足是我们应对生态环境危机不力的重要原因。目前，生态环境危机的根源还是我们苦苦思索的命题，尚无一种观点能成功说服大家而成为普遍认可的主流论断。

法兰克福学派认为，生态环境危机的根源是技术理性。技术既是人类理性力量扩张的工具，也是人类理性意识的后果，其本质是人类理性力量。人类在运用技术改造客观世界的同时，却失去了对技术的有效控制。"虽然在一般意义上技术对人有益，但它也能带来危害。尽管它是人的行为，却超出了个体控制，甚至超出了整个人类的控制。"[1] 科技在创造物质财富，带来惠益的同时，由于其发展超过了人类的控制能力，人类对科技的不恰当使用导致科技发生异化。[2] "异化"（alienation）之意为脱离、疏远、转让、对立。作为一个哲学概念，它用来说明主体与客体的一种关系：主体活动结果创造出的客体，离开主体而独立，又和主体相对立而且主要是对立，就是主体的异化。自然中的技术异化是指人类利用技术控制自然而满足自己的过程中，自然以相应的力量反控制人类。人类以多大的力量控制自然，自然就以多大的力量反控制人类，这种自然对人的控制就表现为技术异化。伴随着科技的发展，人类的理性力量不断增强，其自我

———————————

① 按贝尔纳·斯蒂格勒的观点，技术力量首先作为人的力量获得前所未有的、无法预见的增长。可是，人类越强大，世界就越是趋向"非人化"发展。人类对自然同时也就是对自己越来越多的干预明显地表示：人类的力量是一种摧毁人类、摧毁世界、使人类自身非自然化的力量。参见［法］贝尔纳·斯蒂格勒《技术与时间》，裴程译，译林出版社 2000 年版，第 106 页。

② 李世雁：《自然中的技术异化》，《自然辩证法研究》2001 年第 3 期。

意识得以不断膨胀，"控制自然"成为人类自我意识的必然欲求。在这种观念指导下，人类对技术的运用导致了两个相互联系的灾难性后果：一是社会层面的全球环境矛盾，二是威胁所有生命体的生态失衡。[①] 有人认为生态环境问题是人口的过快增长，超过生态环境承载极限的后果。人口的快速增长、人口规模的不断扩大，从以下几个方面影响生态环境。其一，生产的扩大。生产的扩大既加快了自然资源的耗竭速度，又增强了人类对生态环境的干扰强度，导致生态环境承载力下降。其二，对环境污染的加剧。大规模的人口产生大量的废弃物，对生态环境排污的规模不断扩大，严重污染生态环境。其三，消费的增长。人口规模的扩大，导致消费的持续增长，进而刺激生产规模的扩大，给生态环境承载极限带来负担。有人认为生态环境问题的根源是人类错误的生产方式。人类错误的生产方式主要体现在生产规模的扩大。生产的发展、生产规模的不断扩大导致生态环境不堪重负，最终造成严重的生态环境问题。有学者认为，生态环境的根源是消费。这种观点认为，消费问题是环境问题的核心问题，人类对生物圈的影响正在产生着对生态环境的压力，威胁着地球支撑生命的能力。而这种影响是通过人们使用或消费能源和原材料所产生的。人类消费方式、消费结构和消费规模的不断扩大，人类的消费需求远远超过了生态环境所能提供的物质和能量，向自然的过度索取引发生态环境问题。[②] 有人认为生态环境危机的根源是资本主义制度，生态环境危机实质是资本主义制度下生产规模扩大，过度消费的制度性危机。

对生态环境危机进行宽视野、多维度的剖析对探求生态环境危机根源有积极意义。生态环境危机是人类所面临的新问题，在对其根源进行理论探讨的同时，必须注重消解生态环境危机实践的需求。生态环境危机根植于技术、制度和文明层面。

从技术层面来看，生态环境危机是技术发展的不均衡性带来的负面效应。技术是人类征服自然的工具，由科学发展推动的技术进步，促使人类

---

① 威廉·莱斯明确指出，控制自然的观念是生态危机的最深层的根源。人类技术在控制自然的观念下，利用自然力的性质的转变带来两个相互联系的灾难性后果：广泛威胁着一切有机生命的供养基础和生物的生态平衡，以及不断扩大的人类对于一个统一的全球环境的激烈斗争。参见［加拿大］威廉·莱斯《自然的控制》，岳长龄译，重庆出版社1993年版，第186页。

② ［英］斯里达斯·拉夫：《我们的家园——地球》，夏堃堡译，中国环境科学出版社1993年，第12页。

征服自然的愿望得以实现。人类活动的空间突破了地球圈的限制，开始探索苍茫的外太空，人类可以依靠技术，向内深入研究地球的地质构造。人类在使用技术征服自然的过程中，获得了前所未有的好处，促使人类不断地更新技术，追求更高、更新、更精的技术。在这个过程中，我们却忽视了对生态环境的关注，导致当我们面对日益严重的生态环境危机时，缺乏足够的技术应对。与人类征服自然的技术的先进相比较，生态环境污染防治、生态环境恢复等方面的技术则显得非常落后。从制度层面来看，应从生产、分配、交换和消费这四个经济运行的环节中探寻生态环境危机的根源。从生产层面来看，生产组织制度不合理，大规模的工业生产，带来严重的环境污染，以高能耗、高排放、低产出为特征的粗放型生产组织形态为代表的传统大规模工业生产，带来了自然资源的耗竭和严重的环境污染。从生产资料的分配和交换层面来看，自然资源是最主要的生产资料，而自然资源的价格和其价值并不相符。传统的以自然资源的经济价值来确定其价格，忽视了自然资源的生态价值，导致自然资源的价格和价值普遍存在脱节。从消费来看，消费结构、消费模式、消费税收、消费文化和消费意识等方面制度的不合理加重了生态环境危机。从文明层面来看，生态环境危机是现代工业文明的产物，因而，生态环境危机是现代工业文明种种弊端的集中体现，现代工业文明所内含的矛盾是文明维度下的生态环境危机根源。"如果说过去 50 多年环境保护的历史和生态环境持续恶化的现实给人类提供了什么教训的话，那么，这就是：环境危机是工业文明的结构性特征。工业文明的基本结构和运行机制决定了，生态危机是工业文明的必然产物。"[1] 解构现代工业文明发现，"二元"对立[2]、同一化、发展以及最大化是现代工业的典型特征。

笛卡尔最早提出"二元论"的思想，其中，"主—客"二元是"二元论"的代表。现代工业文明夸大了"主—客"二元的对立，在误读"二元论"的同时，人类也走入了带有极端色彩的"人类中心主义"认知之中。在"人类中心主义"的指导下，一切以人的需要为出发点和归宿，将道德共同体的范畴限定于人类，伦理原则和人文关怀也只适用于人类，

---

① 杨通进、高予远：《现代文明的生态转向》，重庆出版社 2007 年版，第 2 页。

② 此处的"二元"应做多样化的理解。包括精神与物质、主体与客体、人类社会与自然生态、价值与事实等。

生态环境仅仅是作为对象化的客观存在，只有依附于人的需要才具有存在价值。正是在这种意识的支配下，人类在改造客观世界的过程中才毫无顾忌地大肆破坏生态环境，最终促使生态环境危机的产生。

从现代工业文明的发展历程来看，随着技术在全球范围内的传播，现代工业文明迅速取代农业文明成为世界文明的主要形态。信息、资源、技术等要素在全球范围内的自由流通，促使现代工业文明产生了分离和重新组合的特点，标准化、同一化成为现代工业文明的发展趋势。标准化和同一化的发展也加剧了生态环境危机在全球范围内的蔓延，促使生态环境危机成为世界性危机。

发展是现代工业文明的核心理念。现代工业文明发展的速度超过了人类最初的预期，其所创造的财富比以往历史创造的全部财富还要丰富。人类享受着现代工业文明发展所带来的各种好处，人类的意识发生了潜移默化的变化，认为历史和现代工业文明将以持续的速度不断往前取得进步，这种进步是不可阻断的。一味地追求发展，导致我们仅注重发展速度而忽视发展质量，只顾注重经济效益而忽视生态效益，最终酿成生态环境危机。

现代工业文明以经济效益最大化为目标。以扩大生产规模作为最主要的追求经济效益最大化的方式。社会化、机械化大生产在提高生产效率的同时也带来了大量的资源消耗和废弃物。此外，与最大化生产相互促进的大量消费也以废弃物的方式被返还自然。最终，自然资源耗竭、大规模的生态环境污染、日益严重的生态环境破坏在追求最大化的过程中显露出来。

正如前文所述，生态环境危机是生态系统的结构和功能严重破坏，从而威胁人类生存和发展的现象。生态学研究表明，生态系统结构和功能的破坏亦是生态系统退化。退化生态系统形成的直接原因是人类活动，部分来自自然灾害，有时两者叠加发生作用。生态系统退化的过程由感染的强度、持续时间和规模所决定。[①] 生态学者 Daily 对造成生态系统退化的人类活动进行了排序：过度开发（直接破坏和环境污染）占 35%，毁林占 30%，农业活动占 28%，过度收获薪材占 7%，生物工业占 1%。而自然

---

①　彭少麟、任海：《恢复生态学导论》，科学出版社 2001 年版，第 37 页。

干扰中外来物种入侵、火灾、水灾和地震是最重要的因素。[①] 由此可见，从生态环境危机的产生机理来看，生态环境危机具有双重诱因：一是人为原因导致的生态环境破坏和环境污染，二是自然原因导致的生态环境破坏。

（二）生态环境危机应对的社会性策略失当

1972 年"联合国人类环境会议"提出，环境问题是一个全球性问题，"环境保护"作为专有术语自此被广泛采用。我国也于 20 世纪 70 年代正式提出"环境保护"这一概念。迄今为止，为更好地保护生态环境，我们在各个领域、各种层面先后提出了多种新的举措，也采取过多种策略以应对生态环境危机。

在物质资料的生产领域，我们先后提出了节约利用自然资源、资源综合利用、绿色生产、清洁生产等策略。通过实行优惠政策，鼓励和扶持企业积极开展资源综合利用，在矿产资源开采过程中对共生、伴生矿进行综合开发与合理利用；对生产过程中产生的废渣、废水（液）、废气、余热、余压等进行回收和合理利用；对社会生产和消费过程中产生的各种废旧物资进行回收和再生利用。同时将环境影响与资源消耗纳入生产管理之中的现代生产模式，综合使用现代绿色生产技术、污染防治技术、绿色管理技术来达到资源的最大化利用和污染物最小化排放。此外，国务院早在1996 年颁布《进一步开展资源综合利用意见的通知》、全国人民代表大会常务委员会于 2002 年颁布《清洁生产促进法》、2007 年颁布《节约能源法》等，通过立法促进物质资料的生产领域保护和改善环境，促进经济与社会可持续发展。

在物质资料的消费领域，我们提出过绿色消费、节约消费、低碳消费、生态消费等策略。绿色消费是最早在人类意识到环境问题提出的一种合理消费模式的称呼，而节约消费是对传统消耗式消费的转变。生态消费，是在国内使用较多的概念，国外学界则使用率不高，1994 年由国内学者黄志斌和赵定涛最早提出，[②] 此后 2007 年党的十七大明确提出"建

---

① Daily 认为，至少基于以下四点原因人类进行生态恢复是非常必要的：需要增加作物产量满足人类需求；人类活动已对地球的大气循环和能量流动产生了严重的影响；生物多样性依赖于人类保护和生态环境恢复；土地退化限制了社会经济的发展。参见 Daily G. C.，"Restoring Value to Word Degraded Lands"，*Science*，1995，pp. 350-354.

② 黄志斌、赵定涛：《试论未来的生态消费模式》，《预测》1994 年第 3 期。

设生态文明，基本形成节约能源资源和保护生态环境的产业结构、增长方式、消费模式"并形成文件。① 随着遏制全球变暖，削减二氧化碳等温室气体的排放量成为 21 世纪世界各国的共识，低碳消费成为新的消费策略，它更强调的是减少二氧化碳等温室气体的排放，是当前缓解气候危机、保持人类社会和生态环境可持续性的应急手段。

在经济发展模式上，我们也提出过循环经济、低碳经济等。循环经济概念于 20 世纪 90 年代末进入我国，被各界广泛认同，并进一步上升为国家发展战略。我国先后于 2005 年印发了《关于加快发展循环经济的若干意见》，2009 年颁布实施了《循环经济促进法》，2013 年颁布了《循环经济发展战略及近期行动计划》，2017 年印发了《循环发展引领行动》。在工业领域，实施了园区循环化改造示范工程；在农业领域，实践探索了农林牧渔多业共生、农工旅复合发展的新型农业循环经济模式；在服务业领域，通过推动服务主体绿色化、服务过程清洁化，在引导人们树立绿色循环低碳理念，转变消费模式方面发挥了积极作用。低碳经济概念正式进入中国始于 2007 年 9 月在亚太经合组织（APEC）的第 15 次领导人会议，其间时任国家主席胡锦涛明确提出要"发展低碳经济"。此后中国政府从中央到地方层面，通过立法规划引导、推进行业和区域试点、加强低碳技术研发、推广以及激励约束制度创新等不断促进低碳经济的发展。

在环保的社会实践层面，采取过包括各种形式的生态工程建设、生态治理、土地复垦、自然保护区、退耕还林、退耕还水等措施节约利用自然资源、绿色消费、生态消费、绿色生产、清洁生产、资源综合利用、循环经济、生态工程建设等。首次明确提出生态环境建设项目并纳入全国经济社会发展规划的当是国家计委于 1998 年年底出台的《全国生态环境建设规划》。在这个规划中，原国家计委国家计委提出了以下六项作为中国生态环境建设的主要内容，即自然保护（包括生态系统、野生动植物和自然景观的保护）、植树造林、水土保持、荒漠化防治、草原建设和生态农业。这个规划出台之后，在中国又推出了好几个大的生态工程，最主要的如天然林保护工程、退耕还林（草）工程、退（休、轮）牧还草工程。现行的重大生态工程，主要包括退耕还林还草工程、退牧还草工程、青海三江源生态保护和建设二期工程、京津风沙源治理工程、天然林资源保护

① 邱高会：《我国生态消费的研究现状及展望》，《中国市场》2010 年第 2 期。

工程、三北等防护林体系建设工程、水土保持重点工程、石漠化综合治理工程、沙化土地封禁保护区建设工程、湿地保护与恢复工程、农牧交错带已垦草原综合治理工程。通过以上的环境保护工程性治理，我国的环境保护取得了非常显著的成效，但从总体来看，我国生态环境局部好转、整体恶化的局面并未得到根本性的改变。

例如，就大气环境方面而言，虽然空气质量指标连年下降，但城市空气质量的总体局面仍然严峻。影响环境质量的主要指标二氧化硫、二氧化氮、PM10 和 PM2.5 呈现连年下降趋势，尤其是二氧化硫年均浓度在 5 年间下降了 55%，下降趋势显著。但从整体来看，截至 2017 年，全国 338 个地级及以上城市中仅有 99 个城市环境空气质量达标，环境质量超标城市占 70.7%，城市空气质量不达标的城市仍占绝大部分。此外，2017 年，我国 338 个城市发生重度污染 2311 天次、严重污染 802 天次，其中，有 48 个城市重度及以上污染天数超过 20 天，分布在新疆、河北、河南等 12 个省份（部分城市受沙尘影响），大气污染形势依旧严峻。2013—2017 年空气质量指标情况见表 1-1。

表 1-1　　　　　　　　　　2013—2017 年空气质量指标

	2013 年	2014 年	2015 年	2016 年	2017 年
PM2.5 年均浓度（$\mu g/m^3$）	72	62	50	47	43
PM10 年均浓度（$\mu g/m^3$）	118	105	87	82	75
二氧化硫年均浓度（$\mu g/m^3$）	40	35	25	22	18
二氧化氮年均浓度（$\mu g/m^3$）	44	38	30	30	31
城市环境空气质量超标比例	95.9%	90.1%	78.4%	75.1%	70.7%

数据来源：根据 2013—2017 年的中国环境质量公报整理。

就淡水环境保护而言，地表水水质状况稳中趋好，水质优良（Ⅰ—Ⅲ类）断面比例占大部分，基本维持在 65%—70%。但地表水水质改善状况不明显，尤其是丧失使用功能的劣 V 类断面水质，仍维持在 8%—9% 的比例；流域水质质量状况改善情况不明显，除西南诸河、西北诸河的流域水质一直保持优，Ⅰ—Ⅲ类水质比例占 90% 以上之外，其他流域的水质改善不明显，尤其是海河流域、淮河流域仍会出现中、重度污染状况，Ⅰ—Ⅲ类水质比例在 40% 波动，全国十大重点流域的水质，有一半流域 Ⅰ—Ⅲ类水质比例低于或等于 60%。全国的淡水环境修复状况依旧严峻。2013—2017 年地表水总体水质比例见表 1-2，2013—2017 年全国主要流域 Ⅰ—Ⅲ类水质比例见表1-3。

表1-2　　　　　　　**2013—2017年地表水水质比例**　　　　单位：%

	2013年	2014年	2015年	2016年	2017年
Ⅰ—Ⅲ类水质断面比例	71.7	64.5	64.5	67.8	67.9
Ⅳ、Ⅴ类水质断面比例	19.3	19.8	26.7	23.7	23.8
劣Ⅴ类断面比例	9.0	9.0	8.8	8.6	8.3

数据来源：根据2013—2017年的中国环境质量公报整理。

表1-3　　　　　**2013—2017年全国主要流域Ⅰ—Ⅲ类水质比例**　　　单位：%

	2013年	2014年	2015年	2016年	2017年
长江流域	89.4	88.1	89.4	82.3	84
黄河流域	58.1	59.2	61.2	59.1	57.7
珠江流域	94.4	94.5	94.5	89.6	87.3
松花江流域	55.7	62.1	65.1	60.2	68.3
淮河流域	59.6	56.4	54.3	53.3	46.1
海河流域	40.0	39.1	42.2	37.3	41.7
辽河流域	45.5	41.8	40.0	45.3	49.0
浙闽片河流	86.7	84.5	88.8	94.4	88.8
西北诸河	98.0	98.0	96.0	93.5	96.7
西南诸河	100	93.6	90.5	90.5	98.5

数据来源：根据2013—2017年的中国环境质量公报整理。

　　就土壤环境方面而言，与1999年相比，15年间荒漠化土地面积净减少62400平方公里，年均减少4160平方公里；沙化土地面积净减少21900平方公里，年均减少1460平方公里。当前的土地荒漠化和沙化状况自1999年之后连续出现"双缩减"趋势，但截至2014年荒漠化、沙化土地面积仅仅分别缩减了2.34%和1.43%，我国的荒漠化和沙化土地状况依旧严重。沙区生态环境脆弱，荒漠化、沙化土地的修复速度缓慢。不同年份沙漠化、荒漠化面积比较见表1-4。

表1-4　　　　　　**不同年份沙漠化、荒漠化面积比较**　　　单位：万公顷

	1994年	1999年	2004年	2009年	2014年
沙化面积	168.89	174.31	173.96	173.11	172.12
荒漠化面积	262.20	267.40	263.62	262.37	261.16

数据来源：《中国荒漠化和沙化状况公报》（2015年）。

以上事实表明，生态环境问题仍然是制约我国经济和社会发展的主要障碍，生态环境危机日益严峻的趋势没有从根本上得到扭转。受到工矿建设、资源开发、城镇和农田扩张等影响，生态空间被大量挤占、自然岸线和滨海湿地持续减少，局部区域生态退化等问题严重。全国生态环境依然脆弱，生态安全形势依然严峻，保护和发展矛盾依然突出。总体来看，应对生态环境危机的成效仍然不理想。

（三）生态环境危机的环境立法因应不够

截至 2018 年，我国已经制定 9 部以防治环境污染为主的环境保护法律，14 部自然资源管理和利用方面的自然资源法律，11 部以防止生态环境破坏、防治自然灾害为主的生态环境保护法律，30 多部与环境保护和自然资源、能源利用相关的法律，近 900 项国家环境保护标准，以及大批环境资源行政法规、地方法规、部委行政规章和地方行政规章。以对生态环境破坏的应对为划分依据，现行环境立法大致可归纳为两大类：一是生态环境破坏的预防性立法，二是生态环境破坏的恢复性立法。从立法内容所反映的立法属性来看，"污染防治法""自然资源法""生态环境保护法"普遍属于生态环境破坏的预防性立法。生态环境破坏的恢复性立法还非常薄弱，相关的立法内容散见于《土地管理法》《水土保持法》《土地复垦规定》等法律、法规中。例如，《土地管理法》第 18 条明确规定："采矿、取地后能够复垦的土地，用地单位或者个人应当负责复垦，恢复利用。"这是我国首次在立法中对于属于广义生态环境修复范畴的土地复垦做出明确规定。同时，随着生态环境修复理论研究的发展，生态环境修复在实践层面也得以迅速发展，以"矿区生态环境恢复保证金制度""生态效益补偿制度"等为代表的生态环境修复方面的法律制度也得以制定。

尽管如此，我国生态环境状况局部好转、整体恶化的趋势，以及日益加剧的生态环境危机表明，我国现行以生态环境破坏的预防为取向的环境立法尚有很大的不足。例如，由自然灾害所引发的生态环境破坏往往对灾区的生态环境造成毁灭性的破坏。例如，2008 年年初发生在我国南方地区的大规模雨雪冰冻灾害对灾区的生态环境，尤其是森林生态环境造成了极其严重的破坏。

对于因自然灾害而导致的生态环境破坏，需要通过以生态环境恢复为取向的恢复性环境立法，促使人类对生态环境破坏积极干预，尽可能地修复破坏生态环境系统的生态结构，帮助其恢复基本的生态功能。对生态环境破坏进行修复，现行环境法还缺乏足够的立法回应。

第二节　跨学科研究成果述评

在全球生态环境不断恶化的背景下，各国都在积极地探索有效的应对方式。生态环境修复从模糊抽象的概念发展到现在作为一项被广泛应用在生态环境保护的科学技术手段，是所有致力于生态环境修复人们的智慧成果。梳理国内外生态环境修复研究现状对今后我国生态环境修复发展方向有重要意义，在学习借鉴国外先进经验的同时应总结归纳我国过去在生态环境修复方面存在的不足和欠缺。

一　自然科学领域的域外研究成果

国外对于生态环境修复的研究通常从经济、人文、法律和伦理等各方面综合进行，生态环境修复法律制度研究只是其中一个方面的研究。笔者将国外对生态环境修复及其法律制度的研究成果分为两方面：一是自然科学领域内对生态环境修复的研究，二是社会科学范畴内对生态环境修复法律制度的研究。

自然科学领域内对生态环境修复的研究主要集中在以下几点：

首先，对于生态环境修复的界定。目前，国际上普遍认可美国生态学会对生态修复的解释，即生态修复就是人们有目的地把一个地方改建成定义明确的、固有的、历史上的生态系统的过程，这一过程的目的是竭力仿效那种特定生态系统的结构、功能、生物多样性及其变迁过程。

其次，修复生态学迅速地发展，生态修复的研究领域和范围也迅速扩大。国际生态修复学会（SER）是一个致力于推动生态修复科学实践和政策，以维持生物多样性，提高气候变化适应能力为目标的国际非营利组织。SER 成立于 1988 年 9 月 28 日，目前在 70 多个国家拥有 2800 多名会员和合作伙伴。30 多年来，SER 一直致力于生态修复领域，并在其发展的各个方面发挥领导作用，努力确保生态修复得到广泛的承认，并成为全世界环境保护和可持续发展计划的基本组成部分之一。学会成立以来，其研讨会、出版物和国际协作网络为全球组织和个人实施生态修复提供了前沿的指导。1993 年开始出版期刊《修复生态学》，还与数十名专注于生态修复的学者合作，出版了《生态修复科学与实践》系列丛书，书籍涉及广泛的主题，从生态修复的科学原理和学科的哲学基础，例如《修复生态学基础》（ *Foundations of Restoration Ecology* ）①、《生态修复，第二版：新兴职业的原则，价值观和结构》（ *Ecological Restoration* ，*Second Edition*：*Principles*，*Values*，*and Structure of an Emerging Profession* ）②、《把自然融为一体：生态修复的历史》（ *Making Nature Whole*：*A History of Ecological Restoration* ）③ 等，到修复特定生态系统类型的问题和策略，例如《修复邻里河流：规划，设计和建设》（ *Restoring Neighborhood Streams*：*Planning*，*Design and Construction* ）④、《潮汐沼泽修复》（ *Tidal Marsh Restoration* ）⑤、《边缘软木橡树林：生态，适应性管理和修复》（ *Cork Oak Woodlands on the Edge*：*Ecology*，*Adaptive Management*，*& Restoration* ）⑥ 等，以及用于修复生态实践的现场测试解决方案，例如《河流未来：河道整治的综合科学方法》（ *River Futures*：*An Integrative Scientific Approach to River Repair* ）⑦、《生态系统动力学和修复的新模型》（ *New Models for Ecosystem Dynamics and Restoration* ）⑧、《修复不稳定景观：将原则付诸实践》（ *Restoring Disturbed Landscapes*：*Putting Principles Into Practice* ）⑨ 等。该系列书籍最重要的目

———————————

① Palmer M. A. ，Zedler J. B. and Falk D. A. ，*Foundations of Restoration Ecology* ，Island Press，2016.

② Clewell A. F. and Aronson J. ，*Overview. Ecological Restoration* ，Island Press，Washington，D. C. ，2013，pp. 3-13.

③ Jordan W. R. and Lubick G. M. ，*Making Nature Whole*：*a History of Ecological Restoration*"，Island Press，2011.

④ Riley A. L. ，*Restoring Neighborhood Streams*：*Planning*，*Design*，*and Construction* ，Island Press，2016.

⑤ Roman C. T. ，*Tidal Marsh Restoration*：*a Synthesis of Science and Management* ，Island Press，2012.

⑥ Aronson，James，João Santos Pereira and Juli G. Pausas，eds. ，*Cork Oak Woodlands on the Edge*：*Ecology*，*Adaptive Management*，*and Restoration* ，Island Press，2012.

⑦ Hobbs R. J. ，*River Futures*：*an Integrative Scientific Approach to River Repair* ，Island Press，2012.

⑧ Cale P. and Allen-Diaz B. H. ，*New Models for Ecosystem Dynamics and Restoration* ，Island Press，2013.

⑨ Tongway D. J. and Ludwig J. A. ，*Restoring Disturbed Landscapes*：*Putting Principles into Practice* ，Island Press，2011.

标，即创建一个国际生态环境修复论坛，引导了生态修复的科学和实践的新趋势，以及促进其在保护科学中的整合。2001 年第 13 届国际修复生态学大会在加拿大尼尔加拉瀑布城召开。该届大会的主题是"跨越边界的生态修复"，该届大会所追求的目标是致力于在更大空间尺度上的有应用意义的"跨越边界的生态修复"，建立协作关系并发挥其作用，从而实现成功的生态修复。① 其中，更大空间尺度上的生态修复就接近于生态环境修复。2003 年第 15 届国际修复生态学大会在美国得克萨斯州的州府奥斯汀召开。大会的科学主题是"生态修复、设计与景观生态学"，强调生态修复应该归类于设计的领域。景观建筑和工程建筑已有漫长的历史，生态修复设计与前两种建筑设计要求一致的是要求考虑人类需求和美学原则，但与之不同的是不能只考虑物理设计，还要求所考虑的物理设计必须不违背基本生态学原则。大会提出修复生态学研究，是以生态系统为基点，而设计与表达于景观尺度上。② 2004 年第 16 届国际修复生态学大会在加拿大维多利亚召开。大会的科学主题是"边缘的生态修复"（Restoration on the edge）。生态系统的边缘在生态系统的修复中有明显的意义，边缘效应对生态系统的动态具有重要的影响作用。大会的主题则远远超出其自然科学意义上的含义，文化、艺术、教育、历史、管理、社会等学科相对于生态修复来说是边缘科学，事实上正是这些生态科学的"边缘学科"对生态修复的理论和实践有很大的影响。该次会议有矿区修复、城市修复、农业修复、道路与路边的修复等20 多个专题。③ 从这些专题可以看出，当前修复生态学研究的内容已经突破自然科学的研究范畴，开始向社会领域的研究范畴拓展。

---

① 彭少麟、赵平：《跨越边界的生态修复——第十三届国际修复生态学大会综述》，《生态学报》2001 年第 12 期。

② 彭少麟、陆宏芳：《生态修复、设计与景观生态学——第十五届国际修复生态学大会综述》，《生态学报》2003 年第 12 期。

③ 除上述罗列之外，还有草原与干旱地的修复、森林的修复与效应、海洋与海岸带的修复、湿地与河岸生态系统修复、热带亚热带地区的修复、集水区尺度的修复、阿尔卑斯山的修复、橡树林的生态修复、濒危物种与生态系统的修复、火烧在生态修复中的作用、外来种管理、生态修复的监测、传统生态学知识与管理、修复工具与资源、北美生态修复的土著文化与历史、修复经济学与碳循环、生态修复的设计、生态修复教育、修复政策、生态修复哲学与伦理学、修复与气候变化。参见彭少麟、陆宏芳《边缘的生态修复——第 16 届国际修复生态学大会综述》，《生态学报》2004 年第 9 期。

修复生态学研究视野的扩展，为将"生态修复"纳入法学研究范畴开启了大门。2005 年第 17 届国际修复生态学大会与第 4 届欧洲修复生态学大会在西班牙萨拉戈萨合并召开，这是国际修复生态学大会首次与欧洲修复生态学大会合并举办，也是国际修复生态学大会第二次在北美以外的国家召开，其历届仅一次在北美以外的欧洲国家英国召开。由于生态修复的学科交叉性，参加会议的代表，除修复生态领域的科学工作者外，一些政府与地方管理人员也参加了这次会议。作为对修复生态学的进一步发展，大会特别提出了全球尺度上的生态修复，将地球作为大会的标志图案，并在其上标出会议的主题——生态修复：一个全球性的挑战。大会强调了从生态系统到全球的生态修复尺度、从科技到文化的生态修复方式。生态修复从生态系统、景观、区域和全球等不同尺度上均有自身特征，从社会、经济和文化上均有相关的研究领域，强调生态修复的尺度整合和社会实践性。① 由于全球性生态系统退化与破坏的加剧，生态修复成为具有全球挑战性的课题，生态修复影响全球碳库动态、物质生物地球循环和人类的生存环境等。从该次会议所确立的全球尺度下的生态修复的内涵来看，生态修复与本书研究所称的生态环境修复之间的差距得到了进一步的缩小。2006 年首届东亚国际修复生态学大会在日本大阪召开。会议所设置的专题中，明确提出生态环境修复应与社会科学研究相结合，政策、文化、社会传统、科学技术和法律等各方面均应为生态环境修复提供保障。② 2009 年第 19 届国际修复生态学大会在西澳大利亚珀斯进行，这也是国际修复生态学大会首次在南半球召开，会议提出修复生态学或许是变化世界的唯一未来，并围绕修复地球逐渐降低的生物多样性和退化生态系统这一当前关注的科学与社会问题形成各议题，就"土著统辖与土地管理""热点关注区的生态修复""植物园在全球化生态修复中的作用""在新世纪我们要如何做好地球生态系统的修复"和"全球变化背景下的湿地生态修复"等展开研讨。③ 2011 年国际生态修复学会第 4 届世界生态

① 彭少麟、陈卓全：《生态修复的全球性挑战——第 17 届国际修复生态学大会综述》，《生态学报》2005 年第 25 期。

② 彭少麟、侯玉平：《东亚生态修复——2006 年东亚国际修复生态学大会综述》，《生态学报》2006 年第 7 期。

③ 彭少麟、周婷：《通过生态修复改变全球变化——第 19 届国际修复生态学大会综述》，《生态学报》2009 年第 29 期。

修复大会在墨西哥尤卡坦半岛召开，会议的主题是"修复与重建自然与文化的和谐"，旨在推动生态修复的科学和实践，由于环境的不断恶化迫使人们不得不弄清楚当前自然反馈机制的轨迹，人类只有形成与自然和谐的文化，才有可能不过度地破坏地球，并修复生态系统的结构和功能，尤其是修复平衡性、完整性和弹性。生态修复也许是人类处理气候变化的不利影响、栖息地丧失、物种灭绝最重要的工具之一。[1] 可以看出此次会议是围绕农业与生态修复共存、城市发展与生态修复共存、修复整体景观的过程、受污染场地的修复、污染水源的修复、迁移物种的修复、矿山和采石场的修复等内容进行的讨论。会议指出生态修复研究的是生态系统的修复，理解自然与文化的关系对生态修复至关重要，它不仅会修复生态系统，更重要的是会改变人们的行为，以及人们对自然的认识，从而创造新的价值观。"修复"一词已被赋予包括重建、转换和重新种植等含义。它意味着改善和修复生态系统并增添其生物多样性。2013 年国际生态修复学会第 5 届世界生态修复大会在美国威斯康星州麦迪逊市召开，会议主题是围绕"回顾过去，引领未来"，围绕"全球变化与生态修复""景观尺度的生态修复""群落与生态系统的生态修复""小尺度的生态修复""湿地的修复""生态修复技术""生态修复的社会、经济与文化"这七个话题进行探讨。会议指出人类正处于保护地球未来的紧要关头，我们的使命就是修复退化的生态系统，重建人类与自然的和谐发展之路。不仅要修复

---

[1]　本次大会分为三个部分召开，第一部分是特别专题（Special Session），主要包括"红树林生态修复的方法""生态系统服务功能评估手段""种子库修复""双赢生态修复工程"（Win-win Restoration）"重建自然与文化和谐""可持续发展与热带森林景观修复""后工业时代 生态修复的自然与文化冲突""减缓气候变化的全球尺度的修复策略""传统文化的修复与复苏""城市区域的水体修复""大西洋森林修复公约"和"城市区域的土地修复"等 23 个专题；第二部分是专题座谈会（Symposium），主要包括"底格里斯河流域（Tigris Euphrates Watershed）的生态与文化修复""森林的动态修复过程""修复生态学的动态目标""拉丁美洲生态修复的社会、经济与生态的综合权衡""海洋生态修复的创新科技""生态系统功能评估的优势""BP 石油泄漏后墨西哥湾的生态修复""修复次生热带森林的生态系统服务功能""干旱区域的生物多样性修复"和"生态修复过程中的弹性构建"等 28 个专题；第三部分是专题研讨会（Workshop），主要包括"大规模，长期的生态系统规划""狩猎地域管理和社区为基础的自然资源管理——基层合作伙伴"以及"世界森林遗传资源现状和保持我们眼界的开阔性"等 4 个专题。参见彭少麟、陈蕾伊、侯玉平《修复与重建自然与文化的和谐——2011 年生态修复学会国际会议简介》，《生态学报》2011 年第 31 期。

已经失去的自然资源，更要保护当前保留下来的自然财富。会议强调人类要建立富有弹性的生态系统，向人类实现可持续发展迈进。[①] 2015 年国际生态修复学会第 6 届世界生态修复大会在英国曼城召开，会议主题为"走向弹性生态系统：修复城市，农村和野外生态系统"，重点关注四个关键方面"科学，文化，艺术和教育"，整合我们所面临的生态挑战的综合全景。会议指出，人类在 21 世纪需要应对的两个重要挑战是全球变化和环境退化，而这离不开修复生态学的理论与实践。生态修复是全方位的，不但要修复城市和乡村等自然—社会复合生态系统，还要修复原野等自然生态系统。要有效地修复各类退化生态系统，关键是提高生态系统快速修复的能力，也即提高生态系统的弹性（Resilient Ecosystem）。会议提出随着气候变化的规模和加速变得明显，全球变暖现在被视为"21 世纪挑战的旋转木马"的关键驱动因素。生态修复是可以利用的最重要的了解环境退化的未来原因以及提供补救机会的手段。如何应用生态修复是一个适应和生存的问题，将决定复原力。国际生态修复学会 2015 年把修复力的概念、有形表现和实际应用作为探索修复生态学前沿发展和影响的重点。[②] 2017年国际生态修复学会第 7 届世界生态修复大会在巴西伊瓜苏举行，大会的首要主题是"将科学与实践联系起来，共创美好世界"。本次会议指出，如何弥合修复过程中生态学家的观点与领域实践从业者的经验这两种参与模式之间的差距是修复退化生态系统工作的长期挑战。随着世界越来越多地接受修复的必要性并开始开展更大范围的项目，促进生产性双向沟通的必要性比以往任何时候都更加重要。会议围绕"修复景观连通性并减少碎片""受威胁和濒危的物种，种群和栖息地""入侵物种管理""修复公园和保护区""修复城市环境""监测和适应性管理""自然资本和生态系统服务""农业生态和造林系统""在缓解和适应气候变化中生态修复的作用""地方、区域和国家层面的环境政策""传统和当地的生态知识以及社区参与修复"等话题进行交流研讨。会议提出生态修复将极大地有助于

---

① 彭少麟、陈宝明、周婷：《回顾过去，引领未来——2013 年第 5 届国际修复生态学大会（SER 2013）简介》，《生态学报》2013 年第 33 期。

② 整个会议围绕"什么是弹性：帝王蝴蝶的例子""从承诺到行动：全球景观的成功实现""景观修复中的分类及预测""非洲新的大型水坝和灌溉计划"和"修复古苏格兰森林"等话题进行报告交流。参见彭少麟、吴可可《提高生态系统快速修复能力：修复城市、乡村和原野——第六届国际修复生态学大会（SER 2015）综述》，《生态学报》2015 年第 35 期。

保护生物多样性，改善人类健康和福祉，增加粮食产量和保障水安全，为经济繁荣和减缓以及适应气候变化做出重要贡献。呼吁应该停止目前的景观和生态系统退化水平，并保护所有剩余的野生动物、无人区以及非发达地区。如果不停止生态系统破坏，生态修复将不足以修复全球性的压倒性环境危机。2019 年 9 月将在南非开普敦召开国际生态修复学会和南非水研究委员会共同主办的第 8 届世界生态修复会议。根据会议通知，2019 年的会议主题是"修复土地、水和社区的修复力"，旨在帮助继续讨论生态修复的研究、实践和政策，重点关注全局发展。会议通知指出，土地和水之间的联系以及修复的生态系统和依赖它们的人类社区之间不可分割的关系。在能够有效修复健康的土地和水域之前，必须解决与社区福祉相关的问题。会议将在科学、实践和政策背景下为现在人类所面临的生态修复挑战提出整体的、景观层面的观点，并同时研究生态修复带来的社会和经济问题。另外，此次大会议题将侧重于生态修复如何帮助改善供水和水安全，因为不仅是南非西开普省等受干旱影响严重的地区会出现供水和水安全问题，全世界的生态系统和景观的变化及退化也在日益威胁着水资源。

再次，生态环境修复实践在世界各国迅速展开，世界各国生态修复的侧重点也有所不同。荷兰的生态修复以湖泊、湿地为主，试图通过技术手段修复受到破坏的湖泊、湿地等水生生态系统。德国则以重工业区和矿区的生态修复为主。德国从 20 世纪 20 年代开始在煤矿废弃地上植树，民主德国从 20 世纪 60 年代末到 80 年代初，复垦面积是露天采煤占用面积的 92%，联邦德国的莱茵福煤矿区到 1985 年年底复垦土地面积是露天采煤占用面积的 62%。对于历史原因累积下来的生态破坏，德国政府通过产业转型、生态结构设计、景观改造、修复植被等方式对产业遗产地生态进行修复。新西兰的生态修复以修复海岛生物多样性为主。政府依托学术机构的技术支持，制定了修复海岛生物多样性的长远规划。美国的生态修复实践的类型比较多，其中尤以西部矿区生态修复和湿地生态修复为代表。从 20 世纪 20 年代开始，美国开始对因开采矿产资源而被破坏的生态环境进行修复，以矿区植被修复为主要形式的生态环境修复迅速得以展开。西弗吉尼亚州于 1939 年颁布了《复垦法》，开始通过法律对采矿行为所带来的生态环境破坏问题进行规制，从而保护和修复矿区生态环境。以此为开始，美国迅速制定了一系列矿区土地复垦和生态环境修复的法律。与此同时，矿区土地绿化以及土地复垦方面的研究也取得了重大进展。到 20 世纪 50 年代，矿区绿化和矿山生态环境修复研究的系统化进程持续进行。与此同时，修复生态学研究及其相关技术的完善也取得了重大的突破。1975 年在美国召开了"受损生态系统的修复"国际研讨会，探讨了受损生态系统修复的一些机理和方法。1980 年，《受损生态系统的修复过程》一书出版，8 位科学家从不同角度探讨了受损生态系统修复过程中的重要生态学和应用问题。1983 年，在美国召开了"干扰与生态系统"国际研讨会，探讨了干扰对生态系统各个层次的影响。1984 年，在美国威斯康星大学召开了修复生态学研讨会，强调了修复生态学中理论与实践的统一性，并提出修复生态学在保护与开发中起重要的桥梁作用。美国 1985 年成立了"修复地球"组织，该组织先后开展了森林、草地、海岸带、矿地、流域、湿地等生态系统的修复实践并出现了一系列生态修复实例专著。美国矿山生态修复并不强调农用，而是强调修复破坏前的地形地貌，要求原农田修复到农田状态，原森林修复到森林状态，防止破坏生态，把生态环境保护提到极高的地位或看作唯一的目的。① 澳大利亚是以矿业为主的国家，是世界上先进而成功处理扰动土地的国家，复垦已成为开采工艺的一部分。澳大利亚政府除制定有关矿山土地复垦的政策法规外，还由有关部门联合于 1993 年组建了澳大利亚矿山复垦研究中心，有效地推动澳大利亚生态修复工作的开展。澳大利亚实现了矿山生态修复的产业化。澳大利亚生态修复的主要目标是重新修复生态环境的原始风貌，改善生态环境，提高生态环境质量。为此，澳大利亚的生态修复一般以林业为主。由于工业发达、人口稠密，法国的生态修复目标设定为保持农林面积，修复生态平衡，防止污染。法国十分重视在生态修复的过程中采用景观设计的方法，对修复区域的生态环境进行规划和设计，从而促使该区域生态环境能与周边环境相互协调。

除此之外，为了越来越多国家因修复退化土地承诺而实施修复计划的需要，"国际生态修复实践标准"于 2016 年 12 月 12 日在墨西哥坎昆举行的"生物多样性公约第十三次缔约方大会"上发布。该标准既为生态修复提供了指导性方案，也为生态修复提供了具体指南。它同时也是一份活

---

① 王灿发：《环境修复与再生时代需要新型的环境立法》，《郑州大学学报》（哲学社会科学版）2002 年第 2 期。

文件，随着时间的推移将得到改进、加强和扩展。国际生态修复实践标准由来自世界各地的 20 多位修复生态学家研究制定而成。该标准包括一个五星评级系统，从修复行动的实施到完全生态修复。标准建立在六个关键概念之上：第一，生态修复实践基于适当的当地原生参考生态系统，将环境变化考虑在内；第二，在制定长期目标和短期目标之前，需要确定目标生态系统的关键属性；第三，实现修复的最可靠方法是协助自然修复过程，在自然修复潜力受损的情况下补充它们；第四，修复寻求"最高和最大努力"的进展，以实现完全康复；第五，成功的生态修复应当利用所有相关知识；第六，对于所有利益相关者而言，在生态修复早期，实际和积极的接触是长期生态修复成功的基础。同时该标准还介绍了两个实现生态修复项目的关键工具，生态修复轮（The ecological restoration recovery wheel）与 修复连续体（The restorative continuum）。生态修复轮（见图 1-1）旨在帮助生态修复管理者评估接受治疗的生态系统随时间而修复的程度。将该受损生态系统的属性与其参考生态系统进行比较 。其中每个属性的评估是对参考生态系统的相似性的评估。此评估同样适用五星评级系统，分为六个主要属性，分别是没有威胁（absence of threats）、物理条件（physical conditions）、物种组成（species composition）、结构多样性（structural diversity）、生态系统功能（ecosystem function）以及外部交流（external exchanges），每个主属性又下分为三个子属性。按照每个子属性 0—5 级的评级评定主属性的平均星级评分可以帮助生态管理者评估当前生态的修复程度。修复连续体（见图 1-2），旨在"修复连续"中强化共同努力的力量，所有自然资源管理领域与不断增长的生态修复领域之间存在着重要的潜在协同作用，因此将这些作为一个整体而不是单个分离的状态更为有益。通过这种连续性概念化的管理干预措施可以帮助政府、行业和社区更好地实现综合"净收益"改善，同时加速更大规模的积极变革。事实上，在减缓生态系统、河流和大气层退化和改善环境条件方面，局部地区的持续改善将不可避免地在较大规模上累积，即使最初只采用低水平的措施。因此，任何小的和持续的改进都可以在减缓退化速度和提高生态系统以及个别物种对快速环境变化的适应性上发挥重要的生态作用。

2017 年 1 月，国际生态修复学会推出了世界上第一个生态修复认证

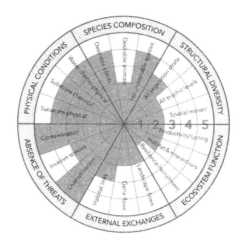

图 1-1　生态修复轮①

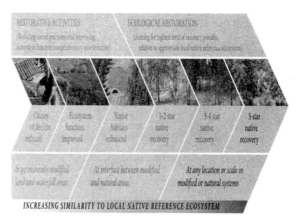

图 1-2　修复连续体②

计划（CERP）。该计划将确保在该领域工作的人员可以根据他们的学术和实地经验进行认证，为那些正在设计、实施和监督生态修复项目的人员提供高标准的专业标准。提供两个级别的认证：第一个级别为，经认证的生态修复从业人员（CERPs）是高级从业人员，他们已达到知识要求并具

---

① https：//cdn. ymaws. com/www. ser. org/resource/resmgr/custompages/publications/ser_ publications/standards_ wheel_ example. jpeg.

② https：//www. ser. org/resource/resmgr/custompages/publications/ser_ publications/Restorative_ Continuum. jpg.

有超过 5 年的全职修复经验；第二个级别为，经过认证的生态修复从业人员（CERPIT）是最近的毕业生和那些尚未具有超过 5 年全职修复经验的从业者或者那些具有足够经验但仍在从事教育工作的从业者。两种认证类型在批准后的有效期为 5 年。为了获得重新认证，CERPs 和 CERPIT 必须在自上次认证后的五年内至少获得 50 个继续教育学分。适当的继续教育是让从业者及时了解生态修复领域中迅速发展的知识、方法、战略、技术和要求。国际生态修复学会还与国际实体合作制作指导文件，以实施科学和社会责任的生态修复计划。例如与加拿大公园以及世界自然保护联盟（International Union for Conservation of Nature，IUCN）合作制作了《保护区的生态修复：原则，指南和最佳实践》①，与国际自然保护联盟以及生态系统管理委员会（Commission on Ecosystem，CEM）合作制作了《生态修复：保护生物多样性和维持生计的手段》②。

现如今生态修复已经被纳入全球环境政策的主流。2012 年 10 月，《生物多样性公约》（CBD）在印度海得拉巴举行了第 11 届缔约方会议。来自 193 个国家的 8000 多名代表参加了这次历史性会议。在开幕全体会议上，印度宣布了"海德拉巴路线图"，旨在指导 168 个签署国在日本名古屋达成的 2011—2020 年战略计划，为实现 20 个"Aichi 生物多样性"目标作出努力，加大世界各地退化的生态系统和景观修复的力度。2012 年 9 月，近 10000 名非政府组织和政府代表聚集在韩国济州参加第 4 届国际自然保护联盟世界大会，并发布了"济州宣言"，致力于未来的保护，修复和可持续利用促进生物多样性保护，提供生态系统服务，同时促进可持续发展和改善生计。③ 森林景观修复具有巨大的全球潜力，这场全球性的运动从 20 世纪 90 年代发展至今。

在 2014 年 9 月的联合国气候峰会上，各国政府围绕《纽约森林宣言》（New York Declaration on Forests）开展集会，研讨如何修复退化的森林土地生态系统。其中埃塞俄比亚承诺修复其 1/6 以上的森林土地。乌干达、

① Keenelyside K., Dudley N. and Cairns S. et al., "*Ecological Restoration for Protected Areas: Principles, Guidelines and Best Practices*", IUCN, 2012.

② Gann G. D. and Lamb D., "*Ecological Restoration: a Means of Conserving Biodiversity and Sustaining Livelihoods*", Society for Ecological Restoration International, Tucson, Arizona, 2006.

③ Aronson J., Alexander S., "*Ecosystem Restoration is Now a Global Priority: Time to Roll up Purselves*", Restoration Ecology, Vol. 21 (3), 2013.

刚果民主共和国、危地马拉和哥伦比亚都做出了将尽全力修复其境内的大片森林土地的承诺。总的来说，各方承诺截至 2030 年将修复 3.5 亿公顷退化的森林，以共同应对气候变化。[①] 这些承诺都在响应 2010 年《Aichi 生物多样性公约》——修复全球至少 15% 的退化生态系统以及 2011 年的"波恩挑战"（Bonn Challenge）。2011 年森林景观修复全球伙伴关系（The Global Partnership on Forest and Landscape Restoration，GPFLR）在德国波恩推出了"波恩挑战"，挑战内容为在 2020 年全球修复退化的森林面积达到 1.5 亿公顷。除了在全球政策层面将生态修复纳入主流方面的这一重大进展之外，大规模生态系统修复的区域支持已经成为趋势。例如 2008 年 8 月时任韩国总统李明博提出了"低碳绿色增长"的经济振兴战略，指明要依靠发展绿色环保技术和新兴可再生能源，实现节能减排、增加就业、创造经济发展新动力的三大目标。2009 年 7 月，韩国提出了"绿色增长国家战略"（the Republic of Korea's National Strategy for Green Growth），并由政府公布了《绿色增长国家战略及五年计划》，明确指出要通过发展绿色产业来实现应对气候变化和能源自立等战略，致力于让韩国在 2020 年底跻身全球七大"绿色大国"，并在 2050 年成为全球五大"绿色强国"之一。[②] 2012 年印度的"绿色国家使命"（India's National Green Mission）计划，该计划作为印度国家气候变化行动计划的一部分，预算为 1 万亿卢比（约 100 亿美元），为期 10 年。目标是增加 500 万公顷的森林和树木覆盖面积，并提高 500 万公顷土地的森林覆盖水平，这将有助于改善 1000 万公顷土地的生态系统和增加以森林为生计基础的大约 300 万个依赖森林家庭的收入。

通过上述梳理可以看出，生态修复实践在世界各国范围内得到了迅速发展，成为各国环境保护的重要举措甚至国家政策。

最后，针对世界范围内的生态退化和破坏，各国学者们也在研究应对措施。学界普遍赞同这样一个观点，即不管是人为还是自然原因造成的生态退化和破坏，都需要人为积极干预，从而促进生态环境质量的提高，改

[①] Suding K., Higgs E. and Palmer M. et al., *"Committing to Ecological Restoration"*, *Science*, Vol. 348 (6235), 2015.

[②] Mathews J. A., *"Green Growth Strategies—Korean Initiatives"*, *Futures*, Vol. 44 (8), 2012, pp. 761-769.

善日益恶化的生态环境状况。Daily 指出，至少基于以下四点原因人类进行生态修复是非常必要的：需要增加作物产量满足人类需求；人类活动已对地球的大气循环和能量流动产生了严重的影响；生物多样性依赖于人类保护和生境修复；土地退化限制了社会经济的发展。[①] 对于退化的生态系统，需要人为的干预予以修复，而通过法律制度可以调整人的行为，从而确保人主动地干预生态系统，促进生态系统的修复。生态环境修复是一项非常复杂的系统过程，需要包括政策、文化、社会传统、科学技术和法律为保障。国际修复生态学界也逐步认识到光靠技术的革新无法真正实现生态修复。因此，生态修复不仅需要技术保障，还需要法制保障。

在各国的环境立法中都有生态环境修复的相应规定。例如：美国于20 世纪 70 年代制定的《资源保护及修复法》明确地使用了"修复"的概念。1997 年的《露天采矿控制与复原法》规定，凡影响面积超过一定面积的露天煤矿的商业使用者，必须得到美国内政部颁发的包括一个复原计划及一般的环境保护措施的许可证，以确保使用者保护环境不受损害，并将采矿后的土地修复到近似于原本面貌的状态。1980 年颁布了《综合环境反应、赔偿与责任法》，又称《超级基金法》，对生态修复中非常重要的资金来源进行了规定，对生态修复起到保障、规范、促进作用。《加拿大环境法》规定，政府的第一项职责是采取预防和救济性措施，以保护、提高和修复生态环境。在宏观层面上由联邦政府制定采矿规划，并为矿区生态环境修复提供技术保障。省级地方政府则具体负责对矿产资源勘探、开采以及闭矿进行全程监管。各省均规定，针对矿产资源开采过程中生态环境污染和破坏的修复，采矿企业在申请采矿许可时需提交"环境影响声明"和"矿区生态环境修复计划"。前者用于审查拟进行的采矿活动对生态环境的影响是否处于可控的范围之内；后者则以是否具备完备的矿区生态环境修复计划而决定是否颁发采矿许可。法律规定，矿区生态环境修复计划应包括采矿过程中的生态环境修复和闭矿后的生态环境修复两方面的内容。

德国制定了一整套生态环境修复救济方面的法律。《联邦矿产法》和《联邦自然保护法》是矿区生态环境修复、治理最为重要的法律依据。《联邦矿产法》对国家的监督权，矿山企业的权利和义务，受到开采影响

---

① Daily G. C.，*"Restoring Value to Word Degraded Lands"*，*Science*，Vol. 350，1995.

的社区、其他机构和个人的权利和义务，取得矿产资源的勘探、开采和初加工等采矿活动许可证的条件等都作了规定。并对采矿活动结束后，矿区生态环境的修复、治理也作了规定。获得采矿许可证的企业既要对勘探、开发和开采煤炭负责，也要对矿区生态环境修复、治理负责。该法第 51 条规定，从事采矿活动的企业，有义务编制企业规划，并交上级主管部门审批。《联邦自然保护法》的立法目的是自然生态保护和生态景观的维护。强调要通过土地复垦的方式对因污染和破坏而受损的生态环境和生态景观进行修复和治理，构造接近原始样态的自然景观，修复生态环境系统功能。德国还制定专门的《矿山还原法》，该法要求凡是被破坏的土地（包括农田和草地等）必须还原再造，以修复原来的自然生态景观。此外，还有《土地保护法》《水保护法》《森林法》以及有关矿产开采的各种法规、规章等联邦法律以及各州政府制定的一些配套性质的专门法律、法规。例如，《北莱茵州规划法》规定，褐煤矿区必须编制褐煤规划，对褐煤采矿所污染和破坏的矿区生态环境进行修复、治理。

　　日本制定了《农业用地土壤污染防治法》，要求各地方政府制定农业用地土壤污染对策的规划，对因污染和破坏而受损的土地生态环境系统进行修复，以确保土地的生态功能。日本政府曾花费 260 多亿日元修复被镉污染的神通川流域的 791 公顷土地。

二　社会科学领域的国内研究进展

　　国内对生态环境修复的研究最开始局限于修复生态学领域，以引进国外修复生态学的成熟概念为主，着力于构建我国修复生态学的基本概念和框架体系。随着修复生态学在国内的发展，生态修复法律制度的研究也取得了一定的进展。

　　首先，对于生态修复概念的确认。博登海默说过，概念是解决法律问题所必需和必不可少的工具，没有限定严格的专门概念，我们就不能清除和理性地思考法律问题。① 由于我国生态修复的研究起步较晚，欠缺对生态修复的充分认识，曾经狭义地用生态重建、生态恢复、环境恢复、环境修复甚至土地复垦等相关的名词来定义生态修复。王建平认为生态建设就

---

① ［美］E. 博登海默：《法理学、法律哲学与法律方法》，邓正来译，中国政法大学出版社 1999 年版，第 485 页。

是生态修复，是对生态环境的恢复和改善。[1] 吕玉梅认为生态修复是一种环境恢复的过程。[2] 焦居仁认为生态修复是生态恢复的一种加速手段。[3] 张晶认为土地复垦就是生态修复。[4] 艾晓燕等将生态修复理解为土地生产力的恢复并强调其与景观环境的一致性。[5] 易崇燕认为修复受污染的环境就是生态修复。[6] 魏旭认为生态修复是环境修复的上位概念，包括对受污染环境的修复也包含了对退化生态系统和枯竭资源的修复。[7]

上述这些狭义地定义生态修复的研究反映了我国生态修复法学概念研究的不足，概念的严重缺失表明我国生态修复法律制度的研究背离了"从法律概念到法律规范"的科学研究逻辑。[8] 故而我国在很长一段时间内对生态修复的研究都出现了概念曲解，以至于直接影响了生态修复法律制度中立法的准确性和科学性以及司法实践中的公正性。例如，在《水土保持法》中直接使用的是"生态修复"，而在其他法律法规中却并未使用该词，使用频次最多的是"生态恢复"；2014 年修订的《环境保护法》第 30 条使用的是"恢复"，第 32 条又使用的"修复"。[9] 实际上，"生态修复"与"生态恢复"的含义差之甚远。"生态恢复"指的是一个受损生态系统的结构和功能恢复到接近或达到其未受损前的状态，强调的是生态系统的一种状态，其实现形式包括自然恢复和人为恢复。而"生态修复"不仅单指回到原有状态更注重恢复后的修整，强调生态环境的进一步改良和生态环境的全面改善。[10]

---

① 王建平：《灾区生态修复的法律支持——以 5·12 汶川大地震生态修复条例制定为视角》，载《生态文明与环境资源法——2009 年全国环境资源法学研讨会论文集》，2009 年 10 月。

② 吕玉梅：《我国采矿塌陷区生态修复法律制度研究》，《山东师范大学学报》2010 年第 2 期。

③ 焦居仁：《生态修复的要点与思考》，《中国水土保持》2003 年第 2 期。

④ 张晶：《我国矿区生态环境修复法律制度研究》，《环保科技》2008 年第 1 期。

⑤ 艾晓燕、徐广军：《基于生态恢复与生态恢复及其相关概念的分析》，《黑龙江水利科技》2010 年第 3 期。

⑥ 易崇燕：《我国污染场地生态修复法律责任主体研究》，《学习论坛》2014 年第 7 期。

⑦ 魏旭：《生态修复制度基本范畴初探》，《甘肃政法学院学报》2016 年第 1 期。

⑧ 吴鹏：《生态修复法律概念之辩及其制度完善对策》，《中国地质大学学报》（社会科学版）2018 年第 1 期。

⑨ 同上。

⑩ 吴鹏：《浅析生态修复的法律定义》，《环境与可持续发展》2011 年第 3 期。

　　法律概念的模糊，使得在立法中没有规范的词语表述，法律词语的混乱使用会给司法实践工作带来很多麻烦，有时甚至无法明确责任主体。吴鹏认为生态修复的法律概念应当从自然和社会两个方面进行界定，即生态修复是为适应生态文明建设需要，以生态系统整体平衡维护为出发点，由国家统一部署并实施的治理环境污染和生态破坏的系统工程，以及在此基础上进行的促进当地社会经济转型发展，逐步缩小地区发展差距实现国家社会经济均衡发展的一系列政治、经济和文化等社会综合治理措施。①

　　其次，我国生态修复法律体系化建设尚处于起步阶段。关于生态修复法律责任主体方面，吴鹏认为国家是生态修复法律责任的主体，生态系统的维护应当是国家战略层面的问题而非个体利益之间的博弈。② 我国现行虽然没有明确的法律规定生态修复责任及其责任主体，但《环境保护法》第 28 条第 1 款规定"地方各级人民政府应当根据环境保护目标和治理任务，采取有效措施，改善环境质量"明确表明了政府是环境保护的责任主体，其中"采取有效措施，改善环境质量"显然包含了修复生态环境的意思，这一点在《环境保护法》第 29—33 条中得到充分印证，即国家有责任修复生态，划定生态红线和制定生态补偿机制等都是国家承担生态修复责任的体现。王盼从环境正义与法经济学角度对生态修复责任主体进行考量，其认为我国应当以污染行为人及其主要承继人为主要责任人，政府为兜底责任人。③ 冯一帆认为要实现生态修复的法律责任，除了确定生态修复责任主体的范围（政府及其组成部门、以企业为代表的污染行为人、以受益者为代表的更广泛的责任主体），还需要根据环境正义原则对不同责任主体承担的具体责任进行进一步界定。④ 李挚萍认为确认生态修复责任主体首先需要明确相关义务，政府作为全民财产和自然资源的托管者，企业作为排污的主要责任人，应当承担起修复的义务。根据污染者负担原则，企业的经营活动造成生态破坏时，其有义务对受损的生态环境进行恢复。而对于特定区域的环境质量，当地政府有义务保障地方环境质量安全。⑤ 魏旭将生态修复的责任分为环境污染修复责任和非环境污染修复责

---

① 吴鹏：《生态修复法律责任之偏见与新识》，《中国政法大学学报》2017 年第 1 期。
② 同上。
③ 王盼：《生态修复责任主体研究》，《太原师范学院学报》（社会科学版）2016 年第 2 期。
④ 冯一帆：《生态修复法律责任实现主体研究》，《中原工学院学报》2018 年第 5 期。
⑤ 李挚萍：《环境修复法律制度探析》，《法学评论》2013 年第 2 期。

任，环境污染修复责任依"污染者负担"原则确定，非环境污染责任能够明确具体开发者的，适用"污染者负担"原则，不能确定的，由政府承担，政府有追偿的权利。① 易崇燕则在借鉴西方国家生态修复立法经验的基础上，结合我国的实际情况，提出了遵循污染者和产权所有者为基本责任人原则、转移和连带责任原则、公平分担原则和国家（政府）最终负责的原则，以确定政府、污染者、土地产权人等责任主体。②

再次，在生态修复的司法实践方面。马骧聪、程正康首次引入了环境公益诉讼理论，其认为法律赋予公民在环境保护方面享有相当广泛的起诉权，应当学习美国的经验，即除个别情况外，任何公民都可以就违反环境保护法规的问题，对任何人、企业、政府及其机构，向法院提起民事诉讼。③ 但我国环境公益诉讼制度在 2012 年《民事诉讼法》修订后才得以建立实施，直至 2014 年《环境保护法》第 58 条"对污染环境、破坏生态，损害社会公共利益的行为，符合下列条件的社会组织可以向人民法院提起诉讼：（一）依法在设区的市级以上人民政府民政部门登记；（二）专门从事环境保护公益活动连续五年以上且无违法记录。符合前款规定的社会组织向人民法院提起诉讼，人民法院应当依法受理。提起诉讼的社会组织不得通过诉讼牟取经济利益"才使得环境公益诉讼制度从纸面上贯彻到实施中。任洪涛、南靖杰认为目前我国环境公益诉讼生态修复存在四种模式，分别是政府主导修复模式、当事人直接修复模式、当事人委托修复模式以及生态修复基金会综合管理模式，并提出我国应当建立明确的生态修复责任人制度、设立全国环境公益诉讼专项基金以及重视项目审计与廉政监督。④ 另外，熊彬、黄娟认为我国现阶段面临的生态修复压力、环境法律制度的缺位等问题决定了建立生态环境损害赔偿制度十分必要。《生态环境损害赔偿制度改革方案》仍需从归责原则、起诉主体资格、赔偿责任主体、赔偿范围等方面予以完善。⑤ 2015 年 12 月中共中央办公厅和国务院办公厅印发《生态环境损害赔偿制度改革试点方案》后，重庆藏金阁物业管理有限公司与重庆首旭环保科技有限公司因为环境污染

---

① 魏旭：《生态修复制度基本范畴初探》，《甘肃政法学院学报》2016 年第 1 期。

② 易崇燕：《我国污染场地生态修复法律责任主体研究》，《学习论坛》2014 年第 7 期。

③ 马骧聪、程正康：《违反环境保护法规的法律责任》，《法学研究》1981 年第 5 期。

④ 任洪涛、南靖杰：《环境公益诉讼生态修复模式探析》，《江南论坛》2017 年第 7 期。

⑤ 熊彬、黄娟：《谈生态环境损害赔偿的法理依据与制度抉择》，《才智》2018 年第 12 期。

责任纠纷，被重庆市人民政府及重庆两河志愿服务发展中心诉至重庆市第一中级人民法院。法院作出判决，两被告连带赔偿生态环境修复费用1441.6776万元，并在省级及以上媒体公开致歉。这是中国中西部首例一审判决已生效的生态环境损害赔偿诉讼案。2017年12月又印发了《生态环境损害赔偿制度改革方案》，方案明确要求从2018年1月1日起，全国正式施行生态环境损害赔偿制度。

吴鹏认为在司法实践中不应当将生态修复与民法上的"恢复原状"等同视之，不能忽视社会修复制度的建设，仅仅将修复的内容理解为对环境污染、景观破坏、林地减少、水土流失等浅层生态学意义上的环境治理过程，并且指出司法途径解决环境权益的弥补的有效性有待商榷。就目前而言，在生态修复方面，行政救济相较司法救济更直接、更便捷、效率也更高，因为环境诉讼中当事人能够获得司法救济的道路太过曲折。① 任洪涛、严永灵认为生态修复性司法理念弥补了原有的环境司法中只注重惩罚不注重激励、只注重保护不注重修复的弊端，并指出我国目前生态修复性司法制度的实践类型有三种模式，分别是政府运行模式、法院运行模式和第三方市场运行模式，通过不同的模式维护社会公众的生态利益，以法律手段有效实现生态修复。② 方旭明、徐璐则认为就检察机关而言，在办理破坏生态环境类犯罪案件时不仅要做到惩罚犯罪，更应当发挥职能作用（明确生态修复主体、范围和标准）弥补违法犯罪行为对生态造成的损害。③

再次，在特殊类型的区域性生态环境的修复方面，有学者认为，要实现草地可持续发展，必须实现生态建设到生态修复的转向，建议健全法制，促进草地生态修复，保障草地的可持续发展。有学者关注森林生态系统的修复、矿区生态修复、湿地生态修复、高速公路生态修复、产业遗产地生态修复等。例如，董淑敏对德国鲁尔工业区、英国伯明翰中心滨水区、瑞士温特图尔苏尔泽工业区和苏黎世工业区的生态环境修复改造实践

① 吴鹏：《最高法院司法解释对生态修复制度的误解和矫正》，《中国地质大学学报》（社会科学版）2015年第4期。

② 任洪涛、严永灵：《论我国生态修复性司法模式的实践与完善》，《西南政法大学学报》2017年第4期。

③ 方旭明、徐璐：《检察机关在生态修复领域职能的发挥》，《政法论坛》2018年第1期。

进行了研究，提出了我国工业遗产地区生态环境修复、改造的建议。[1] 沈文星对我国湿地开发利用和湿地立法状况进行了分析，在此基础上对湿地立法的价值取向、湿地保护管理机构设立、合理利用和保护湿地的法律制度方面提出了一些立法构想。他认为应对退化的湿地生态系统进行修复性保护，从而确保湿地资源的可持续发展。[2] 于晶晶以雄安新区湿地保护现状为出发点，重点探讨新区湿地立法的必要性与可行性以及通过借鉴《湿地公约》和国内外先进国家在区域性湿地立法方面的先进经验，提出了雄安新区湿地保护法律制度构建的新思路。[3] 任凤珍、蒋北辰对我国矿区环境保护问题进行了研究，提出应建立多渠道的资金投入机制，加大矿山环境修复治理的力度。[4] 张晶对我国矿区生态环境修复法律制度问题进行了研究，她提出应完善现行法律规定、成立专门管理机构和建立矿区复垦履约保证金制度等促进我国矿区生态环境得到修复。[5] 吴鹏认为生态修复是生态环境保护和生态文明矿区建设的重要技术手段，它的法制化将为矿区生态环境保护和生态文明矿区建设提供制度保障，并提出修订后的《矿产资源法》应当具备生态修复理念。[6] 有学者关注区域性的生态环境修复。例如，崔彩贤对我国西部农村生态环境修复法制问题进行了研究，提出了包括建立与完善西部农村生态环境修复法律体系、以法制保障生态修复资金的投入、完善生态修复中的公众参与制度，引导建立农村民间环保组织在内的建议，促进我国西部地区生态环境修复。[7] 例如，有学者关注长江上游地区的生态退化与修复，提出"生态修复区"的理念。如钟祥浩、刘淑珍、范建容对长江上游生态退化及其修复与重建问题进行了研究，在分析了长江上游生态退化的特点和成因的基础上，提出了促进长江上游地

---

① 董淑敏：《对国外产业遗产地生态修复实践的研究》，《现代农业科技》2007 年第 21 期。

② 沈文星：《我国湿地保护立法问题探讨》，《林业资源》2006 年第 3 期。

③ 于晶晶：《雄安新区湿地保护法律制度研究》，硕士学位论文，河北经贸大学，2018 年。

④ 任凤珍、蒋北辰：《我国矿区环境保护的法律思考》，《河北法学》2007 年第 2 期。

⑤ 张晶：《我国矿区生态环境修复法律制度研究》，《环保科技》2008 年第 1 期。

⑥ 吴鹏：《论〈矿产资源法〉的修订：以矿区生态修复为要点的思考》，《南京工业大学学报》（社会科学版）2013 年第 1 期。

⑦ 崔彩贤：《西部农村生态环境修复法制问题研究》，《安徽农业科学》2006 年第 18 期。

区生态环境修复的对策。① 再如冯扬等人采用文献计量的方法对比了国内外的城市生态修复领域热点与现状，对我国城市生态修复领域的研究现状进程进行分析。② 有学者在研究矿区生态修复法律制度时提出要建立矿区企业"生态修复保证金"制度，而且对生态修复保证金制度的运作进行了研究。③ 有学者关注生态修复与生态启蒙、生态文明、生态文化建设之间的关系问题，试图对生态环境修复与生态文明之间的联系进行剖析。如薛晓源、陈家刚的《从生态启蒙到生态治理——当代西方生态理论对我们的启示》一文梳理了当代西方生态理论的发展态势和基本观点，从生态启蒙、生态产业和生态治理角度把握西方生态文明生长的主要趋势，在理性借鉴基础上归纳概括了西方生态理论对我们建设社会主义生态文明的有益启示。④ 此类研究还包括丁开杰、刘英、王勇兵的"生态文明建设：伦理、经济与治理"等。⑤

最后，对于地震或冰雪等灾害造成的生态退化和破坏的生态修复问题，有学者提出了因自然原因导致生态退化和破坏的修复需要法制保障，依法进行灾后生态修复工作，做好生态修复规划。李军、蔡运龙对脆弱生态区综合治理模式的研究；⑥ 包维楷在《汶川地震重灾区生态退化及其修复重建对策》一文中分析了地震灾区基本特点，在此基础上揭示了重灾区目前比较突出的生态退化问题与修复重建任务，提出了灾后生态修复重建对策。⑦ 同样的研究还有皇甫超河、李鹏、王志勇、庞凤梅的《震后灾区

---

① 钟祥浩、刘淑珍、范建容：《长江上游生态退化及其修复与重建》，《长江流域资源与环境》2003 年第 3 期。

② 冯扬、张新平、刘建军、赵翠：《基于 CiteSpace 的国内外城市生态修复研究进展以及对西北地区的启示》，《中国园林》2018 年第 1 期。

③ 戴塔根、刘星辉：《我国矿区生态修复制度几个问题及改进建议》，《矿冶工程》2004 年第 5 期。

④ 薛晓源、陈家刚：《从生态启蒙到生态治理——当代西方生态理论对我们的启示》，《马克思主义与现实》2005 年第 4 期。

⑤ 丁开杰、刘英、王勇兵：《生态文明建设：伦理、经济与治理》，《马克思主义与现实》2006 年第 4 期。

⑥ 李军、蔡运龙：《脆弱生态区综合治理模式研究》，《水土保持研究》2005 年第 4 期。

⑦ 包维楷：《汶川地震重灾区生态退化及其修复重建对策》，参见《关注汶川地震——农业生态环境保护与新农村建设专刊》2008 年第 4 期。

水土流失控制与生态修复对策》① 和唐守正的《加强地震灾后林业及生态修复重建工作》等。前者分析了地震对灾区生态环境的影响，提出了修复灾区森林、农田等生态环境系统的修复对策。后者则关注震后灾区森林生态环境的修复问题。该文提出应尽快开展灾区林业受损情况的调查、评估；抓紧制定林业灾后重建与生态修复规划；灾后林业与生态修复重建应以生态建设为主；加强灾区现有森林资源和生态环境保护和采取多种措施开展江河两岸、水库周边等滑坡区的边坡治理，尽快修复森林植被和大熊猫等珍稀动物栖息地等一系列对策。

综合目前生态环境修复及其法律制度方面的研究成果，笔者认为，我国学界已经对生态环境修复及其法律制度问题展开了初步的研究，也取得了一些成果，但是，与大规模的生态修复实践相比较，相关的研究成果还非常薄弱、法律制度的供给还很欠缺。

随着研究的深入，修复生态学开始关注更大尺度上的生态修复问题，同时，生态修复的研究视野也进一步拓宽到社会科学领域。特别是生态修复与可持续发展的结合，促成了生态修复被纳入社会科学研究范畴。

生态学研究表明，从本质上来说，生态环境也是生态系统。生态环境系统是由若干子生态系统所构成的大的生态系统。因此，生态环境修复也可被界定为生态环境系统的修复。虽然现在还没有明确的法律来界定生态修复，更多的是被涵括在环境保护法律制度中，但生态修复现已经被纳入法律调整的范畴，生态修复实践也需要依法进行。王灿发曾经明确提出，21世纪是生态修复和再生的世纪，环境立法应响应生态环境修复的时代要求。② 于秀波偏重于从政策保障的角度思考我国的生态环境修复问题。他初步总结了我国生态环境退化的特征，提出应完善生态环境修复的政策保障体系，促进我国退化生态环境的修复。③ 韩东娥从对生态建设的长效机制问题进行研究的角度，提出了应完善生态建设的市场机制、培育生态环境修复治理产业等建议，以促进生态环境修复、治理的有效实现。④

① 皇甫超河、李鹏、王志勇、庞凤梅：《震后灾区水土流失控制与生态修复对策》，参见《关注汶川地震——农业生态环境保护与新农村建设专刊》2008年第4期。

② 王灿发：《环境修复与再生时代需要新型的环境立法》，《郑州大学学报》（哲学社会科学版）2002年第2期。

③ 于秀波：《我国生态退化、生态修复及政策保障研究》，《资源科学》2002年第1期。

④ 韩东娥：《探讨持续性生态建设的途径与政策》，《中国农村经济》2003年第8期。

盘志凤、潘伟斌则在分析我国环境修复实践中存在的实际问题的基础上，提出了构建我国环境修复法律法规体系必须坚持的原则，并进一步提出应借鉴美国生态环境修复的立法经验，完善我国相应的环境立法。① 赵绘宇初步梳理并分析了我国生态环境修复方面的法制现状，在剖析了当前我国生态环境修复法制存在问题的基础上，提出了完善我国生态环境修复法律制度的对策，并直接指出了生态修复与重建已经是我国所无法回避的事实。他认为，在制定生态修复相关法律的过程中，要注意将生态系统方式与管理的科学研究成果运用到具体的法律实践中，不能盲目、混乱、不科学地进行生态修复。此外，对生态要素的修复一定要有全局的观念，在法律机制上做出合理有效的规定，以解决生态修复与重建中局部利益与整体利益的冲突问题。生态修复法律制度必须注重生态修复与重建的生态效益评估指标体系，以科学的评价体系来衡量修复的效果。在法律制度安排中研究生态修复投资与建设主体的市场化运作机制，规范生态修复与重建后的管护与维持的长期机制，使修复好转的生态系统不会因缺乏后续管理而反复。② 黄俊、韩文雅认为，尽管立法与实践已经对生态修复进行了初步探索并取得了一定的成果，但生态修复作为修复生态系统功能的重要治理模式，在我国仍处于初步阶段，还存在着概念误解、立法理念偏位、修复目标不合理、责任主体单一和救济制度缺失等问题需要重视。③ 冯一帆也赞同我国的生态修复法律体系化建设尚处于起步阶段的判断，并进一步认为，我国现行立法中，有关生态修复条款大多分散于各类法律之中，并未形成体系化，且相关规定过于笼统，起作用更多的是扶助其他类别法律的实施，而不是专门针对生态修复的。不成体系的生态修复法律法规会严重影响其实施效果，因此需要立法部门建立完整紧密且符合我国国情的生态修复法律体系。④

综合上述对我国学界现有的相关研究成果的梳理和分析，比较欣喜的是相较于十年前，生态环境修复的研究已经实现了从自然科学领域的单一

---

① 盘志凤、潘伟斌：《论构建我国环境修复法规体系的必要性与原则》，《环境保护科学》2007 年第 3 期。

② 赵绘宇：《探究我国生态系统修复的法律规制》，《山西财经大学学报》2007 年第 1 期。

③ 黄俊、韩文雅：《生态修复法律制度探析》，《攀枝花学院学报》（综合版）2016 年第 1 期。

④ 冯一帆：《生态修复法律责任实现主体研究》，《中原工学院学报》2018 年第 5 期。

维度研究到社会科学领域与自然科学领域的双维研究。而且，两个维度的研究成果还呈现出互相依赖、互为促进的良好互动关系。在社会科学研究领域，尤其是从法学研究层面来看，法学界对此问题的研究也呈现逐步扩大和蔓延的趋势，其所研究问题的热度被政策所吸纳后，这方面研究的实践价值和理论意义又得以彰显和宣扬。尽管如此，目前的研究成果仍然存在一些薄弱之处，尚需进一步加强，这些薄弱之处主要表现为以下几个方面：

一是在研究话语体系的构建方面，尚未对源于自然可持续中的概念进行规范化改造。换言之，在将"生态环境修复"引入法学研究领域时，还处于简单引入、直接混用的状态。其中表现最为突出的是对生态环境修复在法律制度中的界定尚不统一，对其在将来的立法中如何规范表达也未有关注和论证。研究中概念话语的混乱和研究范式的简单会从根本上冲击研究问题的正当性和延展性。对于这一基础性和根本性的问题，亟待进行基础性的系统研究，完成研究话语的规范化构建。

二是在具体的制度设计和程序构造等技术性问题的研究方面还比较薄弱。例如，生态修复司法实践过程中，由于法律概念的界定不清晰，难免会造成难以确定生态修复责任主体的范围以及难以划分具体需要承担的责任问题。此外，对生态环境修复的法学研究，侧重点集中于对生态环境修复责任主体及其修复责任的承担问题。尤其是将生态环境修复责任简单地纳入民事法律责任体系中，寄希望通过对侵权责任体系的扩张解释，将生态环境修复责任纳入"恢复原状"中，进而通过民事法律责任的实现而实现生态环境修复责任。笔者认为，这一做法并不妥当。生态环境修复与传统民法中的恢复原状有着截然不同的内涵和外延，在性质、技术性和最终的目的上均有很大差异，这些差异决定了并不能通过对"恢复原状"进行扩张解释予以解决。总之，当前法学界，尤其是环境法学界对生态环境修复及其法律制度的构建问题的研究还显得比较薄弱，研究的科学性基础并不扎实，方向性预设也有偏差。

三是研究视野比较狭窄，研究范式也较为简单，研究的系统性较差，最为重要的是未形成系统性的研究成果，未提出完善政策和法律的体系性建议。从我国生态修复法律及其制度现状来看，法律还未形成体系，规范零散地分布于其他类型的法律中，法律制度的针对性和精准性较差。

第二章

科学认知：生态环境修复的一般理论

生态环境修复法学概念的生成应从以下几个方面进行：一是追溯生态环境修复概念在自然科学，或者更准确地表述为在生态学领域限度内的准确概念。此外，还应对生态环境修复被引入社会科学研究领域的历史脉络进行回顾和梳理。二是建构生态环境修复法学概念生成的逻辑与进路，以铺设理论分析的框架。三是从概念构建的方法论上对生态环境修复概念的构造进行解析。四是对生态环境修复概念的外延廓清，通过将其与其他相关概念进行界别，从而厘清概念的外延，完成其科学概念的规范性改造和法学概念的生成。

第一节　生态环境修复概念的双域考辨

一　生态环境修复概念的求本溯源

生态环境修复概念的来源是恢复生态学中的"生态恢复"。[①] 生态恢复（ecology restoration）是生态学的分支——恢复生态学的一个核心概念。生态恢复作为一种新的思想，最早是由学者 Leopold 于 1935 年提出的。[②] Leopold 在美国 Madison 的一块废弃地上种植高草草原，同时又在威斯康星

---

① 生态学研究表明，生态环境的本质是一个大的生态系统。与"生态恢复"的提法相比较而言，"生态环境修复"的提法更符合社会科学领域研究对概念的规范性的要求。

② 参见 Jordan, William R, Gilpin, Michael E, Aber, John D, *Restoration Ecology: A Synthetic Approach to Ecological Research*, Cambridge Press, 1987。

河沙滩海岸附近的另一块废弃地上进行恢复工作，他们成功创造了今天的威斯康星大学种植园景观和生态中心。这是在对自然最精密、最细致的模仿基础之上的植被恢复，它的意义在于使人们认识到，把过度放牧、侵蚀等致损因素造成的废弃地恢复到原来的草原、森林，在理论上和技术上都是可能的。① 生态恢复的概念是随着人们对退化生态系统研究的深化而逐渐明晰的。经过多年的发展，恢复生态学逐步发展成为生态学中的重要分支，生态恢复的概念也随之而成熟。② 随着恢复生态学的不断发展，其所涵摄的内容也在不断拓展，不仅包含退化生态系统结构、功能和生态学潜力的恢复与提高，还包括人们依据生态学原理，使退化生态系统的物质、能量、信息流发生改变，形成更为优化的自然—经济—社会复合生态系统。

关于生态恢复的概念，生态学界有不同的认识，以时间为线索，可以梳理出如下发展脉络。

生态学者 Diamond 认为，生态恢复就是再造一个自然群落，或再造一个自我维持并保持后代具有可持续性的群落；另一个生态学者 Harper 则认为，生态恢复是关于组装并试验群落和生态系统如何工作的过程。美国自然资源委员会（The US Natural Resource Council）认为，使一个生态系统恢复到较接近其受干扰前的状态即为生态恢复。生态学家 Jordan 认为，使生态系统回复到先前或历史上（自然的或非自然的）的状态即为生态恢复。学者 Caims 认为生态恢复是使受损生态系统的结构和功能恢复到受干扰前状态的过程。国际恢复生态学会（Society for Ecological Restoration）先后于 1994 年和 1995 年提出了三个定义，分别是：生态恢复是恢复被人类损害的原生生态系统的多样性及动态的过程（1994 年）；生态恢复是维持生态系统健康及更新的过程（1995 年）；生态恢复是帮助研究生态整合性的恢复和管理过程的科学，生态整合性包括生物多样性、生态过程和结构、区域及历史情况、可持续的社会实践等广泛的范围（1995 年）。其

---

① 米文宝、谢应忠：《生态恢复与重建研究综述》，《水土保持研究》2006 年第 2 期。

② 由于全世界人口的持续增长，对自然资源的过度利用，环境污染与植被破坏加剧，全球大面积的自然生态系统退化严重。如何恢复与重建退化生态系统面积，成为各国可持续发展的焦点问题。由此，恢复生态学逐步成为当前科学界乃至各国政府关注的前沿学科。20 世纪 80 年代，恢复生态学（Restoration Ecology）应运而生。恢复生态学从理论与实践两方面研究生态系统退化、恢复、开发和保护机理，因而为解决人类生态问题和实现可持续发展提供了机遇。

中，第三个定义是该学会的最终定义。① 生态学者 Egan（1996 年）认为生态恢复是重建某区域历史上的植物和动物群落，并且保持生态系统和人类的传统文化功能的持续性的过程。国内生态学者彭少麟认为，以上的定义指出生态恢复与自然条件下发生的次生演替不同，其强调人类的主动作用。事实上，人类活动对所有生态系统具有不可避免的影响。我们得从静态的生态平衡的观点转向动态的生态发展的观点看生态恢复。生态恢复包括人类的需求观、生态学方法的应用、恢复目标和评估成功的标准以及生态恢复的各种限制（如恢复的价值取向、社会评价、生态环境等）等基本成分。② 目前，国内外生态学界普遍认可美国自然资源委员会对生态恢复所下的定义，认为使一个生态系统恢复到较接近其受干扰前的状态即为生态恢复。③

生态学研究表明，生态环境作为一个大的生态系统，其内部包含若干子生态系统。构成子生态系统的基本要素是生态因素，生态因素分为生物因素和非生物因素。各生态因素之间相互联系、相互影响，共同构成复杂多样的生态系统。生态环境的本质是生态系统，包括人在内的所有环境要素均属于生态环境系统的构成要素。因此，生态环境修复的生态学内涵是生态环境系统的恢复。

二 生态环境修复法学概念生成的逻辑

将自然科学中的科学术语和特定概念引入社会科学研究的范畴和领域，进而转化为符合社会科学研究要求，融入并契合社会科学研究范式的概念，这类概念及其构成的体系既具有高度抽象性，又兼具解构特质的可能性和建构指引的延展性。换言之，这类概念需要满足以下几方面的基本要求：其一，无论是在自然科学的实践层面，抑或是在自然科学的理论层面，这种概念需建立在准确且确证无疑的科学认知和判断基础上，即概念须具有科学性。其二，所要引入、转化的概念内容需与社会事实紧密相关，具有社会性和现实性。质言之，这些原本属于自然科学中的概念因其

---

① 参见彭少麟《退化生态系统恢复与恢复生态学》，《生态学报》2004 年第 8 期。

② 同上。

③ 参见 Cairns J. and Pratt J. R. , "*Ecological Restoration Through Behavioral Change*", *Restoration Ecology*, Vol. 3（1）, 2010。

规定的内容或因其内涵与外延均与社会实践多有交叉、重叠，这一特征的满足就从根本上决定了其具有转化为社会科学概念的可能性。其三，毫无疑问，社会科学研究的核心价值和终极使命在于建构。这就要求这类概念能通过规范分析予以多维度的解构，又能以此为基础，在充分分析和论证的基础上，通过判断、推理而完成建构的使命。

传统的自然法学、规范法学（概念法学）以及法社会学是中西方三种最为主要的法学思想流派。规范法学（概念法学）尽管在19世纪的德国学界一度成为主流，但随着法社会学思想流派的崛起和发展，其在西方法学思想流派中的主流地位已经盛况难现。纵观中国的法学思想演变历程，及至观察当下的中国法学思想全貌，规范法学（概念法学）同样面临式微的历史命运，法社会学派因其契合社会需要，因应社会问题，而具有强烈的反射性特征，故而逐步成为中国法学思想流派中的砥柱之学。

尽管规范法学（概念法学）有式微的诸多端倪，但规范法学（概念法学）并未自此启动退出历史舞台的过程。尤其在中国法学思想发展与法治演进的宏大叙事下，规范法学（概念法学）仍然占据着重要的地位，也无法被完全取代。规范法学中的规范分析方法以法律规范体系为研究对象，其主要内容包括对法律规范和法律体系、法律体系的效力与范围、法律概念、法律推理机制等方面的分析，其目的在于获得以法律规范为核心的法律知识。法律概念的生成与获取既是规范法学的核心命题，也是规范分析方法的关键环节。

法律概念的明确是一项制度构建的前提，很难想象一种构建在模糊法律概念基础上的制度会符合法律对于正义的诉求。① 博登海默曾指出，"概念乃是解决法律问题所必需的和必不可少的工具，没有限定严格的专门概念我们便不能清楚地和理性地思考法律问题，如果我们完全否弃概念，那么整个法律大厦就将化为灰烬"②。

在尊重上述客观现实的前提下，遵循规范法学（概念法学）的研究

---

① 吴鹏：《生态修复法律概念之辩及其制度完善对策》，《中国地质大学学报》（社会科学版）2018年第1期。

② ［美］E.博登海默：《法理学、法律哲学与法律方法》，邓正来译，中国政法大学出版社1999年版，第114—115页。

范式，对生态环境修复进行规范分析和多维解构无疑具有研究范式上的正确性，也能从逻辑起点上夯实本书研究的基础。

将自然科学中的"生态修复"引入属于社会科学范畴的环境法研究视域，必须尊重上述法理，对其进行规范化改造，使之符合法学研究的规范。①

三　生态环境修复法学概念的内涵解析

概念是人们在认识世界时的语言工具，人们借以一定的抽象化方法，掌握客体的个别特性或要素，最终搭建成关于认识客体的体系。法学构建概念的目标在于将本身极度复杂的生活事件，以明了的方式予以归类，用清晰易辨的要素加以描述，并赋予其中在法律意义上"相同"或者同样的法律效果。②

"生态环境修复"由"生态环境"和"修复"两个基本词根所构成。生态环境的基本词根是"环境"。《环境科学大百科全书》将环境定义为围绕人群的空间，即其中可以直接或间接影响人类生存和发展的各种自然因素的总体。由此我们可以看出，所谓环境总是相对于某一中心事物而言的。法学语境中的"环境"（environment）是相对于"人"这个哲学层面的主体而言的一切外部条件，环境法中的"环境"也是如此。现代环境法自产生之初，即采纳了以生态学为代表的环境科学中的用语。生态学中的"环境"更为确切的表达应是"生态环境"（ecological environment），因此，环境法语境下，我们通常所称的"环境"其准确称谓应为"生态环境"。生态环境是全人类赖以生存的物质基础，对人类而言，地球上任何生态系统都是人类生存环境的一部分，即人类的生态环境。

"修复"一词在现代汉语中有"修理使变成原来的形态""重新恢复完整"两层含义。"生态环境修复"中所谓的"修复"，并不是要修理使其恢复原状，而是要通过停止外界的不利干扰，降低不利干扰的强度或者减少不利干扰的规模，并辅以人的主动干扰，促使受损的生态环境及其内部的各子生态系统结构和功能恢复到受损前的状态，或者即使不能恢复到

---

① ［德］卡尔·拉伦茨：《法学方法论》，陈爱娥译，商务印书馆 2005 年版，第 318 页。
② 同上。

受损前的状态，也应通过主动的修复行为，促使生态环境恢复其基本生态功能，并具备持续发展的能力。

黑格尔将概念区分为抽象概念和具体概念。所谓抽象概念是指以认识客体的、形式上的共同点为要素而抽象和建构出来的概念；但是具体概念的一般性或共相则不同于单纯的共同之点：真正的一般性或共相意指具体一般的概念，它表现在思想中的，并非被孤立思考的诸要素的总和，毋宁是有意义地彼此相关的因素的整体，唯以其相互的结合始能构成概念。①

基于"修复"一词在法学研究中的抽象性，生态环境修复亦属于抽象概念。德国学者卡尔·拉伦茨认为，抽象概念式的体系的形成有赖于从作为规制客体的构成事实中分离出若干要素，并将此类要素一般化。由此等要素可形成类别概念，而接着增、减若干规定类别的要素，可以形成不同抽象程度的概念，并因此而构成体系。他认为，这种体系可以保障由之而推演出来的所有结论彼此不相矛盾，由此可以使法学具有纯粹科学之学术概念意义下的"学术性"。法学属于狭义的"理解性"学术，因此唯有发展出适于其客体的，诠释学上确是有据的思考方式，如是始能正当化其学术性主张，而不是无谓地尝试配合适用于"精确的"学术中的方法。② 卡尔·拉伦茨认为，要选择何种要素以定义抽象概念，其主要取决于当该学术概念形成时所拟追求的目的。因此，描述某类客体的法学概念，与其他学科乃至日常生活用语中的相应概念所指涉者，未必相同。③ 因此，构造生态环境修复的法学概念还应考量其所追求的目的。

生态学研究的成果为我们构造生态环境修复的法学概念目的之考量提供了科学依据和参照指标。

生态学者 Daily 认为，至少基于以下四点原因，人类进行生态环境修复是非常必要的：一是需要增加作物产量满足人类需求；二是人类活动已对地球的大气循环和能量流动产生了严重的影响；三是生物多样性依赖于人类保护和生态环境修复；四是土地退化限制了社会经济的发展。④ 生态

---

① ［德］卡尔·拉伦茨：《法学方法论》，陈爱娥译，商务印书馆 2005 年版，第 334 页。

② 同上书，第 317 页。

③ 同上书，第 318 页。

④ 参见 Daily G. C.，" Restoring value to Word Degraded Lands"，*Science*，No. 269，1995。

修复是针对退化生态系统的，其目的是打破退化生态系统破坏性的波动，恢复生态系统的结构和功能。受此影响，生态环境修复的目标具有多元性。首先，生态环境修复的直接目的是修复被破坏的生态环境系统的结构和基本生态功能。其次，通过修复生态环境系统的结构和功能，促进生态环境的可持续发展。最后，通过生态环境可持续发展，从而为人类社会的可持续发展创造条件。就我国的实际情况来看，我国生态环境修复应以环境保护，推进生态文明建设，促进社会可持续发展为终极目标；以修复已经破坏的、与人类生产和生活活动密切相关的区域性生态环境为现实任务；以修复被破坏的生态环境的结构和基本生态功能为途径，以对生态环境资源进行合理的管理、保持一定区域内生态环境的再生产能力、避免新的生态环境破坏和生态系统的退化为辅助，最终实现整个社会的可持续发展。

实现这一目标的具体路径有三种：一是修复被破坏的生态环境系统，尤其是与人类生产和生活活动密切相关的周边生态环境。二是对生态环境进行合理的管理，以避免新的生态环境破坏和退化，从而确保生态环境质量得以维持在一定水平之上。三是保持一定区域内生态环境系统的再生产能力，实现区域生态环境容量①的消费与生产之间的平衡。

此外，在不同的学科视野下，从不同的角度出发，生态环境修复的目标具有多种外化形式。在生态学视野下，生态环境修复的目标是恢复并维持生态环境基本的生态功能。从经济学视角来看，生态环境修复的目标具体表现为通过生产行为从而恢复甚至提升生态环境的价值。从环境伦理学的维度考察，生态环境修复则反映为对"人类中心主义"伦理观的批判和对"生态中心主义"伦理观的超越。生态环境修复不是基于人类利益考量的自利行为，也并非脱离人类利益思量的抽象行为，而是建立在对人类利益和生态环境利益，以及当代人利益与后代人利益深刻认识基础上的行为。生态环境修复是生态整体主义伦理观在环境保护领域的最新发展，其目标指向已然超越了"人类中心主义"和"生态中心主义"所彰显的价值范畴。生态环境修复体现了既关注人类利益，又关注生态环境；既强

---

① 生态环境容量是一个生态学概念，它表示生物总数增长可资利用的生态环境条件及其限度。它主要包括可供开发利用的自然资源的数量和生态环境消解生产废弃物的最大负荷量。参见汝信主编《社会科学新辞典》，重庆出版社1988年版，第331—332页。

调当代人利益的满足，更强调满足后代人以环境权益为主要内容的需求。

综合上述分析，笔者认为，生态环境修复是指为实现生态环境的可持续发展，通过人的积极干预，以各种方式和手段帮助受到破坏的生态环境恢复和改善其生态功能的过程。生态环境系统的重建、生态环境系统结构的改良、生态环境系统功能的改进以及受损生态环境系统的修补等是生态环境修复的具体形式。[①] 环保实践中的"生态建设""环境治理""生态治理""国土整治""土地复垦""退耕还林"等都属于生态环境修复的范畴。[②]

应从以下几个方面理解生态环境修复的内涵：

其一，生态环境修复的性质具有复杂性。首先，生态环境修复是一种状态描述。这种状态是受到破坏的生态环境得以恢复其基本生态功能的状态。环境科学研究表明，生态环境的基本生态功能是为人类的生存和发展提供环境容量，为人类的生产和生活活动提供基本的物质条件和活动空间。遭受破坏的生态环境系统结构和生态功能只有在得到及时、有效地恢复的状态下，生态环境才能为人类的生存和发展提供充足的环境容量。其次，生态环境修复是一个长期的、复杂的过程。生态环境修复的过程强调通过人为干预，从而使受损生态环境中的各个子生态系统

①　有学者认为，应当从自然生态系统与社会经济生态系统两个方面去考虑生态修复的法律概念。从自然生态系统平衡的维护角度来说，生态修复主要是最大限度地利用技术手段，对被污染环境要素实施修复或对遭到破坏的生态环境进行有利于人类社会发展的改造与重建，使失衡的自然生态系统尽可能地恢复平衡，姑且称之为自然生态系统的修复，简称为自然修复。生态修复的法律概念可以界定为：生态修复是为适应生态文明建设需要，以生态系统整体平衡维护为出发点，由国家统一部署并实施的治理环境污染和修复受到干扰的生态平衡的系统工程，及在此基础上进行的促进当地社会经济转型发展，逐步缩小地区发展差距，实现国家、社会、经济均衡发展的一系列政治、经济和文化等社会综合治理措施。参见吴鹏《生态修复法律概念之辩及其制度完善对策》，《中国地质大学学报》（社会科学版）2018 年第 2 期。

②　此外，国内生态学界的代表性学者彭少麟、余作岳、任海等认为，与生态环境修复的相关概念还有：重建（rehabilitation），即去除干扰因素并使生态系统恢复到原有的利用方式；改良（reclamation），即改良土地条件以便使原有的生物生存，一般指原有景观彻底破坏后恢复；改进（enhancement），即对原有受损系统进行改进，提高某方面的结构与功能；修补（remedy），即修复部分受损结构；更新（renewal），指生态系统发育及更新；再植（renegotiation），指恢复生态系统部分结构和功能，或先前的土地利用方式。他们认为，这些概念可看作广义的生态环境修复概念，一般所说的"恢复"实际上包括了这些内容。

能恢复其生态功能，通过系统的传导作用，从而实现并保持生态环境这一大系统的动态平衡的过程。生态环境修复的过程包含有能量转化、信息交互、物种演替等过程。例如，湿地生态环境修复就包括以下几个过程：恢复湿地与河流的连接，为湿地供水；减少因洪水而导致的对湿地生态环境的干扰；利用水文过程①改善水质，加快修复过程；停止从湿地取水，为湿地生态环境保留足够的生态因子；控制污染物进入湿地生态环境范围；修饰湿地生态环境的地形，通过景观设计恢复其基本地貌；重建湿地生态环境内的生物群落；减少人类的干扰，提高湿地生态环境的自我维持能力，等等。此外，生态环境修复过程还可以具体细分为生态环境修复的规划、生态环境修复的组织与实施、生态环境修复的监管与评价等环节。由此可见，生态环境修复是一个涉及内容庞杂、组织和实施复杂、各个环节紧密衔接的动态过程。最后，生态环境修复是一类行为的统称。在辩证唯物主义哲学看来，生态环境修复的实质是人类主体在认识生态环境客观演替规律的基础上，运用技术手段改造客观对象世界的实践活动。在这种实践活动中，人是具有主观能动性的实践主体，而生态环境则是实践的客体，被破坏的生态环境则是实践的对象。通过以上分析，笔者认为，生态环境修复属于人类对生态环境的主动性改造，生态环境修复行为具有主动性特征。生态环境修复既需要人类采取主动的行为，通过技术手段来进行，还需要运用包括法律在内的社会行为规范，以禁止、限制、激励等方式促使生态环境修复主体积极作为，从而确保受到破坏的生态环境得以及时恢复。现实生活中，生态环境修复行为有多种表现形式：例如，以退耕还林、退田还湖和退牧还草为代表的环境休养行为；以植树造林为代表的生态建设行为；以生态污染防治为典型的防止生态环境污染和破坏的行为，等等。

其二，生态环境修复的目标具有多层次性。从微观来看，生态环境修复的目标是要恢复一定区域内被破坏的特定生态环境的基本生态功能。当一定区域内生态环境的生态系统构成较为单一的情况下，生态环境修复的目标则具体地转化为恢复特定生态系统的生态功能。从中观来看，生态环境修复的目标是帮助并维持生态环境系统的平衡，通过恢复和改善生态环

---

① 水文过程包括水的周期变化，深度、年或季节径流量变化、滞留时间等。

境的生态结构和基本生态功能，从而促使生态环境维持再生产能力，[1] 确保生态环境的可持续发展。从宏观来看，生态环境修复的目标是要为人类社会的可持续发展提供物质条件和空间。人类社会的可持续发展有两个基本前提。一是人类社会系统的可持续发展。二是生态环境系统的可持续发展。生态环境的可持续发展既有赖于人类在消费生态环境的同时对其进行保护，又有赖于在生产和再生产层面不断生产生态环境，从而促使生态环境系统得以可持续发展。从这个意义上讲，人类社会的可持续发展依赖于对被破坏的生态环境进行的有效修复。

其三，生态环境修复的基本生态功能有多种表现。一是生态环境系统内部的平衡。"人类和现存的生物不仅是生态环境发展到一定阶段的产物，而且它们的物质组成也是和生态环境的物质组成保持平衡关系，如果这种生态环境遭到了破坏，则将对人类社会的发展造成危害。所以人类在改造环境中必须使自身同生态环境保持动态平衡"。[2] 生态学研究表明，在排除人为干扰和自然破坏的情况下，生态系统内部的各生态因素的运动、变化和发展完全遵循生态规律进行，在生态规律的作用下，生态系统内部维持着动态的平衡，各子生态系统内部以及整个生态环境系统呈现一种有序的状态，生态秩序得以实现。但是，人为干扰和自然破坏打破了生态系统内部的平衡状态，生态破坏和退化导致生态秩序趋于崩溃。生态环境修复就是要通过施以人为的积极干预，恢复生态环境系统内部的平衡，维持生态秩序。二是生态环境再生产的顺利进行。生态环境再生产只有顺利进行才能确保生态环境得以持续发展，从而保证在"人—生态环境"

---

① 生态环境再生产，学界有不同的认识。有代表性的观点有：生态环境再生产，是指由自然力和人力共同作用下，对生态环境的自然结构和状态的维持与改善过程。参见黄选瑞、滕起和《关于环境再生产过程中利益分配问题的探讨》，《中国人口·资源与环境》2001 年第 3 期。生态环境再生产是社会物质资料再生产之地理环境条件的再生产，或者说是生态环境容量的再生产。参见原秀卿《地球环境容量与环境再生产》，《国家行政学院学报》2001 年第 4 期。也有学者指出，从宏观上看，生态环境的社会再生产就是人类借助生态环境的自然生产力，遵循生态环境发展的内在规律，投入一定的人力和物力，创造特定的物质条件，使生态环境的自然生产和社会生产相结合，从质和量两个方面创造生态的生产性活动。参见王本兴《生态环境生产与持续发展》，《中华女子学院学报》2004 年第 4 期。

② 廖盖隆等主编：《马克思主义百科要览》（上卷），人民日报出版社 1993 年版，第 326 页。

这个系统中所承担的功能。"生态环境再生产"的基本词根是"再生产"。而再生产是指不断反复、不断更新的社会生产过程。① 因此，本书认为，生态环境再生产是指在生态环境的自然生产力和人力的推动下，以生态环境为生产对象，以生态环境容量为具体生产结果，不断反复、不断更新的生态环境生产过程。在这个过程中，消费者是人类，生产者是生态环境的自然生产力和人力，生产对象是生态环境，以生态环境容量为具体生产结果。生态环境再生产本质上是生态环境的生产。人类生存和发展离不开与生态环境之间的物质与能量的交换，人类向生态环境索取物质资料和能源，并排放各种废弃物，生态环境依靠自净能力消解废弃物，并不断依靠自然力生产出新的生态环境资源。这个过程既是生态环境的消费过程，又是生态环境的生产过程，也是生态环境的再生产过程。三是生态环境容量的扩大，环境质量的提升。生态环境之于人类，其基本的生态功能是提供人类生产和生活活动所需要的可能和空间。其中，一定区域内生物总数、供人口增长和经济发展所需的生态环境条件、可供开发和利用的自然资源数量、该区域生态环境消解生产和生活废弃物的最大负荷量等均是衡量该区域基本生态功能的指标。恢复生态环境的基本生态功能，就是要通过修复，维持区域内的生物保有量，尽量扩大人口增长和经济发展所需要的生态环境容量。

其四，生态环境修复的对象是受到破坏的生态环境。受到破坏的生态环境是指生态环境系统内部的结构发生变化，其内部各子生态系统之间失衡，表现为生态环境基本生态功能的弱化或丧失，最终引发生态环境问题，甚至导致生态环境危机。生态环境破坏的原因有两种：一是由人为原因导致的生态环境破坏；二是由自然原因导致的生态环境破坏。前者以生态环境污染和人为的直接破坏为主。例如，向湖泊排污会影响该区域的生态环境，从而打破生态环境系统的平衡，破坏生态环境。过度放牧和乱砍滥伐会直接导致草原生态环境和森林生态环境的破坏。自然原因导致的生态环境破坏又分为自然灾害导致的生态环境破坏和生态环境的自然退化。例如，2008 年我国南方出现了严重的雨雪冰冻灾害，受灾地区的生态环境，特别是森林生态环境遭受了重大的破坏，而土地荒漠化和水土流失等自然退化也加剧了对生态环境的破坏。

---

① 彭克宏等主编：《社会科学大词典》，中国国际广播出版社 1989 年版，第 625 页。

目前，生态环境的破坏主要由人为的生态环境污染和自然的生态环境破坏所致。生态环境修复主要应规制人类污染和破坏生态环境的行为。基于此，生态环境修复有两类：一是对人为破坏的生态环境进行修复，二是对因自然原因破坏的生态环境进行修复。

其五，人为的干预有积极干预和消极干预两种。对于受损不严重，没有超过阈值的区域生态环境，应本着"自然恢复为主，人为恢复为辅"的原则，对其进行消极干预。减少人类干扰的频度，降低人为干扰的强度，通过生态环境内部各子生态系统自我修复功能的发挥，恢复区域生态环境。而对于受损严重，已经超过阈值的区域生态环境，则应以"人为恢复为主，自然恢复为辅"为原则，采取积极干预的方式，通过影响生态环境内部各子生态系统之间的联系，从而帮助受损严重的区域生态环境得以最大可能的修复。即使对已经远远超过阈值而完全退化的生态环境，也可以通过人为的积极干预而再造一个新的生态环境。

四 生态环境修复法学概念的外延厘清

生态环境修复是抽象的法学概念，将其与其他相关概念进行界别① 既有助于我们更好地认识和理解其内涵，又有助于厘清其概念外延。正如黑格尔对概念界定的认识，他认为："说到概念，我们通常联想到的，只是我们留意到的抽象的一般性，于是乎概念便常被界说为一种一般的观念……但概念的一般性不只是代表一种——与独立自存的特殊部分相对立的——共同指点，其毋宁是本身亦日益分殊者，在个别特殊的事务中仍明朗地保持自身者。"②

（一）生态环境修复与生态环境治理

生态环境治理的概念起源于20世纪60年代。面对以"社会公害"为表现的环境污染和生态破坏，人类开始反思以往的发展模式，并期望通过采取经济、科技和政治等手段治理生态环境，防治生态环境的进一步污染和破坏，从而确保公众能在高质量的生态环境中生存，在这个背景下，生

---

① 需要特别说明的是，此处的概念界别仅限于社会科学，特别是环境法学的研究范畴。而对于属于自然科学中环境科学的有关概念，本书也拟将其限定在法学研究的范畴之内。

② 转引自［德］卡尔·拉伦茨《法学方法论》，陈爱娥译，商务印书馆2005年版，第344页。

态环境治理的理念随之而产生。所谓生态环境治理，其本质是通过具有约束力的规制解决生态环境问题，从而维持人类生存与可持续发展的一种环境管理理念。

生态环境修复与生态环境治理之间有非常紧密的联系，既有区别，又有共同之处。其主要共同之处体现在：首先，生态环境修复与生态环境治理的目的具有一致性。生态环境修复的根本目的是解决生态环境问题，实现人类的可持续发展，在这点上，两者之间是一致的。其次，生态环境修复与生态环境治理所依赖的方式和途径一致。生态环境治理强调的是综合运用经济、政治、科技和法律在内的多种方式，通过规制人类的行为，从而作用于生态环境。生态环境修复也强调修复方式的多样化，其中又以法律规制人的行为，从而实现被破坏生态环境的恢复。最后，生态环境修复与生态环境治理都需要人的积极作为。不管是生态环境修复还是生态环境治理都属于对生态环境的救济。当生态环境因人为或自然原因而受到损害的时候，为维持生态环境质量，维护人类的环境利益，必须要对受损生态环境进行救济。这种救济行为更多地体现为人的积极作为。

生态环境修复与生态环境治理之间存在如下区别：首先，两者的性质不同。生态环境修复既是一个救济受到破坏的生态环境的过程，又是一种对被破坏的生态环境结构和基本生态得到恢复后的状态描述，还是一类以生态环境修复为目标指向的行为统称。而生态环境治理则更多地体现为人类主体通过治理活动改造自然生态环境的环境管理过程和治理行为。其次，两者的评价标准不同。生态环境修复以被破坏的生态环境的生态结构和基本生态功能是否达到恢复为修复目的，强调的是生态环境得到"恢复"的结果。因此，生态环境修复评价标准是生态环境的结构和功能整体上是否得到恢复或者恢复的程度。而生态环境治理则以通过环境治理、改善生态环境质量，从而满足人类主体对生态环境的需要为目的。因此，生态环境质量的提升，以及治理过程中的成本与受益比率等都是生态环境治理的评价标准。再次，两者的内容有区别。生态环境修复有两种类型，一是生态环境的自然恢复，二是生态环境在人为的积极干预下恢复。生态环境治理则以人为的环境治理为主，将生态环境在自身生态演替能力的作用下得到改善的情况排除在"治理"的范围之外。最后，生态环境修复更强调对自然生态环境的尊重，反映为通过对生态环境的结构和基本生态功能的修复，使生态环境能得以在自身演替和发展规律的基础上获得自我可持续发展的能力。通过生态环境修复，人类的利益、生态环境系统内其他物种的利益都能获得满足。而生态环境治理则往往从治理主体的利益为出发点，忽视对生态环境系统内部其他物种利益的考量，"人类中心主义"的色彩更浓厚。

（二）　生态环境修复与生态建设

生态建设是指根据现代生态学原理，运用符合生态学规律的方法和手段进行的，旨在促进生态系统健康、协调和可持续发展的行动总称。[①]"生态建设"一词最初由著名生态学家马世骏提出。在思考我国农业如何实现可持续发展时，马世骏指出，要实现农业的可持续发展，必须重视生态建设。他认为，人的生存和发展与生态系统密切相关，人类也因此而对生态系统负有保护、恢复、重建、修复或新建的重大责任，把这种责任变成行动就是我们通常所说的"生态建设"。生态建设包含保护、恢复、修复、重建和创建等。[②]

生态环境修复与生态建设之间既有紧密的联系，又有显著的区别。首先，生态建设是实现生态环境修复的手段，生态环境修复是生态建设的目的。通过对生态系统进行保护，以加强其生态功能；改善生态系统的内部结构，以优化其生态功能；改进生态系统内部各生态因子的组成，从而促使生态系统健康、可持续地发展。而通过生态系统之间的传导作用，最终促使生态环境这一大的生态系统得以恢复其功能，实现生态环境的可持续发展。其次，生态建设偏重于从人的利益出发，改善或改进生态系统。而生态环境修复则兼顾人的利益和生态环境的利益，既强调以人的利益为决定要素，对生态环境进行积极干预，又注重对生态环境自身恢复能力的尊重，以生态环境自然恢复为辅助。再次，生态建设只能使我国生态环境局部改善，并不能有效遏制生态环境总体趋于恶化的态势。况且这种局部的改善也只是表面现象，并非实质性的、根本性的改变，并不具有原初自然环境的生态功能。[③] 最后，在社会环保实践中，生态建设主要以各种生态工程的形式作为表现形式，此类生态工

---

①　黎祖交：《"生态建设"的提法是科学的》，《绿色中国》2005 年第 11 期。

②　马世骏：《加强生态建设促进我国农业持续发展》，《农业现代化研究》1987 年第 3 期。

③　李笑春、仝川等：《草地可持续发展：生态建设到生态恢复的转向》，《自然辩证法研究》2004 年第 9 期。

程建设更多地体现为人类对生态环境系统的积极干预。而生态环境修复的表现形式要远多于生态建设。凡是以恢复受到破坏的生态环境为目的的人类活动都属于生态环境修复的范畴。由此，生态环境修复既强调人类的积极作为，以帮助受损生态环境得以恢复，又需要人类的消极作为，以减少对生态环境的过度干预，从而促使生态环境能依靠自身的演替发展能力得以自然恢复。

（三）生态环境修复与环境修复

环境修复也是环境科学中的概念。环境修复应遵循生态学规律，主要依靠生态系统的自组织、自调节能力对环境或者生态系统本身进行修复，进行适当人为引导，遏制生态系统的进一步退化。[1] 对于受污染的环境，其目的是使环境中的污染物含量或浓度减少到一个可接受的水平；对于退化的生态系统，其目的则是使其结构与功能恢复到预定目标。[2] 生态环境修复与环境修复之间有诸多相同之处。两者都强调要遵循生态学规律；都主张以依靠生态环境系统的自我演替和发展能力为主，人类的适当行为为辅助；都以遏制生态环境系统的进一步退化为目标。事实上，国内学者也曾一度将"生态环境修复"与"环境修复"相互混用。但是，两者之间仍然存在细微的区别：首先，两者作用对象有差别。环境修复的对象是生态系统外在的表现形态，而生态环境修复的对象是受到人为或自然损害而发生生态破坏的生态系统。其次，两者对人类行为的要求有区别。环境修复强调对环境进行适当的人为引导，生态环境修复则要求人的积极干预。最后，两者的本质有差异。环境修复既是一个过程，也是一种行为，而生态环境修复除具备上述两种性质外，还是一种状态描述，涵盖生态系统结构得到修复，功能得以恢复的状态。

（四）生态环境修复与土地复垦

土地复垦是指对在生产建设过程中因挖损、排污、压占或塌陷等造成破坏的土地加以治理，使其恢复到可供利用状态的活动。土地复垦的对象包括：因采矿、挖沙、取土等对地表的直接挖损活动，致使原来的地形、地貌遭到破坏的土地；因地下开采引起地面塌陷的土地；因采矿、冶炼、发电等工矿企业排放的废弃物堆积压占而废弃的土地；工业排污造成土壤

---

[1]　王志国：《关于生态修复若干概念问题的讨论》，《中国水土保持》2003 年第 10 期。

[2]　陈玉成：《污染环境生物修复工程》，化学工业出版社 2003 年版，第 8 页。

严重污染的土地。① 土地复垦的本质是对因人类活动破坏的土地生态环境进行恢复和重新利用的过程。与生态环境修复相比较，土地复垦具有明显的特征。其一，土地复垦的对象单一。土地复垦的对象仅限于因人类活动而破坏的土地生态环境，而生态环境修复的对象则是因人为污染或自然退化而受到损害的各种生态环境。其二，土地复垦主要作用于土地环境的平面，而生态环境修复则作用于各种生态环境的立体空间。其三，土地复垦的目的是使被破坏的土地生态环境恢复到可供利用的状态，通常情况下，这种可供用的状态指农业、牧业和林业方面的利用。土地复垦体现了对一定区域土地经济价值的追求，而生态环境修复则更强调生态环境生态功能的修复，体现对区域生态环境生态价值的追求。从本质上看，土地复垦是一个过程，而生态环境修复则兼有过程、目的和行为的多重特性；从两者的关系来看，土地复垦是生态环境修复的手段，生态环境修复是土地复垦的目的。

第二节　生态环境修复的目标定位

一　国外学界的智识与共识

国外恢复生态学界通常将修复后的生态系统与未受干扰的生态系统进行比较，其内容包括关键种类的多样度及表现、重要生态过程的再建立以及诸如水文过程等非生物特征的恢复。国际恢复生态学会则建议比较修复系统与参照系统的生物多样性、群落结构、生态系统功能、干扰体系以及非生物的生态服务功能。② 还有人提出使用生态系统23个重要的特征来帮助量化整个生态系统随时间在结构、组成及功能复杂性方面的变化。

对于生态环境修复的目标，国外生态学者从恢复生态学角度进行了大量的研究。生态学家 Hobbs 和 Norton 早在1996年就对退化的生态环境系统的恢复和改善目标进行了研究，概括出了恢复退化生态环境系统的目标

---

① 肖蔚云、姜明安主编：《北京大学法学百科全书（宪法学·行政法学）》，北京大学出版社1999年版，第456页。

② Hobbs R. J. and Norton D. A. , *"Towards a Conceptual Framework for Restoration Ecology"* , *Restoration Ecology* , Vol. 4（2）, 1996.

体系，具体包括：建立合理的内容组成（种类丰富度及多样度）、结构（植被和土壤的垂直结构）、格局（生态系统成分的水平安排）、异质性（各组分由多个变量组成）、功能（诸如水、能量、物质流动等基本生态过程的表现）。① 生态学家 Cairns 认为恢复至少包括被公众社会感觉到的，并被确认恢复到可用程度，恢复到初始的结构和功能条件（尽管组成这个结构的元素可能与初始状态明显不同）。② 生态学家 Bradsaw 提出可用如下五个标准判断生态恢复：一是可持续性或者可自然更新；二是不可入侵性，即像自然群落一样能抵制入侵；三是生产力与自然群落一样处于同等水平；四是营养保持力；五是具体生物间有良性的相互作用。③ 生态学家 Parker 认为，恢复的长期目标应是生态系统自身可持续性的恢复，但由于这个目标的时间尺度太大，加上生态系统是开放的，可能会导致恢复后的系统状态与原状态不同，生态恢复的时间取决于退化生态系统的类型。④ 生态环境修复的目标不是将生态系统完全恢复到原始的状态，而是通过修复使受损的生态环境的系统、功能、结构和格局有所改善，能够恢复到可用的程度，实现生态环境系统的可持续发展。

二　我国学界的认识与研判

我国的生态学家章家恩和徐琪认为，事实上，进行生态修复工程的目标不外乎四个：一是恢复诸如废弃矿地这样极度退化的生境；二是提高退化土地上的生产力；三是在被保护的景观内去除干扰以加强保护；四是对现有生态系统进行合理利用和保护，维持其服务功能。他们进一步认为，

---

① Hobbs R. J. and Norton D. A. , "*Towards a Conceptual Framework For Restoration Ecology*", *Restoration Ecology*, Vol. 4（2）, 1996.

② Cairns J. Jr. , *Recovery and Restoration of Damaged Ecosystemsb* Char-lottesvill：University Press of Virginia, 1977, pp. 17-27.

③ Jordan, W. III, Gilpin, M. E. and Aber, J. D. , *Restoration Ecology：a Synthetic Approach to Ecological Research*, Cambridge：Cambridge University, 1987, pp. 356.

④ 全球的土地、植被、农田、水体、草地的自然形成或演替时间是不一样的，而且这种自然的过程可能是漫长的。而退化的生态系统的恢复时间则相对要短些，其恢复时间与生态系统类型、退化程度、恢复方向、人为促进程度等密切相关。一般退化程度轻的生态系统恢复时间要短些。在湿热地带的恢复要快于干冷地带。不同的生态系统恢复时间也不一样，与生物群落等恢复相比，一般土壤恢复时间最长，农田和草地要比森林恢复得快些。参见彭少麟《退化生态系统恢复与恢复生态学》，《生态学报》2004 年第 8 期。

如果按短期与长期目标分还可将上述目标分得更细。[①] 著名生态学家彭少麟则认为，虽然恢复生态学强调对受损生态系统进行恢复，但恢复生态学的首要目标仍是保护自然的生态系统，因为保护在生态系统恢复中具有重要的参考作用；第二个目标是恢复现有的退化生态系统，尤其是与人类关系密切的生态系统；第三个目标是对现有的生态系统进行合理管理，避免退化；第四个目标是保持区域文化的可持续发展；其他的目标包括实现景观层次的整合性，保持生物多样性及保持良好的生态环境。[②] 学者董全提出，恢复成功的另一个标准是看生态系统能否发挥其功益。生态系统功益（ecosystem services）是指人类直接或间接从生态系统功能（即生态系统中的生境、生物或系统性质及过程）中获取的利益。[③]

概括来看，我国生态环境修复的目标可归纳为两方面，一方面是实现自然恢复，即自然生态环境要素的恢复。自然生态环境要素是一个系统的整体，包含了内部和外部两种要素，生态修复应注重各种要素之间的联系，既要恢复内外部各要素，也要恢复各要素之间的关系及功能。另一方面是生态环境修复还应实现社会修复，即社会生态环境要素的修复。社会修复效果不仅要让社会经济发展所需要的生态环境要素得到恢复或重建，并且要在此基础上，使之更加适合人类的生存与发展；同时，要创造出良好的生活、工作环境等更加有利于人类生活的社会生态环境。

第三节　生态环境修复的原则体系

一定区域内受损生态环境的修复依赖于该区域所包含的若干子生态系统的修复。因此，从这个层面来看，生态环境修复是生态修复的前提，生态修复是生态环境修复的结果。恢复生态学研究表明，生态修复在很大程度上依赖于人为促进。一方面，人为促进的生态修复过程必须符合生态学

[①] 章家恩、徐琪：《恢复生态学研究的一些基本问题探讨》，《应用生态学报》1999 年第 10 期。

[②] 参见彭少麟《退化生态系统恢复与恢复生态学》，《生态学报》2004 年第 8 期。

[③] 恢复退化生态环境系统的最终目标是恢复并维持生态系统的服务功能，尽管由于生态系统的服务功能多数不具有直接经济价值而被人类忽略。参见董全《生态功益：自然生态过程对人类的贡献》，《应用生态学报》1999 年第 10 期。

原理，注重生态系统内部各要素之间的联系与功能；另一方面，需要对进行生态修复的人与经费投入进行经济效益和社会效益的评估。生态环境修复不仅涉及自然生态过程，而且涉及社会、人文和经济等各个方面。①

生态环境修复的原则是贯穿于生态环境修复全程，反映生态环境修复的目的、价值，对贯彻和实施生态环境修复具有普遍指导意义的准则。作为判断生态环境修复活动的基本准则，其应当以保护生态环境，实现可持续发展为目标，以修复生态环境的结构和功能为基础，以现代社会经济和科学技术为背景，体现国家生态文明建设的根本精神与发展目标。生态环境虽具有其自身的发展特点，但修复受到人为或自然因素破坏的生态环境又不可避免地受到社会现时经济发展条件和科学技术水平的限制。因此，人类在修复受损生态环境时应当遵循生态美学与自然客观规律，形成以自然法则、社会经济技术原则和美学原则为核心的原则体系。其中，自然法则是生态环境修复的基本原则，社会经济技术原则和美学原则是生态环境修复的重要原则。

一 生态环境修复应遵循的自然法则

生态环境修复应遵循自然法则，即要求生态环境修复过程必须始终坚持以整个生态系统为出发点和落脚点，遵循自然客观发展规律。在马克思辩证唯物主义哲学看来，世界的本源是物质的，人是自然发展到一定阶段的产物，人的一切活动都是在物质本身预先存在的条件下进行的。而随着"主观理性"统御下的"主体性"力量的崛起，人类开始打破自然限定，解除了外界客观性对人的压制，着力建造一个属人的自然界。生态环境受损归根结底是人类以零星方式的转变且不加节制地将主体内在目的外化，忽视外在自然客观发展规律，最终造成人与自然的危局。修复受损的生态环境人类应当最大限度地减少主观随意性和盲目性，在一定程度上回归"客观理性"，尊重生态环境自身发展规律，以建立人与自然和谐共处的"关系理性"。② 如根据生态环境修复系统循环和再生产的需要，在各种修复植物与微生物种群之间、各种修复植物与动物种群之间、各种修复植物

---

① 彭少麟：《恢复生态学》，气象出版社 2007 年版，第 87 页。

② 贺来、冯珊：《以"关系理性"回归自然——当代生态文明建设前提性反思》，《理论探讨》2018 年第 2 期。

之间、各种微生物之间和生物与处理系统环境之间建立合理的、符合自然发展规律的内容组成、结构和格局。只有建立在遵循、顺应自然客观发展规律基础上的生态环境修复才能实现真正意义上的生态修复，并取得事半功倍的效果。

二　生态环境修复应遵循的社会经济技术原则

生态环境修复是一种技术修复，即技术专家根据国家标准、技术规范以及其他因素确定生态环境修复目标。这一技术修复目标是多种利益博弈的结果，包括开发商的利益、产权人的利益、公众的利益、监管部门的利益等。[①] 生态环境修复涉及的利益主体多元，关系复杂；其所依赖的条件多样；其评价指标体系复杂、多样，因此，必须考虑到是否符合社会经济技术原则。首先，生态环境修复的启动和发展的成本与技术必须是社会可承受的、可操作的和可接受的。许多人虽然反对在生态环境修复时使用成本收益分析，但仍然认为成本是相关的考虑因素，因为社会可以投入生态环境保护的资源是有限的，所以应当在社会可接受的范围内努力使用最低的成本实现生态环境修复的最大目标。其次，生态环境修复是风险最小的、无害的和有效益的。科学技术具有不确定性，对于生态环境修复而言，最大的障碍在于进行修复的科学根据不够明确，其内在及应用中的双重不确定性又可能引发和制造新的生态环境风险。[②] 在现有的技术制备范围之内，进行生态环境修复应当予以合理的规划和布局，将风险发生的可能性努力降到最小。最后，生态环境修复是社会多部门的多种技术的整合。生态环境修复是一个涉及内容庞杂、组织和实施复杂、各个环节紧密衔接的动态过程，单一的部门与技术难以实现有效修复，必须积极整合社会各层级的经济与技术资源，以确保最终能实现可持续发展的目标。

三　生态环境修复应遵循的美学原则

美学原则超越了传统的"人类中心主义"和"生态中心主义"等人与生态环境对立的认识模式，将人与生态环境统一起来，在人与生态环境

---

① 李挚萍：《环境修复目标的法律分析》，《法学杂志》2016 年第 3 期。

② 王芳：《不确定性与脱嵌：环境风险生成中的科技失灵》，《华东理工大学学报》（社会科学版）2016 年第 4 期。

的和谐统一中寻求精神上的愉快。① 美学原则对生态环境修复提出了更高的要求，它不但要求修复生态环境系统的结构和功能，还要求修复的生态环境系统具备一定的景观美学价值。审美得以产生的前提是客体本身得到关注，生态环境修复要实现生态系统的多样统一，恢复生态环境的丰富多彩、生动活泼与错落有序。当生态环境修复具有景观美学价值时，民众将非常乐意前往欣赏和休憩，昔日的退化生态环境系统将可能成为生态旅游区；② 当生态环境修复地能很好地发挥其生态服务功能时，它们就将成为人们精神文化娱乐和提高健康水平的园地，这样又能促进生态环境修复实践。③ 人类的审美体验从一开始也是来自自然，而人类的审美标准同样也是在自然中才得以建立的。

第四节　生态环境修复的途径选择

依据生态环境受损的程度是否超过生态阈值，受损生态环境的修复可以遵循两种模式途径。一是当一定区域的生态环境受损不超过其生态阈值的情况下，该区域内的生态环境问题即为可逆的。其生态特征表现为生态结构紊乱，但其基本的结构尚得以留存；生态环境内部的生态失衡，但尚不严重；其生态功能退化，但并未完全丧失；其自然演替能力受到损害，但还能维持基本的自我演替和发展。在这种情况下，应当本着以"自然修复为主，人为修复为辅"的原则，去除生态环境外界的人为干扰和破坏，生态环境可以依靠自身恢复能力得以修复。例如，对因过度放牧而导致退化的草场进行围栏封育，在去除外部干扰的情况下，经过几个生长周期的保育，草场的植物物种数量、多样性、植被的覆盖率和生产力等指标都能得到较好的恢复。二是当一定区域的生态环境受损程度超过其生态阈值，发生了不可逆转的生态灾害。在这种情况下，仅靠其自然恢复能力已很难或不能使其得以修复。因此，必须坚持"人为修复为主，自然修复为辅"

① 陈忘衡：《环境伦理与环境美学》，《郑州大学学报》（哲学社会科学版）2006 年第 6 期。

② 曹苗：《哈格洛夫环境伦理思想中的审美问题——环境伦理和环境美学的本体论》，《江苏社会科学》2016 年第 4 期。

③ 彭少麟：《恢复生态学》，气象出版社 2007 年版，第 89—90 页。

的原则，根据生态系统的稳定性、生态可塑性和生态系统的稳态转化等对其施以人为干扰措施，将破坏程度降到生态阈值以内，才能帮助其恢复基本生态功能。例如，对于受损程度严重而退化为沙漠或荒漠的草场，由于其生态结构已被完全破坏、其内部的各种生态因子①也已丧失或破坏，依靠其自然恢复或仅仅依靠围栏封育已不能实现修复，只有人为地采取围沙、引水固沙、植树种草等措施才能实现一定程度的修复。

---

① 生态因子是指环境中对生物生长、发育、行为和分布有直接或间接影响的环境要素。例如，温度、适度、食物、氧气等。参见李洪远、鞠美庭主编《生态恢复的原理与实践》，化学工业出版社 2005 年版，第 27 页。

第三章

实践样态：我国生态环境修复的实践观察

第一节 矿区生态环境修复实践

一 必要性和紧迫性

长期的矿产资源大量开采导致我国矿区生态环境遭到严重损害，主要表现为土地资源的破坏、景观破碎化以及生态系统的退化。据统计，截至2014年年底全国矿产开发累计损毁土地303万公顷。矿山土地复垦是矿区生态环境修复的核心内容。相比于欧美发达国家，我国的矿区生态环境修复工作起步较晚，但也取得了一定的成绩。我国对矿区土地复垦的正式法规始于1986年的《土地管理法》，其中第18条明确规定："采矿、取地后能够复垦的土地，用地单位或者个人应当负责复垦，恢复利用。"其后，在1989年开始实施的《土地复垦规定》中首次规定了土地复垦的含义，即"对在生产建设过程中，因挖损、塌陷、压占等造成破坏的土地，采取整治措施，使其恢复到可供利用状态的活动"。并且规定了"谁破坏谁复垦"的基本原则。经过30多年的发展，我国已形成一套完整的矿区生态环境修复治理体系，截至2014年年底我国用于矿山地质环境治理资金累计达901.8亿元，其中中央财政出资287.3亿元，地方财政和企业自筹资金614.5亿元。据最新统计数据显示，我国目前已累计治理矿区损毁土地86万公顷，治理率约为27%。

二 监管与资金

我国的矿区土地复垦监管工作主要分为中央和地方两级，国务院国土资源主管部门负责全国的土地复垦监管工作，县级以上地方人民政府国土资源主管部门负责本行政区域内的土地复垦监管工作。但是土地复垦作为一项综合性工程，在实际工作中会牵涉国土、环保、发改、农业、林业等多个部门。在复垦责任主体方面，矿区企业是生产建设活动损毁土地复垦的责任主体，同时县级以上人民政府要负责复垦历史遗留损毁土地。由于责任主体的差别，我国矿业废弃地土地复垦的复垦资金主要分为新建与在建矿山的资金和废弃矿山复垦资金。前者主要来源为矿区企业缴纳的土地复垦费或者矿山地质环境恢复治理保证金，后者的主要来源是政府投资与社会投资。

以煤矿开采为例，煤矿企业进行煤矿资源开采活动时，需要缴纳土地复垦费和矿山地质环境修复治理保证金两笔费用。土地复垦费是有关企业和个人在没有条件自行复垦或者复垦没有达到规定要求时，为履行复垦义务，向当地政府或土地行政主管部门缴纳的用以土地复垦的费用。矿山地质环境修复治理保证金是采矿权人在申请采矿许可证时，按照当地政府规定的数量缴纳的保证金，在煤矿资源开采过程中造成地面塌陷、地裂缝等地表破坏之后，如果煤矿企业按照法律规定履行了修复义务，并且经有关部门验收合格后，政府将会返还收取的保证金及其利息，否则，将以此保证金来进行矿区的土地复垦工作。

通过上文分析可以看出，仅靠收取土地复垦费用，还不足以确保煤矿企业履行复垦义务。矿山地质环境修复治理保证金是取得采矿许可证的前提，不履行复垦义务将不予返还，相较于土地复垦费用，矿山地质环境修复治理保证金对煤矿企业履行复垦义务具有更强的约束力，其经济激励作用也更为明显。但是，保证金制度也存在诸如收取标准过低、企业缴存抵触、保证金提取困难等问题。此外，还容易陷入"既然缴存了保证金，就可以不对矿区毁损土地进行修复"的认识误区，"以钱代责"的现象屡见不鲜。值得注意的是，2014年以来，矿业市场不振，经济形势持续低迷，很多矿山企业已无力足额缴存保证金，足额缴纳保证金的企业数量稀少，部分企业已缴存保证金数量不足应缴存保证金的10%。此外，在保证金制度的实施中，矿山企业除了要按照规定缴纳保证金，还需要另外投入资金进行修复治理，这样就给矿山企业的资金周转带来另一重压力。另外，部分地区的政府相关部门未真正认识到"保证金"的企业所有属性，对保证金的退还工作出现职责不明的混乱情况。矿山企业缴存保证金后，由于企业做不到及时治理，治理区域难以验收，保证金难以及时返还，部分地区的返还金额和已缴存金额占比不足 5%。① 保证金缴存和返还"两难"，对保证金制度的实施造成较严重的影响。另外，废弃矿山的复垦资金来源也极为单一，加之这部分土地本身数量十分庞大，地方政府的财政压力陡增，而社会资金又具有逐利性，难以引导其投向矿区生态环境修复中。上述因素是废弃矿山复垦和矿区生态环境修复效果不佳的关键原因。

2017 年 11 月，财政部、国土资源部、环境保护部联合发布《关于取消矿山地质环境治理恢复保证金建立矿山地质环境治理恢复基金的指导意见》（以下简称《意见》），取消了保证金制度，改以基金的方式筹集矿区生态环境治理修复资金。根据《意见》规定，保证金取消后，企业应承担矿山地质环境治理修复责任，按照相关要求，编制矿山地质环境保护与土地复垦方案，落实企业监测主体责任，加强矿产地质环境监测。《意见》还规定，企业应将退还的保证金转存为基金，用于治理已产生的矿山地质环境问题。矿山企业将按照满足实际需求的原则，根据其矿山地质环境保护与土地复垦方案，将矿山地质环境治理修复费用按照企业会计准则相关规定预计弃置费用，计入相关资产的入账成本，在预计开采年限内按照产量比例等方法摊销，并计入生产成本。同时，矿山企业需在其银行账户中设立基金账户，单独反映基金的提取情况。基金由企业自主使用，根据其矿山地质环境保护与土地复垦方案确定的经费预算、工程实施计划、进度安排等，专项用于因矿产资源勘查开采活动造成的矿区地面塌陷、地裂缝、崩塌、滑坡、地形地貌景观破坏、地下含水层破坏、地表植被损毁预防和修复治理以及矿产地质环境监测等方面（不含土地复垦）。矿山企业的基金提取、使用及矿山地质环境保护与治理修复方案的执行情况需列入矿业权人勘查开采信息公示系统。同时，建立矿山地质环境动态监管机制，加强对企业矿山地质环境治理修复的监督检查。对于逾期不整改或整改不到位的企业，不得批准其申请新的采矿许可证或者申请采矿许可证延期、变更、注销，不得批准其申请新的建设用地。对于拒不履行矿山地质环境修复治理义务的企业，有关主管部门将对其违法违规信息建立信用记录，纳入全国共享平台并向社会公布，还可以根据有关法律法规对其进行

---

① 王雁林等：《矿山环境治理基金制度设计中的关键问题探讨——以陕西省为例》，《国土资源情报》2018 年第 1 期。

处罚并追究其法律责任。在《意见》发布后的一年内，全国各省、自治区和直辖市也陆续出台相关措施，完成了保证金制度向基金制度的转化。

相较于传统的保证金制度来说，基金制度更加契合了国家层面提出的"放管服"的改革要求，将给予企业更多的自主权，既有利于解决企业负担过重的问题，又能从根本上保证生态环境修复资金不足、筹措困难的问题。此外，由企业承担矿山地质环境治理修复责任和统筹基金，由政府对资金的使用进行监管的这种模式将政府从既要直接治理修复，又要监督管理中解放出来，更加便于政府行使监管职能，又能通过内化企业主体责任，调动矿山企业自身的积极性，促进企业发挥自身专业优势，或引入第三方主体，通过项目采购的方式，让生态环境修复治理的专业化公司替代性地履行生态环境修复义务，更好地对受损的矿区生态环境进行有效、及时和科学的修复。

三 典型样本

截至 2018 年 12 月月底，已授予国家矿山公园建设资格 88 个，规划建设总面积超过 10000 平方千米，其中 33 个已建成开园，用以展示矿业遗迹景观，供人们游览观赏、进行科学考察与科学知识的普及。根据相关规定，国家矿山公园建设要求环境优美，绿色覆盖率达到可绿化面积的 80%以上。

建设国家矿山公园并不等同于自然保护区的实现，而是人文景观和矿业景观的结合。以湖北黄石国家矿山公园为例，矿产资源十分丰富的黄石市地处长江中游，自古以来就有"江南聚宝盆"之称，其中大冶铁矿是黄石矿山产业链中非常重要的一部分，有 1700 多年的开采历史，是中国第一座机械开采的大型露天铁矿。然而自 20 世纪 90 年代之后，随着矿产资源的逐渐枯竭，大冶铁矿产矿量日益减少，长期的矿石开采对土地造成了直接破坏，同时在开采过程中产生的大量尾矿等固体废弃物占用了大面积的场地，废气、废水也通过径流和大气交换等方式对周围生态环境造成严重损害。为了实现大冶铁矿的可持续发展，并展示其悠久的历史和丰厚的文化底蕴，相关部门决定充分利用其独特的自然地质条件，在整合世界第一高陡边坡、亚洲第一硬岩复垦林的基础上，兴建黄石国家矿山公园。该国家矿山公园的规划以生态环境修复景观设计为手段、深厚悠久的矿山文化为内涵、景观塑造为设计重点，修复矿山的生态环境，重现矿山区域自然生态景观。经过大冶铁矿工人 16 年的努力，形成了亚洲最大的硬岩土地复垦基地，槐树复垦林面积达 247 公顷，这是矿区经过生态环境修复后的典型性景观。

该园区还十分尊重自然再生的过程，以保护场地内的野生植物，使其与规划种植的景观植物一起重新建立起矿山植被的生态平衡。同时，针对保护区域内的历史文化遗迹，特别是挖掘矿山后的遗址，则通过打造矿冶景观、景区设置、景点命名、建筑形式、雕塑小品等形式，力图在确保矿山生态环境修复的前提下，将独特的矿业文化风貌留存并展示。

第二节　草原生态环境修复

一　必要性和紧迫性

草原是世界上分布最广的植被类型之一，也是陆地生态系统的重要组成部分。我国是草原资源大国，我国草原面积占世界草原面积的 13%。草原在我国农田、森林和草原等绿色植被生态系统中占到 63%，是我国面积最大的陆地生态系统。我国拥有各类草原面积近 60 亿亩，分布在内蒙古、青海、新疆、西藏、甘肃和四川等省区，约占国土面积的 40%。草原不仅是重要的生产资料，还具有涵养水源、维持碳氮循环、净化环境、保持土壤、防风固沙等重要的生态功能，是防止土地退化的最后一道屏障。

我国草原生态系统长期存在着草场退化严重，水土流失，草原鼠虫害、火灾、旱灾等灾害频发等问题，主要原因在于我国北方的温性草原地带由于历经数千年的游牧畜牧业活动而普遍退化，在近半个多世纪的时期内，我国的草原生态环境先后遭受到了 4 次冲击，分别是 20 世纪 70 年代的草原垦荒种粮，20 世纪 80 年代以来的草原因牲畜数量激增而加剧过牧，20 世纪 90 年代以来的全球增暖和草原"旱化"以及持续近半个世纪的露天采矿。这些冲击严重地破坏了我国草原生态系统的结构，使得草原生态环境退化问题日益严重。相关统计数据显示，内蒙古草原在 20 世纪 50 年代前基本上不存在明显的草地退化，20 世纪 60 年代中期草地退化面积为 18%，80 年代达到 39%，90 年代高达 73%，21 世纪初则已接近 90% 的高线。

二 法制供给的状况

我国关于保护草原生态的立法起步较晚。1979年颁布的《环境保护法》第14条规定，保护和发展牧草资源。积极规划和进行草原建设，合理放牧，保持和改善草原的再生能力，防止草原退化，严禁滥垦草原，防止草原火灾。其中"保持和改善草原的再生能力"被认为是草原生态环境修复在环境立法上的初始确证。1985年颁布实施的《草原法》第1条规定，为了加强草原的保护、管理、建设和合理利用，保护和改善生态环境，发展现代化畜牧业，促进民族自治地方经济的繁荣，适应社会主义建设和人民生活的需要，根据中华人民共和国宪法，制定本法。此后30多年，《草原法》历经大小共5次修改，建立了以草原综合治理制度、"草畜平衡"管理制度、"轮割轮采"制度、禁牧休牧制度、退耕还草制度为代表的制度体系。此外，还明确规定要禁止开垦草原，禁止在荒漠、半荒漠和严重退化、沙化、盐碱化、石漠化、水土流失的草原以及生态脆弱区的草原上采挖植物和从事破坏草原植被的其他活动，禁止在草原上使用剧毒、高残留以及可能导致二次中毒的农药，除抢险救灾和牧民搬迁的机动车辆外，禁止机动车辆离开道路在草原上行驶，破坏草原植被。通过这些法律制度和禁止性规范，建立了较为完善的草原生态环境保护制度体系，既为草原生态环境修复奠定了良好的现实性基础，又为草原生态环境修复制度体系的构建提供了良好的制度性前提。

此外，我国还制定了以《草原防火条例》为代表的一些行政法规，在法律条文中均有关于草原生态环境修复的规定。例如，《草原防火条例》第38条规定，草原火灾扑灭后，有关地方人民政府应当组织有关部门及时制定草原恢复计划，组织实施补播草籽和人工种草等技术措施，恢复草场植被，并做好畜禽检疫工作，防止动物疫病的发生。针对我国草原严重的草场退化沙化、水土流失等问题，2005年农业部出台了《草畜平衡管理办法》，建立起一套"草畜平衡"管理制度，以控制草原生态环境因多度放牧而引发生态环境退化，将草原生态环境退化控制在可控范围内。

截至2018年12月，我国还制定了与草原生态环境修复有关的5部部门规章和13部地方性法规。从总体上看，我国的草原生态环境保护的法律法规体系基本成型，在各种规范性文件也着重强调了草原生态环境修复。

三 措施转型与成效

为维护草原生态环境的平衡，防止草原生态环境退化，我国制定实施了一系列的整治措施。典型的有"草畜平衡"管理，草原生态保护补助奖励机制，退耕还草等。

所谓"草畜平衡"，是指为保持草原生态系统良性循环，在一定时间内，草原使用者或承包经营者通过草原和其他途径获取的可利用饲草饲料总量与其饲养的牲畜所需的饲草饲料量保持动态平衡。根据现行规定，县级以上地方人民政府草原行政主管部门负责本行政区域内的"草畜平衡"监督管理工作。县级以上人民政府草原行政主管部门设立的草原监督管理机构负责"草畜平衡"的具体工作。县级主管部门须根据农业部以及地（市）级主管部门制定的载畜量，结合当地的实际情况，组织专家进行论证，并且充分听取草原使用者或承包者的意见，每5年核定一次草原载畜量，明确草原使用者或者承包经营者的牲畜饲养量。县级主管部门要与草原使用者或承包经营者签订"草畜平衡"责任书，内容包括：草原现状、现有的牲畜种类和数量、核定的草原载畜量、实现"草畜平衡"的主要措施、草原使用者或承包经营者的责任、责任书的有效期限和其他有关事项。县级以上主管部门每年会组织对"草畜平衡"情况进行抽查。对禁牧区域以外实行休牧、轮牧的草原，中央财政对未超牧的牧民，按照每亩每年1.5元的测算标准给予"草畜平衡"奖励，同时对在基本草原上超过核定的载畜量放牧的牧民进行处罚。

草原生态保护补助奖励机制也在2011年进行了重大调整。自2011年起，"饲料粮补助"被草原生态保护补助奖励所取代。新的草原生态保护补助奖励将落实草原承包经营权或将签订了草原承包经营合同的草场全部纳入补助奖励的范围。根据规定，凡持有草原承包经营权证或签订有草原承包经营合同的畜牧业经营者、国有农牧林场的员工均可享受草原生态保护补助奖励。对实行禁牧封育的草原，中央财政按照每亩每年补助6元的测算标准对牧民给予禁牧补助，5年为一个补助周期。以内蒙古自治区呼伦贝尔市为例，其境内的呼伦贝尔草原是世界四大草原之一，其总的补助奖励面积达约1.04亿亩，其中，禁牧面积1687万亩，"草畜平衡"面积8671万亩。

在草原生态保护补助奖励的推动下，呼伦贝尔市牧区基础设施得到了加强，在牧区已经建成 1000 平方米的应急饲草料储备库 97 座，已经具备储备 20 万吨应急饲草的能力。人工饲草地面积由 2010 年的 186 万亩增加到 2017 年的 350 万亩，增加了 164 万亩，增长了 88.2%。

草原畜牧业逐步向生态型、建设型的现代化草原畜牧业转型升级，与此同时，退化草原的生态明显好转。草原生态重要指标在实施草原生态保护补助奖励以后，都有十分明显的好转。据全市 256 个草原监测点的监测（其中 5 个是国家级固定监测点），每亩草原的植被盖度、草群高度、平均产草量分别由 2010 年的 67%、30.5 厘米、92 千克，提高到 2015 年的 72%、36.5 厘米、114 千克，草原植被盖度提高了 5 个百分点、高度提高了 6 厘米、干草产量提高了 21 千克，各项指标列全区第一。近两年呼伦贝尔市连续大旱，各项指标均有所下降，2017 年每亩草原的植被盖度、草群高度、平均产草量分别为 70%、19.6 厘米、80.9 千克。①

在实施新的激励措施的同时，也加大了对违反禁牧规定行为的查处力度，加重了处罚责任。根据规定，对在实行禁牧休牧的基本草原上放牧的，处以每只羊每亩 30 元的罚款；在荒漠、半荒漠和严重退化、沙化、盐碱化、石漠化、水土流失的草原，以及生态脆弱区的草原上采挖植物或者从事破坏草原植被的其他活动的，或者未经批准和未按照规定的时间、区域在草原上进行采土、采砂、采石等活动的以及擅自在草原上开展经营性旅游活动，破坏草原植被的，可采用责令停止违法行为，限期恢复植被，没收违法所得，并处罚款的方式追究其责任。

同时，还设计了草原植被恢复费制度作为配套制度。将因建设、征用或使用而收取的草原植被恢复费交由草原行政主管部门管理，实行专款专用，确保将其用于草原植被的恢复，达到合理、永续利用草原的目标。

此外，我国还大力推进实施了退耕还草工程，以强制性行政命令辅以技术引导和经济激励的手段，对受损的草原生态环境进行修复。以内蒙古自治区呼伦贝尔市为例，该市从 2006 年起，将以下类型的耕地一律实行退耕还草：水土流失严重的；水肥条件差，产量低而不稳的；坡度大于 15 度的；土地利用规划农业用地范围以外的；风蚀沙化和存在潜在沙化

---

① 程利、呼斯勒：《呼伦贝尔市草原生态补奖政策落实情况调研报告》，《北方经济》2018 年第 11 期。

危险的；河流两岸引起面源污染的；江河源头的；国道两侧影响景观的；海拉尔区、鄂温克旗机场附近的；2002 年未在税务部门纳税的；违法开垦的。对在国务院批准规划范围内实施退耕还草的农牧民，按照国家规定给予粮食、现金、草种费补助。退耕还草完成后，由县级以上人民政府草原行政主管部门核实登记，依法办理土地用途变更手续，发放草原权属证书。

通过一系列互相配合，行之有效的措施，呼伦贝尔市的草原生态环境修复取得了较好的成效，实现了草原荒漠化和沙化面积的"双减少"。内蒙古自治区草原综合植被盖度达 44%，草原生态已修复到接近 20 世纪 80 年代中期水平。新疆维吾尔自治区草原综合植被盖度达 41.3%，创有监测纪录（2011 年）以来的历史最高值。2016 年，全国草原综合植被盖度达54.6%，较 2010 年提高 3.6 个百分点。天然草原年鲜草总产量 10.4 亿吨，较 2010 年增加 3.7%，连续 6 年保持在 10 亿吨以上。

第三节　森林生态环境修复

一　必要性和紧迫性

森林是以木本植物为主体的生物群落，是集中乔木与其他植物、动物、微生物和土壤之间相互依存相互制约，并与环境相互影响，从而形成的一个生态系统的总体。森林不仅具有涵养水源、防风固沙、净化空气、调节小气候、缓解"温室效应"等重要的生态功能，还是各种野生动物重要的栖息地，是宝贵的生物基因库。据《2016 年中国环境状况公报》显示，全国森林植被总生物量 170.02 亿吨，总碳储量达 84.27 亿吨，年涵养水源量 58.07 亿立方米，年固土量 81.91 亿吨，年保肥量 4.30 亿吨，年吸收污染物量 0.38 亿吨，年滞尘量 58.45 亿吨。

森林是全球生态系统极其重要的组成部分，21 世纪初世界森林面积约为 34.5 亿公顷，约占地球陆地总面积的 1/4。据我国第八次森林资源统计的数据，截至 2013 年，我国森林面积为 2.08 亿公顷，其中，人工林面积 6933.38 万公顷，森林覆盖率为 21.63%，活立木总蓄积量 164.33 亿立方米，森林蓄积 151.37 亿立方米，森林面积和森林蓄积分别居世界第

5 位和第 6 位，人工林面积居世界首位。尽管如此，我国仍是森林资源贫乏的国家，我国土地面积约占世界土地总面积的 7%，而森林面积仅占世界的 4% 左右，森林蓄积量还不足世界总量的 3%。人均森林面积仅相当于世界人均水平的 1/5，人均森林蓄积量相当于世界平均水平的 1/8。

我国历史上森林资源十分丰富，不仅南方地区森林茂密，曾经的黄河流域等北方地区也分布有茫茫林海。但随着农业社会的发展，人们逐渐放弃游猎与采集，开始定居。砍伐森林开垦土地以进行农耕生产活动，导致我国森林面积不断减少。直至近现代，我国森林资源仅主要分布在东北及西南地区，且生态功能较差的人工林占比较高。

二　法制供给

我国已经建立了以《森林法》《森林法实施条例》《森林采伐更新管理办法》《森林防火条例》《森林病虫害防治条例》等法律法规以及相关的地方性法律法规为主的森林生态保护与修复的法律体系。建立了林业基金制度，保护现有森林资源，修复森林生态环境，限额采伐、鼓励植树造林、退耕还林、封山育林、节约使用木材、开发利用木材代用品、征收育林费等政策都在逐步推行中。

《森林法》第 11 条明确规定了植树造林、保护森林，是公民应尽的义务。各级人民政府应当组织全民义务植树，开展植树造林活动。该法第四章对植树造林进行了专章规定，明确了国有企事业单位、机关、团体、部队营造的林木，由营造单位经营并按照国家规定支配林木收益。集体所有制单位营造的林木，归该单位所有。农村居民在房前屋后、自留地、自留山种植的林木，归个人所有。城镇居民和职工在自有房屋的庭院内种植的林木，归个人所有。集体或者个人承包国家所有和集体所有的宜林荒山荒地造林的，承包后种植的林木归承包的集体或者个人所有；承包合同另有规定的，按照承包合同的规定执行。根据《森林法实施条例》，我国县级以上地方人民政府应按照国务院确定的森林覆盖率奋斗目标，确定本行政区域森林覆盖率的奋斗目标，组织实施，并对本行政区域内的年度内造林情况组织检查、验收。造林绿化任务实行部门和单位负责制，例如铁路公路两旁、江河两岸、湖泊水库周围，各有关主管单位是造林绿化的责任单位；工矿区，机关、学校用地，部队营区以及农场、牧场、渔场经营地区，各该单位是造林绿化的责任单位。责任单位的造林绿化任务，由所在地的县级人民政府下达责任通知书，予以确认。

对于盗伐、滥伐森林的行为，我国法律也对其应负的法律责任做出了明确而严格的规定。盗伐森林或者其他林木的，不仅要依法赔偿损失，林业主管部门还可以责令其补种盗伐株数十倍的树木，没收盗伐的林木或者变卖所得，并处以盗伐林木价值三倍以上十倍以下的罚款；滥伐森林或者其他林木，由林业主管部门责令补种滥伐株数五倍的树木，并处以滥伐林木价值二倍以上五倍以下的罚款，拒不补种树木或者补种不符合国家有关规定的，由林业主管部门代为补种，所需费用由违法者支付。在林区非法收购明知是盗伐、滥伐的林木的，由林业主管部门责令停止违法行为，没收违法收购的盗伐、滥伐的林木或者变卖所得，可以并处违法收购林木的价款一倍以上三倍以下的罚款。

三 典型工程

我国的"三北"防护林工程是在中国"三北"地区（西北、华北和东北）建设的大型人工林业生态工程，其为植树造林、治理风沙、保持水土、修复改善生态环境的一项伟大典范工程。

我国政府于1978年将该工程列为国家经济建设的重要项目，工程规划期限为70年，分七期进行，规划造林5.35亿亩，预计到2050年，"三北"地区的森林覆盖率将由1979年的5.05%提高到15.95%。"三北"防护林体系东起黑龙江宾县，西至新疆的乌孜别里山口，北抵北部边界线，南沿海河、永定河、汾河、渭河、洮河下游、喀喇昆仑山，包括新疆、青海、甘肃、宁夏、内蒙古、陕西、山西、河北、辽宁、吉林、黑龙江、北京、天津13个省、直辖市、自治区的559个县（旗、区、市），"三北"区域东西长4480千米，南北宽560—1460千米，区域总面积约为407万平方千米。该工程建设范围之广、规模之大、时间之长均创下了世界生态工程之最。

"三北"防护林工程建设40年，历经几代人、无数群众的艰苦奋斗，取得了令世界瞩目的成就。2018年中国科学院编撰《三北防护林体系建设40年综合评价报告》中的统计数据显示，"三北"防护林工程40年累计完成造林保存面积3014万公顷，工程区森林覆盖率由1977年的5.05%提高到现在的13.57%。在东起黑龙江西、西至新疆的草原、荒漠、隔壁地带，累计治理沙化土地30多万平方千米，结束"沙进人退"的历史，工程区年均沙尘暴日数从 6.8 天下降为 2.4 天，其中京津冀地区由 5.1 天下降到不足 1 天；累计治理水土流失面积 44.7 万平方千米，工程区水土流失面积相对减少了 67%，曾经的水土流失重灾区黄土高原林草覆盖率已接近 60%，当初满眼的黄土荒坡摇身一变裹上绿装，每年流入黄河的泥沙量减少 4 亿吨左右，陕西省延安市在 2016 年还荣获"国家森林城市"荣誉称号；在东北、华北以及河套等农业平原地区，初步建成了以农田防护林为框架，多林种、多树种并举，网带片、乔灌草结合，农林牧彼此镶嵌，互为补充、互为一体的区域性防护林体系，使工程区近一半的农田得到林网的有效庇护，农田防护林体系成为保卫"粮仓"的绿色长城。

　　"三北"防护林工程是由我国政府实施、人民群众参与的一项功在当代、利在千秋、造福子孙后代的一项伟大的生态文明建设工程，还得到了国际社会的普遍好评与认可。"三北"防护林建设局曾被世界环境规划署评为"全球环境保护先进单位"，"三北"防护林建设局、新疆和田等多家单位被联合国环境规划署授予"全球 500 佳"的称号，德国、比利时等国家的相关组织和媒体还对我国"三北"防护林体系进行调研和采访，高度称赞数十年来我国"三北"防护林工程所取得的成绩。工程建设发挥出日益显著的生态、经济和社会效益，推动"三北"地区生态状况发生了历史性、转折性变化。

第四节　湿地生态环境修复

一　必要性和紧迫性

　　湿地同森林、草原等生态系统一样，都是人类赖以生存的地球家园的生态系统的重要组成部分，被称作"地球之肾"。湿地不仅具有调节径流、改善水质、调节小气候等十分重要的生态功能，而且湿地净化水质功能十分显著。根据科学测算，每公顷湿地每年可去除 1000 多千克氮和 130 多千克磷。湿地还是宝贵的生物基因库，目前已查明的我国湿地植物就有 4220 种，脊椎动物 2312 种，其中湿地鸟类 231 种，其生物多样性之丰富，被誉为"鸟类的乐园""生命的摇篮"。

　　我国湿地不仅面积广阔、数量众多，类型还十分丰富，按照湿地公约对湿地类型划分，31类天然湿地和9类人工湿地在中国均有分布，主要类型包括沼泽湿地、湖泊湿地、河流湿地、河口湿地、海岸滩涂、浅海水域、水库、池塘、稻田等自然湿地和人工湿地，从寒温带到热带、从沿海到内陆、从平原到高原山区都有湿地分布，还表现为一个地区内有多种湿地类型和一种湿地类型分布于多个地区的特点，构成了丰富多样的组合类型。中国湿地数量居亚洲第一位、世界第四位。根据我国第二次湿地资源调查结果显示，截至2013年全国湿地总面积5360.26万公顷，湿地面积占国土面积的比率为5.58%。与第一次调查同口径比较，湿地面积减少了339.63万公顷，减少率为8.82%。其中，自然湿地面积4667.47万公顷，占全国湿地总面积的87.08%。与第一次调查同口径比较，自然湿地面积减少了337.62万公顷，减少率为9.33%。从分布情况看，青海、西藏、内蒙古、黑龙江4省区湿地面积均超过500万公顷，约占全国湿地总面积的50%。值得一提的是，我国的淡水资源主要分布在河流湿地、湖泊湿地、沼泽湿地和库塘湿地之中，湿地维持着约2.7万亿吨淡水，保存了全国96%的可利用淡水资源，可以说湿地是我国淡水安全的生态防护网。

目前，我国湿地面临着湿地面积减少、功能衰退、生物多样性受损、污染加剧、环境恶化等问题。湿地生态环境退化的风险居高不下，湿地保护的形势依然严峻。

二　法制供给梳理

对于湿地的界定，从不同学科出发有不同的认识，从现行的法律法规的角度来看亦有不同之处，《中国自然保护纲要》将湿地界定为沼泽和海涂；2010年出台的《中国湿地保护行动计划》将湿地定义为所有季节或常年积水地带；2013年出台的《湿地保护管理规定》第2条规定：本规定所称湿地，是指常年或季节性积水地带、水域和低潮时水深不超过6米的海域，包括沼泽湿地、湖泊湿地、河流湿地、滨海湿地等自然湿地，以及重点保护野生动物栖息地或者重点保护野生植物的原生地等人工湿地。

2013年国家林业局颁布了《湿地保护管理规定》，这是对湿地生态保护与修复的首次专门立法，其统一了全国的湿地立法工作，填补了湿地保护的立法空白。该规定确立了把我国湿地管理"全面保护、科学修复、合理利用、持续发展"的方针，明确由国家林业局负责全国湿地保护工作的组织、协调、指导和监督，并组织、协调有关国际湿地公约的履约工作，县级以上地方人民政府林业主管部门按照有关规定负责本行政区域内的湿地保护管理工作，国务院有关部门或者湿地所在地省、自治区、直辖市人民政府林业主管部门可向国家林业局提出申请指定国际重要湿地。2014年的《环境保护法》第2条中，明确把湿地纳入环境的范畴，进而实现将湿地纳入环境保护基本法保护的对象范畴。

我国自1992年加入了《国际湿地公约》，为提高我国的履约能力，2007年国家林业局专门成立了国际湿地公约履约办公室。自加入该公约以来，我国已指定了国际重要湿地49块，总面积达405万公顷。2016年国务院发布了《湿地保护修复制度方案》，明确建立湿地保护修复制度，全面保护湿地，强化湿地监管，推进退化湿地修复，维护湿地生态功能和作用的可持续性，将全国所有湿地纳入保护范围，重点加强自然湿地、国家和地方重要湿地的保护与修复；地方各级人民政府对本行政区域内湿地保护负总责，鼓励社会各界参与湿地保护与修复，充分发挥林业、国土资源、环境保护、水利、农业、海洋等湿地保护管理相关部门的职能作用，协同推进湿地保护与修复；还将湿地保护修复成效纳入对地方各级人民政府领导干部的考评体系，严明奖惩制度，对湿地面积实行总量管控，到2020年，全国湿地面积不低于8亿亩，其中，自然湿地面积不低于7亿亩，新增湿地面积300万亩，湿地保护率提高到50%以上。

我国其他涉及湿地生态保护与修复内容的法律法规和行政规章还包括《海洋环境保护法》《水法》《水污染防治法》《自然保护区条例》《国家湿地公园管理办法（试行）》等。同时，关于湿地生态保护和修复的地方立法也有很大的进展，以《湖南省湿地保护条例》《黑龙江省湿地保护条例》《广东省湿地保护条例》等为代表的地方性湿地保护专门立法也纷纷出台。从总体上看，我国当前的湿地生态环境保护和修复的立法已经取得了很大的进展，尤其是在加入《国际湿地公约》后，受公约约束和履约责任的激励，我国的湿地生态环境保护工作取得了较为明显的进步。特别是在2014年湿地被纳入《环境保护法》的保护对象范畴后，我国的湿地生态环境保护法律建设迎来了新一轮的高潮。关于湿地生态环境保护的中央立法和地方立法迅速出台，尤其以地方立法为主，我国的湿地生态环境保护法律制度在框架上已较为健全，但在系统化层面上尚有进一步完善的空间，这种可喜的变化也为湿地生态环境修复法律制度的构建提供了坚实的法制前提和条件。

三　典型工程

1998 年长江中游地区发生特大洪水灾害，之后我国开始进行有计划的"退田还湖"工程。1998 年 10 月 20 日，中共中央国务院以十五号文件的形式提出了《关于灾后重建整治江湖、兴修水利的若干意见》，文件指出，我国水患频繁的一个重要原因是国土生态资源遭到严重破坏，并提出"封山育林、退耕还林、退田还湖、平垸行洪、以工代赈、移民建镇、加固干堤、疏浚河道"的 32 字方针，这标志着我国"退田还湖"政策的正式提出。随后开始对湖北、湖南、江西、安徽四省溃决淹没的圩垸，结合灾民安置、灾后重建，有计划、有步骤地开展平垸行洪、退田还湖、移民建镇工作。洞庭湖区不断加快退田还湖、移民建镇，截至 2018 年，共平退堤垸 333 处、搬迁 55.8 万人，洞庭湖调蓄面积比 1978 年扩大了 779 平方千米。1998 年到 2000 年年底的近三年间，江西先后实施两期移民建镇工程，共计移民 14.6 万户、60.04 万人，国家补助江西移民建房资金 22.57 亿元，共增加还江还湖面积 1521 平方千米，其中还鄱阳湖面积 1287 平方千米，湖区增加蓄洪容积 67 亿立方米。湖北省 2012 年还实施了《湖北省湖泊保护条例》，仅用三年的时间，基本遏制住湖泊面积萎缩、数量减少的局面，武汉、潜江、鄂州等地退田还湖面积达 2.47 万亩。

除了退田还湖，为维护湿地的生物多样性和生态平衡，有些地方还颁布实施了退渔还湖、还湿的措施。例如，江苏省的洪泽湖是中国第四大淡水湖，20 世纪末，受经济利益的驱使，洪泽湖面一度被密密麻麻的养殖围网所侵蚀，大面积的湿地被破坏，粗放的养殖方式严重影响了洪泽湖湿地的生态平衡。为了洪泽湖的可持续发展利用，守护当地群众的一汪碧水，江苏省宿迁市强力推进洪泽湖湖区湿地修复工作。宿迁市委、市政府先后研究出台《关于推进生态文明建设工程的行动计划》《关于生态湿地保护与合理利用工作的实施方案》，着力打造"生态宿迁，绿色家园"品牌。沿湖各县区分别制定"退渔还湖"工程规划，加大对洪泽湖的治理力度，严厉打击非法采砂，大力开展生态环境修复，每年拆除围网（网箱）养殖近 2 万亩，累计已完成湿地修复面积超过 10 万亩。据江苏省林业局调查统计显示，随着退渔还湿、退渔还湖等生态保护工程深入推进，洪泽湖水质显著改善，野生动植物种群数量明显增加，天鹅、绿头鸭、豆雁等鸟类种群到这里越冬、栖息，濒危鸟类震旦鸦雀也在此安家落户，目前洪泽湖拥有鸟类 194 种，鱼类 67 种，水生植物品种达 300 余种，水质长期达到国家Ⅲ类标准，是国家南水北调工程东线重要的水源地。

位于云南省昆明市西南的滇池是云南省第一大淡水湖，20 世纪 50 年代以后由于人口的迅速增长，生产生活废水排放量不断增加，滇池流域生态环境开始恶化，水体富营养化加剧，水质不断下降，水生动植物大规模消失。尽管湿地具有净化水质的生态功能，可是水体污染一旦超过其负荷，其自身也很难恢复。从 20 世纪 90 年代开始，国家及当地政府累计投入超过 600 亿元资金对滇池进行治理，实施了一系列综合治理措施，减少农田化肥使用量，完善市内的排污管道体系，高度重视污水处理厂的建设，如今的滇池水质虽未得到完全恢复，但已经有了很大的改善，海菜花等水生植物又开始出现在当地群众的视野之中，金线鲃等原生鱼类也再次出现在水域中，生物多样性逐渐恢复。其他重点治理的湖泊水质也在不断恢复，如曾经爆发过蓝藻危机的太湖水体富营养化经过多年治理已大大减轻，《2017 年中国生态环境状况公报》显示，全湖Ⅳ类水质，平均为轻度富营养状态。

我国近年来还大力推进湿地公园以及湿地类型自然保护区的建设，以保护、修复日渐脆弱的湿地生态系统。全国第二次湿地资源统计数据显示，截至 2013 年年底，我国受保护湿地面积 2324.32 万公顷，与第一次全国湿地资源调查相比，受保护的湿地面积增加了 525.94 万公顷，湿地保护率由 30.49% 提高到 43.51%。截至 2017 年年底，全国共建立湿地公园 1699 处，其中国家湿地公园 898 处；各级湿地类型的自然保护区 602 处。

第四章

逻辑证成：生态环境修复法治的理论依据

恩格斯在《自然辩证法》中说道："我们不要过分地陶醉于我们对自然的胜利。对于每一次胜利，自然界都报复了我们。每一次胜利，在第一步都确实取得了我们预期的结果，但是在第二步和第三步却有了完全不同的、出乎预料的影响，常常把第一个结果又取消了。"① 生态危机是人类对生态环境所造成的不当干扰的集中表现，是人类与生态环境交互关系出现问题并致一定程度的集中反映，也是生态环境受损达到一定程度的表征。从本质上看，生态环境危机是人类对生态环境造成破坏而累积的"孽"。历史的欠债需要偿还，生态环境受到的破坏需要补救，而补救人类对生态环境的破坏则急需对受损的生态环境进行修复。生态环境修复需要法律制度的保障，构建生态环境修复法律制度必须探究其背后的理论依据。哲学、生态伦理学、生态经济学和政治学中都蕴含着生态环境修复法律制度的理论依据。探究生态环境修复法律制度的理论依据既有助于夯实生态环境修复法律制度的理论基础，又有利于设计正当、科学、可行的具体法律制度。

第一节　生态环境修复法律制度的哲学依据

哲学是自然知识和社会知识的概括和总结。生态环境修复法律制度的哲学理论基础，是指在哲学中所蕴含的对构建生态环境修复法律制度起指

---

① ［德］恩格斯：《自然辩证法》，人民出版社1971年版，第519页。

导作用的基本观点和方法。哲学为生态环境修复法律制度的构建提供世界观和方法论的指导。离开哲学理论基础，生态环境修复法律制度则会成为无源之水、无本之木。构建生态环境修复法律制度，其哲学意义上的目的在于寻求一种在世界观和方法论上的指导。

一　中国传统哲学思想对生态环境修复法律制度的理论支持

中国传统哲学中始终将自然观、认识论、人生观和伦理观融为一体。在中国传统哲学中，人与自然的关系问题是中国传统哲学的主要问题。中国传统哲学对人与环境的关系的认识是非常丰富的。对人与自然的关系的思想在中国传统哲学中被统一称为"天人"观。在中国传统的哲学用语中，"天"有两重含义：一是神学意义上的"天帝"；二是自然意义上的"天"。早期的哲学思想中，"天"的神学意义表现得非常明显。随着时代的发展，古代哲学家们也开始关注人生活的环境，"天"的自然意义逐渐增强。自然意义上的"天"原指苍穹，[1] 后来成为自然世界和客观规律的代称。[2] 在认识自然和我们生活的环境的时候，先哲们提出要"法天"，向"天"学习，而向"天"学习的最高境界和标准是达到"天人合一"。这种理论就是中国传统哲学思想中的"天—人观"。在人与自然关系问题的思考上"天—人观"是中国传统哲学思想中具有典型代表性的观点。中国传统哲学思想对生态环境修复法律制度的理论支撑主要体现为"天—人观"对生态环境修复法律制度的理论支撑上。

"天人合一"是"天—人观"哲学思想的核心观点。"天人合一"的观点认为，人与自然存在感通性，自然的运动和变化会给人以征兆，而人的活动会对环境产生影响；自然和人都是客观存在的，人是自然的一部分，并与自然中的万物同在；人是自然的产物，人不能违背自然法则，等等。[3] "天人合一"的前提是人要尊重自然，认识到人是自然的组成部分，不能脱离自然而存在。在此基础上，通过"法天"，认识自然的规律、掌握自然规律从而遵循自然规律，合理地开发和利用自然生态环境和资源，达到人与自然生态环境的和谐共生。

---

① 也有学者认为，"天"是指人头顶上的一切。

② 吕世伦、文正邦：《法哲学论》，中国人民大学出版社1999年版，第741页。

③ 黄锡生：《水权制度研究》，科学出版社2005年版，第44—45页。

要实现人类与生态环境之间的和谐共生有两个基本条件：一是人类自身的发展得以延续，二是生态环境的演替和发展在遵循其自身规律的前提下得以维持。为此，人类必须节制自己对生态环境的过度干预，尽量减少对生态环境的污染和破坏。此外，对于生态环境的自然演替和发展，人类应以自己的行为予以帮助。生态环境修复法律制度即是这个要求在法律中的具体体现。生态环境修复法律制度承载着人类与生态环境之间和谐共生的期望。

中国传统哲学思想中以"天人合一"为代表的经典智慧既为生态环境修复法律制度提供了理论支撑，同时也为生态环境修复法律制度的构建提供了启示。

首先，构建生态环境修复法律制度，要体现尊重自然、保护自然生态环境的理念。生态环境是人类赖以生存的物质前提和外部空间，既为人类的生存和发展提供活动空间，又为人类社会的经济发展提供各种自然资源和能源等物质条件。在人类产生之前，生态环境的演替和发展遵循着自然规律，维持一种动态的平衡。随着人类的出现，生态环境系统内部的动态平衡面临被打破的风险。随着人类对客观物质世界的认识和改造的深入，人类的生产和生活活动直接影响和改造了我们周围的生态环境。随着科技的发展，人类认识和改造生态环境的能力越来越强大，相比其他物种，人类在生态环境中的优势也越来越明显。与此同时，人类活动对生态环境的影响也在增强。人类社会的持续和稳定地发展，离不开生态环境的持续发展。人是自然界成员中最具有能动性的物种，在改造生态环境的活动中，人具有不可推卸的尊重自然、保护生态环境的责任。生态环境修复属于人类保护生态环境的实践范畴，生态环境修复应以尊重自然，遵循自然规律为前提。同样，构建生态环境修复法律制度也应体现对自然生态环境的尊重、遵循自然规律。

其次，构建生态环境修复法律制度应以实现人与自然和谐共生为目标。人类与其赖以生存的生态环境，从来都是相互影响和相互干预的。人不是万物的主宰，自然也不是人类征服的对象。人与自然生态环境的和谐共生能促进人类自身和自然生态环境的发展。人与自然生态环境的和谐共生以人类的持续发展和生态环境的持续发展为前提，同时，还要求人类的发展与生态环境的发展要和谐。此外，人与生态环境和谐发展的目的是"共生"，即通过两者的相互影响、互相促进，共同实现两者的发展。

最后，"天人合一"的思想要求我们善待自然，尊重自然规律。善待自然，尊重自然规律才能更有效地帮助自然生态环境的持续发展，从而维系人类系统和生态环境系统之间的动态平衡。构建生态环境修复法律制度的意义在于为生态环境修复提供法制保障，而生态环境修复又以帮助和救济受到损害的生态环境为旨趣，对受损生态环境的恢复是善待自然的表现。因此，构建生态环境修复法律制度间接地体现了"天人合一"的思想。此外，生态环境修复应以生态环境的自然恢复为主，人为恢复为辅助。生态环境修复的这种模式体现了对自然规律的尊重。

二　近代西方哲学思想对生态环境修复法律制度的理论支持

人与自然环境以及人与自然资源关系的思考一直以来受到西方哲学家们的普遍关注。著名生态学家 E. 奥登在《基本生态学》一书中曾明确地指出，在古希腊哲学家希波克拉底、亚里士多德以及其他哲学家的著作中，多多少少含有一些生态方面的知识。但是希腊人没有重视这方面的事。① 亚里士多德在对正义进行论述的时候，其思想里也包含了对生态环境问题与人类活动之间关系的思考。直到近代，人与生态环境以及人与自然资源之间的关系的思考才逐渐兴盛。近代西方哲学的各个流派，特别是在功利主义哲学、分析实证主义哲学、效益论哲学和马克思主义哲学的思想中蕴涵着对生态环境修复法律制度的理论支持。

（一）功利主义哲学观对生态环境修复法律制度的支持

功利主义是一场始于 19 世纪的英国哲学运动。最早源起时期的代表人物是苏格兰哲学家大卫·休谟；鼎盛时期的代表人物是杰米里·边沁和约翰·斯图尔特·穆勒。边沁认为，功利主义的实质是一种原则，此种原则是根据每一种行为本身能够增加或减少与其利益相关的当事人的幸福这样一种趋向，来决定赞成还是反对这种行为。如果当事人是特定的个人，那么功利原则就旨在增进此人的幸福；如果当事方是社会，则功利原则就应该关注社会的幸福。② 他进一步认为，政府的职责就是通过避苦求乐来

① 对此，汪劲曾做了较为详细的论述。参见汪劲《环境法律的理念与价值追求》，法律出版社 2000 年版，第 36 页。

② ［美］E. 博登海默：《法理学、法律哲学与法律方法》，邓正来译，中国政法大学出版社 1999 年版，第 110 页。

增进社会的幸福。他认为："法律的全部作用可以归结为下述四个方面：供给口粮、达到富裕、促进平等和维护安全。"① 穆勒认为："行为的'是'与其增进的幸福成比例，行为的'非'与其趋于产生的不幸成比例。"另一位功利主义哲学观的代表人物德国哲学家耶林认为："法律的目的是在个人原则和社会原则之间形成一种平衡。"② 直至今天，功利主义传统依然是很有影响力的学说。功利主义尤其在经济学、公共政策和政府立法方面颇有影响力。因此，功利主义在环境政策方面具有重要的地位。总的来说，功利主义告诉我们要"最大化总体之完善"或提供""最大多数最多的善"，因此功利主义基于两个基本点：对"善"的解释和用此观点判断行为和决策的准则。准则告诉我们，对任何具体的行为要看其后果，用后果来判断该行为的伦理状况。③ 美国哲学家威廉·詹姆斯则在《道德哲学家和道德生活》一文中对"善"的本质进行了论证。他认为："在寻求某项普遍原则时，我们不可避免地会被导向这样一个最普遍的原则——善的本质就是满足要求。"④ 生态环境修复法律制度是生态环境修复立法行为的结果，是人类追求最大多数人的最大利益的"善"的要求在法律中的体现。因此，用功利主义的原则评判生态环境修复法律制度，其制度本身是体现为对"生态环境可持续发展"这一大多数人的最大善的追求。

功利主义的哲学思想既为生态环境修复法律制度的提供了理论支持，又为生态环境修复法律制度的构建提供了价值观层面的指导。

生态环境修复法律制度是生态环境修复立法的结果，生态环境修复立法行为带有明显的功利主义意味。生态环境修复事关生态环境系统内所有物种的利益，但生态环境修复的最终受益者是人类自身。从这个角度来看，通过生态环境修复能增加整个人类社会的利益，按照功利主义的评价原则，我们应赞成生态环境修复。但是，生态环境修复侧重于强调当事主

---

① ［美］E. 博登海默：《法理学、法律哲学与法律方法》，邓正来译，中国政法大学出版社1999 年版，第 114 页。

② 同上书，第 115 页。

③ ［美］戴斯·贾丁斯：《环境伦理学：环境哲学导论》，林官明、杨爱民译，北京大学出版社 2002 年版，第 28 页。

④ ［美］E. 博登海默：《法理学、法律哲学与法律方法》，邓正来译，中国政法大学出版社1999 年版，第 154 页。

体承担更多的责任，以积极的行为进行生态环境修复，因此，生态环境修复必然会以部分当事人的个人利益和社会短期、局部利益的牺牲为代价。据此，生态环境修复有可能会招致部分当事人的反对。为确保生态环境修复的顺利进行，必须通过立法制定生态环境修复法律制度。从这个意义上来看，生态环境修复法律制度带有明显的功利主义意味。

构建生态环境修复法律制度，应以功利主义哲学观的价值理念为指导，以受损生态环境得以恢复，生态环境质量得以切实改善和提高为终极目标，正确处理好短期利益与长远利益、个体利益和整体利益，公平和效益之间的矛盾。

（二）　西方哲学中的"效益论"对生态环境修复法律制度的支持

效益论是西方哲学流派中的一支，效益论主张追求行为和规则所带来的效益。效益论者罗伯特·保罗·沃尔夫认为："效益论是一种道德理论，主张每个人——私下的个人或立法的政府，总是应该试着为最大多数人创造最大的幸福。"① 效益论又分为规则效益论和行为效益论两种。规则效益论者声称，政府应使用这个规则来选择它们所制定的一般法律，完全依据现行的规范对待每个人。行为效益论者则强调对社会主体行为的效益进行分析和评价。

效益论的哲学思想中既蕴涵着深厚的生态环境修复法律制度的理论基础，又为生态环境修复法律制度的构建提供了检验标准。

生态环境修复法律制度是政府立法行为的结果，政府的生态环境修复立法反映了对改善生态环境状况，提高生态环境质量的追求，而受损生态环境得到及时有效的恢复则是包括当代人和后代人的最大幸福。从这个角度来看，对于整个社会而言，生态环境修复立法是正效益的行为。生态环境修复立法行为的正效益决定了生态环境修复法律制度具备正效益。

此外，效益论哲学思想对构建生态环境修复法律制度的指导主要体现在以下几个方面：

首先，生态环境修复法律制度的构建应追求效益。构建生态环境修复法律制度是一种立法活动，必然会产生成本。构建生态环境修复法律制度

---

①　[美] 罗伯特·保罗·沃尔夫《哲学概论》，郭实渝等译，广西师范大学出版社 2005 年版，第 96—97 页。

有两种路径：一是对现行的生态环境治理、土地复垦、国土整治等制度进行改革。二是构建与传统制度相区别的生态环境修复法律制度。不管选取哪个路径，都涉及立法成本问题。在满足生态环境修复实践的法律需求的前提下，构建生态环境修复法律制度的活动应注意减少立法成本，追求效益。其次，生态环境修复法律制度的运行也要追求效益。生态环境修复法律制度运行的内部损耗和外部成本都影响着生态环境修复法律制度运行的效益。减少内部损耗要求生态环境修复法律制度所规定的内容，所涉及的具体制度之间要协调。减少生态环境修复法律制度运行的外部成本要求生态环境修复法律制度要注意与我国的现有的生态环境保护法律体系，乃至整个法律制度之间要保持协调。最后，在生态环境修复法律制度的具体制度设计上应采取偏重于激进的策略。长期以来，我们均忽视对于受损的生态环境进行及时、有效的恢复，导致生态环境质量每况愈下，因生态环境受损而导致的生态环境问题层出不穷，生态环境危机日益严峻。面对当前严峻的形势，必须采取相对激进的方式才能及时遏制生态环境状况继续恶化趋势，从根本上扭转生态环境局部好转，整体恶化的局面。

三　辩证唯物主义哲学观对生态环境修复法律制度的理论支持

辩证唯物主义哲学是马克思、恩格斯所创立的关于用辩证方法研究自然界、人类社会和思维发展的一般规律的科学。辩证唯物主义哲学观中蕴含着生态环境修复法律制度的理论基础。辩证唯物主义哲学观既是世界观又是方法论，分析辩证唯物主义哲学观对生态环境修复法律制度的理论支持，既有利于我们确证生态环境修复法律制度的正当性，同时也能为生态环境修复法律制度的构建提供方法论层面的指导。

一方面，生态环境修复法律制度是社会生态环境修复实践的反映。在辩证唯物主义哲学观看来，意识与物质的关系是思维与存在的关系，是哲学的基本问题。对此，恩格斯形象地表述为："全部哲学，特别是近代哲学的重大基本问题是思维与存在的关系问题。"[1] 在物质与意识的关系中，物质是第一性的，意识是第二性的，物质决定意识。自然界的本原是物质的，人类只有认识并把握自然界的规律才能利用规律改造自然。社会存在

---

[1] 《马克思恩格斯全集》（第 4 卷），人民出版社 1974 年版，第 219 页。

决定社会意识，社会意识是社会存在的反映，对社会存在具有能动地反作用。从本质上来看，生态环境修复法律制度是社会意识，属于社会上层建筑的范畴。生态环境修复法律制度的物质基础是社会环保实践，传统社会环保以防治环境污染和生态破坏为主。日益严峻的生态环境形势表明，传统的社会环保已不能满足社会需要。实践表明，在防治环境污染和生态破坏的基础上，还需要对受到损害的生态环境进行恢复。同时，以恢复生态学为代表的自然科学的技术进步，以及以环境经济学为代表的社会科学的知识增量共同促使社会环保实践向生态环境修复转变。生态环境修复实践推动了社会意识形态的发展，生态环境修复的社会意识得以出现并迅速发展。生态环境修复法律制度既是生态环境修复实践的需要，又是人类在发挥主观能动性对自然界进行改造的过程中，对具体实践经验进行总结，抽象出具有普遍指导意义的制度，并最终体现在属于社会上层建筑的法律制度中。

另一方面，马克思主义哲学认为，事物内部诸要素之间以及事物之间是相互影响、相互制约和相互作用的。即事物的联系是普遍存在的。概括起来，包含三个层次的联系：一是任何事物内部诸要素之间都是相互作用、相互联系的；二是每一事物都同周围其他事物发生这样或那样的联系；三是整个世界是由无限的各种各样的联系构成的有机整体。因此，物质世界是有机联系的统一体。在人、自然资源和自然资源环境组成的物质世界中，人与自然资源、自然资源环境三者之间不是孤立存在的，而是相互联系、相互影响的。人的生存和发展离不开自然生态环境。生态环境为我们的生产和生活提供各种自然资源和能源，同时，生态环境的各种功能为人类的生存和发展提供各种条件；人类的活动又时时刻刻改变着自然生态环境的存在状态和品质。同时，生态环境之间也存在相互联系、相互影响的关系。正是由于这种普遍联系的存在决定了人类发展过程中，不能无视人与自然生态环境的密切联系而只顾自身的发展。

事实上，生态环境系统内部的各生态要素以及各区域生态环境之间存在紧密的联系，一定区域内生态环境的受损必然会影响周边区域生态环境的质量，同样道理，一定区域内生态环境的恢复也会通过生态环境系统之间的传导作用影响周边区域生态环境质量的提升。因此，我们在进行生态环境修复法律制度构建的过程中，必须考虑人与生态环境整体以及各区域间生态环境之间的客观联系，把人类的发展和自然资源、自然生态环境的现状及发展规律紧密结合起来，实现人类与自然生态环境的和谐发展。

正是在对人类与生态环境之间存在普遍联系有充分认知的情况下，生态环境修复的理念才得以产生和发展。在科学技术进步的促进下，随着对生态环境系统结构和功能之间联系的认识的深入，生态环境修复的实际效果不断提升。生态环境修复的发展促使生态环境修复法律制度不断健全和完善。

辩证唯物主义哲学观在方法论层面对生态环境修复法律制度构建的指导如下：

首先，生态环境修复法律制度的构建必须从社会环保实践的需要出发。设计具体的生态环境修复法律制度的时候，不能脱离我国生态环境的客观实际，必须结合我国生态环境，特别是受损生态环境的特征、造成生态环境受损的原因等情况，同时必须与我国经济和社会发展相协调。

其次，构建生态环境修复法律制度需要协调处理好经济发展与生态环境修复这对矛盾。马克思主义认为，任何事物都是辩证的、矛盾的，矛盾的主要和次要两个方面是对立统一的，事物正是在矛盾的对立统一中螺旋式前进，不断发展。这一原理要求我们在经济发展过程中要处理好发展经济和保护生态环境这一对矛盾。发展经济可能会破坏生态环境，保护生态环境又可能会暂时制约社会经济的发展，这是矛盾的对立面。另外，经济发展了能更好地保护生态环境，保护好了生态环境，特别是生态环境修复后又更能促进经济的发展，这是矛盾的统一面。因此，构建生态环境修复法律制度必须注意处理好两者之间的关系，发展经济必须控制在生态环境的承载力之内。在保护生态环境的同时，又必须最大限度地满足经济发展对生态环境及其自然资源的需求，充分高效地利用自然资源，否则，经济发展停滞、技术落后，不可能真正保护好生态环境。

最后，构建生态环境修复法律制度必须考虑生态环境修复实践对法律制度的需要。目前，我国的生态环境修复实践在实践中得到了迅速的发展，以土地复垦、环境治理、生态工程建设、退耕还林、退耕还草等形式实施的生态环境修复均需要法律制度保障。但与此同时，我国的环境立法仍然以预防生态环境破坏立法为主，忽视了生态环境修复实践的需要。因此，构建生态环境修复法律制度既要满足生态环境修复实践的需要，还要注重生态环境修复法律制度与其他相关法律制度、政策等之间的协调。

第二节　生态环境修复法律制度的伦理依据

在中国古代哲学中始终将自然观、认识论、人生观和伦理观融为一体。① 基于此，笔者拟主要从西方生态伦理理论中寻求生态环境修复法律制度的伦理基础。

西方生态伦理学所要探讨的基本的核心问题是道德与利益的关系问题。生态环境修复法律制度研究关注的是通过法律制度确保人类生存所依赖的生态环境的恢复问题，生态伦理学中的许多思想既为生态环境修复法律制度提供了理论支撑，同时也为生态环境修复法律制度的构建提供了理论指导。

一　生态伦理的基本认识

生态伦理是人类处理自身及其所处的生态环境的关系的一系列道德规范，是人类在进行与生态环境有关的活动中所逐步形成的伦理关系及其调节原则。生态伦理学是研究人与自然之间道德关系的科学，其研究对象包括人与自然的道德关系及受人与自然关系影响的人与人之间的道德关系这两方面。

现代生态伦理学产生于20世纪中期。面对生态环境不断恶化的严重情况，人类开始了对技术、发展方式、人类与自然生态环境关系等一系列的反思。为了更好地珍惜和善待人类生存所依赖的生态环境，人类创造了生态伦理学这门应用学科。日本学者今道友信在《美学的将来》中写道："过去，说到环境，在公共方面，主要只是指自然；此外，也多少涉及个人的文化环境。然而今天，技术关联已经成为环境。因此，我认为有必要根据这种生活环境的激变而树立新的伦理，提倡生态伦理学。生态伦理学就意味着适应人的生存环境的伦理学，它是包含着解决在现代科学技术的环境中产生的新问题的思考，与此相同，在美学上也

---

① 汪劲：《环境法律的理念与价值追求》，法律出版社2000年版，第179页。

产生了极大的问题。"① 生态伦理学既反映了人类对自身行为的检讨与审视，又显示出人们试图借助道德手段来缓解人类同自然生态环境之间的矛盾与为实现人与自然生态环境之间的和谐而做出的努力。正如现代环境伦理学家那什在《自然的权利——环境伦理的文明史》一书中所言："在道德中，应当包括人类与自然之间的关系。"② 1923 年法国学者阿尔贝特·施韦泽在《文明哲学：文化与伦理学》一书中写道："不仅人与人之间是平等的，而且万物之间也是平等的。"③ 20 世纪 40 年代，英国人利奥波德在其著作《大地伦理学》中也提出要重新确定人类在自然中的地位和作用，他认为，人类并非自然的主子与统治者，而是自然中普通的一员。如果仅仅为了人类自身的功利需求而关心生态平衡、环境保护是远远不够的；人类应当从自然的全局出发来认识自己与自然交往行为的正当与否。

　　"人类与环境的关系"一直是伦理学关注的重要问题。"人类与环境"这个关系中，活跃的因素是"人"，长期以来，对这个问题的研究是分为两个路径展开的。路径之一，纯粹地以伦理学的视角，通过伦理学的自我发展，把环境问题纳入伦理学研究的范畴，逐步分离出"环境伦理学"这样一门新兴的学科。正如利澳波第在《沙乡年鉴》中推论："伦理若向人类环境中的这种第三因素延伸，就会成为一种进化中的可能性和生态上的必要性。按顺序讲，这是第三步骤，前两步已经被实行了。环境保护运动就是社会确认自己信念的萌芽。"④ "人类与环境的关系"当然地成为环境伦理学的研究内容。路径之二，探寻人类思想发展的历史，通过对人类思想发展历史的考察，寻求其中关于"人类与环境的关系"的思想，概括出几个不同的发展阶段。伦理学和生态伦理学的发展历史是人类思想发展历史的不可分割和脱离的一部分。在生态伦理学的发展中，由"人类中心主义"向"生态中心主义"再到"生态整体主义"的演进是主线。

---

① ［日］今道友信：《美学的将来》，樊锦鑫译，广西教育出版社 1997 年版，第 261—262 页。

② ［美］R. F. 那什：《自然的权利——环境伦理的文明史》，杨通进译，青岛出版社 2005 年版，第 4 页。

③ ［法］阿尔贝特·施韦泽：《文明哲学：文化与伦理学》，陈泽环译，上海人民出版社 2008 年版，第 58 页。

④ ［美］A. 利澳波第：《沙乡年鉴》，侯文蕙译，经济科学出版社 1992 年版，第 199—200 页。

二 生态中心主义伦理观对生态环境修复法律制度的理论支撑

"生态中心主义"伦理观是在对"人类中心主义"伦理观进行批判的基础上发展起来的。"生态中心主义"伦理观认为，人类是生态环境的一部分，我们所处的生态环境应在整体上受到保护，包括一切生命形式。在"生态中心主义"伦理观的背景下，出现了许多不同的新观点：以辛格为代表的"动物解放论"主张，我们应当关注动物的利益；以雷根为代表的动物权利论主张，我们应当尊重和保护动物的权利；以施韦泽为代表的生物平等主义强调所有的生物都是平等的，都应当受到平等的对待；而"敬畏生命"的理论也强调对所有生命给予充分的尊重和保护；格林·洛夫在《重新评价自然》一文中提出承认自然的优先地位，承认建立包括人类与自然在内的新伦理学和美学的必要性。

虽然这些伦理观点在许多地方还需要商榷，但是，其中蕴涵的思想给了我们在构建生态环境修复法律制度方面以深刻的启发。构建生态环境修复法律制度应以生态中心主义伦理观为指导。构建生态环境修复制度是人类发挥主观能动性，创设制度以规制对受损生态环境进行恢复的活动。人类虽然在这个活动中居于支配和主导的地位，但是，人类又是生态环境中的一个物种，尽管我们设置生态环境修复法律制度的最终目的是通过对受损生态环境修复从而获取生态利益，但不能仅从人类的需求出发来对待生态环境，也不能仅依靠主观判断进行制度构建。在生态中心主义伦理观的理念下，我们必须首先尊重生态环境的客观存在，尊重其发展演替规律，其次，在对生态环境自然演替和发展规律有充分认识的前提下，进行相应的制度设计。

三 生态整体主义伦理观对生态环境修复法律制度的理论支撑

生态整体主义伦理观是在自然环境保护运动中产生的。生态整体主义伦理观主张"去中心"。米歇尔·福柯在其著作《词与物》中明确提出了"人的终结"、即"人类中心主义的终结"的结论。他明确指出："我们易于认为，自从人发现自己并不处于创造的中心，并不处于空间的中间，甚至也许并非生命的顶端和最后阶段以来，人已从自身之中解放出来了；当然，人不再是世界王国的主人，人不再在存在的中心处进行统治。"① 生态整体主义伦理观的代表人物雅克·德里达则明确提出了"去中心"的主张。他在《书写与差异》中指出，"这样一来，人们无疑就得开始去思考下述问题：即中心并不存在，中心也不能以在场者形式去被思考，中心并无自然的场所，中心并非一个固定的地点而是一种功能、一种非场所，而且在这个非场所中符号替换无止境地相互游戏着。"② 生态整体主义伦理观还主张把道德关怀的范围扩展到整个生态环境系统中的所有存在物。包括自然界中的所有存在物、生态系统、自然过程都应成为道德关怀的对象。在生态整体主义伦理观看来，人类仅是生态环境系统中的一个成员，要对生态环境系统负有最终的道德责任。如果要在自然生态系统中生存和发展下去，人类就对自己的行为负有不可推卸的责任，建立起人与自然的道德准则，这也是人类的历史使命。同时生态整体主义认为，道德的这种扩展是不彻底的，它不仅反对人类中心主义，而且不赞同简单的生态中心主义。生态整体主义不仅提出了要扩大伦理学的边界，而且提出了自然的价值，并为之论证。"我们对环境的关注，科学有一种更深层的意义……那就是它能建立起概念与自然规律的结构体系，使人类认识到自己在自然中的位置，这样的认识，必定是道德价值的一个根基……对这个目的来说，生态学是核心的。"③ 生态整体主义依据现代生态学提出自然界中的物种是普遍联系和相互依存的，人类不过是自然中的一员，自然生态系统也具有工具价值和内在价值。

　　生态环境修复法律制度是生态整体主义伦理观在环境立法层面的体现。生态环境修复法律制度的制度目标是维护人类的生态环境利益，客观上促进了生态环境的可持续发展，使以恢复被破坏的生态环境为取向的生态环境修复法律制度很好地呼应了生态整体主义伦理观中"去中心"的主张。此外，相较传统的环境法律制度，通过生态环境修复法律制度能更好地对生态环境，尤其是对被破坏的生态环境进行救济和帮助，生态环境修复法律制度的构建更直观地体现了对生态环境系统的尊重和关怀。

---

　　① ［法］米歇尔·福科：《词与物》，莫伟民译，生活·读书·新知三联书店2001年版，第503页。

　　② ［法］雅克·德里达：《书写与差异》，张宁译，生活·读书·新知三联书店2001年版，第505页。

　　③ See Holmes Ralston, *Philosophy Gone Wild Prometheus Book*, New York, 1986, p. 55.

四　可持续发展伦理观对生态环境修复法律制度的理论支撑

1987 年联合国环境与发展委员会的报告中全面系统地提出了可持续发展理论，这是一种新的伦理观。可持续发展伦理观在认真分析自然、社会、经济、生态环境等各种关系的基础上提出，既要满足当代人的需要，又不对后代人满足其需要的能力构成危害，人类享有以与自然和谐相处的方式过健康而富有生产成果的生活的权利，并公平地满足今世及后代在发展与环境方面的需求，促使发展的权利得以实现。可持续发展伦理观的内涵主要表现在两个方面：一是发展经济与保护环境并重。可持续发展首先强调发展经济，以追求富有生产成果的生活的权利。没有经济的发展就没有人们物质生活水平的提高，社会只能原地踏步甚至退步。经济效益的增长是促进发展的必要条件。其次，经济增长不能以牺牲环境为代价，不应该凭借人们手中的技术和投资，采取耗竭资源、破坏生态环境的方式来追求这种发展权利的实现，而应该在发展经济的同时，重视环境保护，实现经济效益和环境效益同步增长，以保障人类的净福利的增长和生活质量的提高。二是代内公平与代际公平并重。可持续发展理论认为，发展的目标是改善所有人的生活质量，部分人的生活质量的改善、社会两极分化的发展不是真正的发展，在发展的机会和社会财富消费上，全人类包括当代人之间和当代人与后代人之间必须公平享有。在强调当代人在创造与追求今世发展与消费的时候，应承认并努力做到使自己的发展机会与后代人的发展机会相等，而不允许当代人一味地、片面地、自私地为了追求今世的发展与消费，而毫不留情地剥夺后代人本应合理享有的同等发展和消费的权利。

可持续发展伦理观强调要坚持：公平性原则，包括同代人之间的公平、代际人之间的公平和公平分配资源；共荣性原则，人类联合行动，人与自然共生共荣；可持续性原则，人类的经济和社会发展不能超越资源和环境的承载能力；需求性原则，向地球上每一个人提供实现美好生活愿望的机会；人的全面发展原则，它既是可持续发展的出发点，又是可持续发展的归宿；协调性原则，强调可持续发展整个系统和谐一致和各个部分互相协调，共同发展。

可持续发展伦理观为生态环境修复法律制度的构建提出了新要求：首先，生态环境修复法律制度应有利于促进经济发展和生态环境保护的协

调。其次，生态环境修复法律制度应注意实现"代内公平"。在进行具体
制度设计的时候，应注重保证每个公民都能公平地享有生态环境利益。再
次，生态环境修复法律制度应注意实现"代际公平"。最后，人类与生态
环境之间的共荣共生原则明确了生态环境修复法律制度的使命。

第三节　　生态环境修复法律制度的经济理论依据

经济关系是人类社会最基本的社会关系，它决定着人类社会关系的主
要方面。经济学是研究人类经济关系的学科。构建生态环境修复法律制度
包含对经济关系的调整。探究生态环境修复法律制度背后的经济学理论基
础，对生态环境修复法律制度构建具有重大的指导意义。

一　生态环境再生产理论及其对生态环境修复法律制度的理论支撑

（一）对生态环境再生产理论的基本认识

生态环境再生产理论是近年来生态经济学研究的重点问题。对于生态
环境再生产理论的定义，学界存在不同的认识。有学者认为，生态环境再
生产，是指由自然力和人力共同作用下，对生态环境的自然结构和状态的
维持与改善过程。[1] 有学者将生态环境再生产界定为社会物质资料再生产
之地理环境条件的再生产。或者说是生态环境容量的再生产。[2] 有学者指
出，从宏观上看，生态环境的社会再生产就是人类借助生态环境的自然生
产力，遵循生态环境发展的内在规律，投入一定的人力和物力，创造特定
的物质条件，使生态环境的自然生产和社会生产相结合，从质和量两个方
面创造生态的生产性活动。[3] 有学者认为，实质上，同物质资料生产和人
口生产一样，生态环境也有一个生产问题，也是一种基本的社会生产。在
人类社会产生之前，生态环境生产完全是在自然力作用下的一种自然生

---

① 黄选瑞、滕起和等：《关于环境再生产过程中利益分配问题的探讨》，《中国人口·资源
与环境》2001 年第 3 期。

② 原秀卿：《地球环境容量与环境再生产》，《国家行政学院学报》2001 年第 4 期。

③ 王本兴：《生态环境生产与持续发展》，《中华女子学院学报》2004 年第 4 期。

产。① 生态环境再生产的基本词根是"再生产"。而再生产是指，不断反复、不断更新的社会生产过程。② 笔者认为，生态环境再生产是指，在生态环境的自然生产力和人力的推动下，以生态环境为生产对象，以生态环境容量为具体生产结果，不断反复，不断更新的生态环境生产过程。在这个过程中，消费者是人类，生产者是生态环境的自然生产力和人力，生产对象是生态环境，以生态环境容量为具体生产结果。生态环境再生产本质上是生态环境的生产。人类生存离不开与生态环境之间的物质与能量的交换，人类向生态环境索取物资资料和能源，并排放各种废弃物，生态环境依靠自净能力消解废弃物，并不断依靠自然力生产出新的生态环境资源。这个过程既是生态环境的消费过程，又是生态环境的生产过程，还是生态环境的再生产过程。

生态环境再生产理论的理论渊源是马克思"人的生产是全面的"这个基本判断和"再生产整个自然界"的思想。早在马克思和恩格斯创立马克思主义经济学说体系的过程中，他们就把"三种生产"③ 理论引入政治经济学体系之中。马克思和恩格斯的早期著作《关于费尔巴哈的提纲》和《德意志意识形态》明确指出："环境正是由人来改变的。"④ "环境是历史的每一阶段都遇到有一定的物质结果"，"人和自然以及人与人之间在历史上形成的关系，都遇到有前一代传给后一代的大量生产力、资金和环境"。⑤ 经济学研究表明，生产决定消费，它创造出消费的资料，如果没有生产，消费就没有对象。消费直接影响着再生产，消费创造出新的生产的需求，从而激发出生产观念上的内在动机。对此，马克思曾指出："如果说，生产在外部提供消费的对象是显而易见的，那么，同样显而易见的是，消费在观念上提出生产的对象。"⑥ 生态环境生产是为了满足人类对生态环境（容量）的消费需求，而人类对生态环境（容量）的消费需求，又对生态环境再生产提出了要求。

马克思认为，人与自然生态环境之间是一种建立在生产实践基础上的

① 曹美英：《谈我国生态环境问题》，《新视野》1990 年第 4 期。

② 彭克宏等主编：《社会科学大词典》，中国国际广播出版社 1989 年版，第 625 页。

③ "三种生产"分别是人口生产、物质资料生产和生态环境生产。

④ 《马克思恩格斯选集》（第 1 卷），人民出版社 1972 年版，第 17 页。

⑤ 《马克思恩格斯选集》（第 3 卷），人民出版社 1972 年版，第 43 页。

⑥ 《马克思恩格斯选集》（第 2 卷），人民出版社 1972 年版，第 94 页。

物质变换关系。人与自然生态环境之间具备物质变换关系的前提是人与自然生态环境之间相互依赖。一方面，人依赖于自然界。人作为自然界中的存在物，永远也摆脱不了对自然界的依赖。马克思形象地表述为："人靠自然界生活。自然界是人为了不致死亡而必须与之不断交往的对象。"①另一方面，人所处的自然生态环境也依赖于人类。人是自然界中唯一具有主体意识性和能动性的物种，人通过劳动从自然中获取生产和生活所必需的物质资料和能源，在人的生产和生活活动中，人又以自己的行为影响和改变着自然的面貌。人与自然之间表现为双向依赖的关系。人与自然之间双向依赖关系的本质是物质变换关系。马克思认为："劳动首先是人和自然之间的过程，是人以自身的活动来引起调整和控制人和自然之间物质变换的过程……当他通过这种运动作用于他身外的自然并改变自然时，也就同时改变他自身的自然。"②人从自然界获取生存和发展的物质资料和能源，同时又以一定的形式将其返还到自然中。人与自然之间的物质变换过程既实现了"自然的人化"，也实现着"人化的自然"。在《1844 年经济学哲学手稿》中，马克思提出了"人化的自然"这个概念。他认为，人的感觉、感觉的人性，都是由于它的对象的存在，由于人化的自然界才产生出来的。③马克思进一步指出，"人化的自然"是人本质力量的确证。马克思认为，"人正是在改造对象世界中……人才真正地证明自己是类存在物。这种生产是人的能动的类生活。通过这种生产，自然界才表现为他的作品和他的现实"④。人确证并表现自身的过程，就是"自然的人化"过程；而确证和表现的结果，就是"人化的自然"或"表现为人的作品"的自然。马克思认为，人是"人—自然"这对关系中具有主观能动性的一方，人不仅创造"人化的自然"，还应调整"人化的自然"的状态，控制"人化的自然"在质和量上的水平。

为了进一步说明其思想，马克思提出了"全面的社会生产"理论。在比较人的生产和动物的生产的区别时，马克思明确指出："动物也生产。但是动物只生产它自己或它的幼子所直接需要的东西；动物的生产是

---

① 《马克思恩格斯选集》（第 49 卷），人民出版社 1979 年版，第 95 页。
② 《马克思恩格斯选集》（第 23 卷），人民出版社 1972 年版，第 201—202 页。
③ 《马克思恩格斯选集》（第 42 卷），人民出版社 1979 年版，第 126 页。
④ 同上书，第 96 页。

片面的，而人的生产是全面的……动物只生产自身，而人再生产整个自然界。"① 马克思虽然没有明确指出"全面的社会生产"的具体类型，但从马克思的社会生产思想和目前的实践和认知水平来看，"全面的社会生产"除包括人口再生产、物质资料再生产和精神文化再生产外，还包括生态环境的再生产。②

（二）　生态环境再生产理论对生态环境修复法律制度的理论支持

生态环境再生产理论既为生态环境修复法律制度提供了理论支持，又为生态环境修复法律制度的构建提供了启示。

生态环境再生产理论对生态环境修复法律制度的理论支持集中体现在以下两个方面：

一方面，生态环境修复法律制度是对生态环境再生产需要的满足。生态环境再生产包括自然再生产和社会再生产两个方面。生态环境的自然再生产，受自然规律的绝对支配。生态环境的社会再生产又分为两种类型：一是"保护性再生产"。即采取各种措施防止环境污染和生态破坏、保护自然资源。二是"恢复性再生产"。即通过治理污染，使环境恢复清洁，同时，培育资源，恢复生态平衡，从而促使生态环境重新获得持续发展能力。长期以来，生态环境的自然生产能满足人类对其的消费需求，生态环境生产与人类对生态环境消费之间保持着一种相对平衡的状态。人类社会产生之后，生态环境的生产带有了人为的性质。自工业革命起，人类的活动能力迅速提高，大规模的物质资料生产和人口增长所带来的需求增加，导致人类向生态环境索取的物资资料和能源总量迅速增加。由于生态环境自然生产能力是有限的，当人类对生态环境的消费小于生态环境的自然生产力时，生态环境问题不会出现，当人类对生态环境的消费大于生态环境的自然生产力时，便会出现生态环境的恶化，累积以后就会导致生态环境危机。因此，一方面应控制人类对生态环境的需求，调整需求在时间、空间和速度上的结构；另一方面还应启动生态环境的社会生产和再生产。弥补生态环境自然再生产能力的不足。"只有这样，才能解决人类发展对生态环境不断扩大的消费需求与生态环境自然生产力有限供给之间的矛盾，

---

① 《马克思恩格斯选集》（第42卷），人民出版社1979年版，第97页。

② 马克思虽没有使用"生态环境再生产"概念，但从马克思的用语看，"整个自然界"包括生态环境。

才能达到生态环境的需求与生产之间在质量、时间和速度上的平衡。"① 不管是生态环境的自然再生产还是社会再生产，都需要法律制度进行保障。从目前的环境立法来看，对于生态环境社会再生产中的"保护性再生产"，环境立法已有应对。但是对于生态环境社会再生产中的"恢复性再生产"，现行环境立法还缺乏足够的应对之策。所以，当出现因自然原因而导致生态环境自然再生产无法顺利进行的情况时，人类应对生态环境进行救济，以帮助其恢复自然再生产能力。在人类帮助生态环境自然再生产的方面，现行立法也有很大的缺失。生态环境修复法律制度能有效地弥补现行立法的上述缺失，满足生态环境再生产的需要。

另一方面，生态环境修复法律制度是基于生态环境修复理论的生态环境应对策略在法制层面的体现。生态环境问题已经成为全球关注的热点问题。但从总体上看，生态环境的研究尚停留在保护的层次上。应在此基础上，再上升到生态环境的生产和再生产的高度去研究和解决生态环境问题。② 依据生态环境生产和再生产理论，有学者指出，人类解决生态环境问题从战略上可分为两个方面。一是生态环境的"保护性战略"。二是生态环境的"进攻性战略"。③ 对生态环境实施有效的保护，无论现在或将来，都是极为重要的，但保护毕竟带有保守的、被动的因素，总体上属于防御性战略。在物质生产和人口生产不断发展的前提下，即使是最有效的保护，也只能做到减慢生态环境恶化的速度，而不可能使生态环境在原有的度上长久稳定，更不能以此得到新质的生态环境。因此，我们必须在保护战略的基础上，进一步制定更为重要的进攻性战略，即生态环境的生产和再生产。④ 对于生态环境的"保护性战略"，现行环境立法早有应对，而对于生态环境的"进攻性战略"，现行环境立法则存在缺失。生态环境修复法律制度通过规制人的行为对受损生态环境进行积极的恢复，其制度目标与生态环境的"进攻性战略"有很大的一致性，从这个层面来看，生态环境修复法律制度很好地承载并体现了生态环境的"进攻性战略"。

---

① 王本兴：《生态环境生产与持续发展》，《中华女子学院学报》2004年第4期。

② 王本兴：《生态环境的保护与生产初探》，《哲学动态》1995年第8期。

③ 生态环境的保护战略是依据经济发展水平和环境状况制定的，其目的在于协调经济发展和环境保护的关系，旨在采取行政的、法律的、经济的、科学技术的多方面措施，合理地利用自然资源，防止环境污染和破坏。

④ 王本兴：《生态环境的保护与生产初探》，《哲学动态》1995年第8期。

二 "外部性"理论及其对生态环境修复法律制度的理论支持

(一)"外部性"理论简述

外部性理论源于马歇尔的"外部经济"概念。庇古将其内容进行了扩充，并提出了较为完整的外部性理论。马歇尔在论述作为生产要素之一的组织时指出，扩大一种货物的生产规模而发生的经济效率的提高可分两类，用两种术语表示：一种是有赖于某产业的个别企业本身资源、组织和经营效率所带来的经济，称内部经济；另一种是有赖于该产业的一般发达所造成的经济，叫外部经济，它往往能因许多性质相似的小企业集中在特定的地方而获得，在那里，生产工具、工艺方法和技能等能得到迅速交流，辅助工业也相应产生，提供种种服务。① 外部性的基本含义是当某一个体的生产或消费决策无意识地影响到其他个体的效用或生产可能性，并且产生影响的一方不对受影响方进行补偿时所产生的外部效果。按照福利经济学的观点来看，外部性是一种经济力量对另一种经济力量的"非市场性的"附带影响，也就是说这些影响是被排除在市场机制之外的，或者更为严格的实在价格体系中未得到体现的那部分经济活动的副产品或副作用。② 日本经济学家植草益认为："外部性是某个经济主体生产和消费物品及服务的行为不以市场为媒介而对其他经济主体产生的附加效应现象。"③ 经济学家保罗·萨缪尔森认为，外部性是非效率的第二种类型。所谓外部性是指企业或个人向市场之外的其他人所强加的成本或利益。④ 当企业或个人向市场之外的其他人所强加的是利益的时候，则称为正外部性，或者叫"外部经济性"，当企业或个人向市场之外的其他人强加的是成本时，则称为负外部性，或者叫"外部不经济性"。

(二)"外部性"理论对生态环境修复法律制度的理论支持

通过环境经济学，"外部性"理论被广泛用于分析生态环境保护。目前，外部性理论发展已经较为完善，并成为生态经济学和环境经济学研究

---

① 俞海山、周亚越：《消费外部性：一项探索性的系统研究》，经济科学出版社 2005 年版，第 36 页。

② 戴星翼、俞厚未、董梅：《生态服务的价值实现》，科学出版社 2005 年版，第 111 页。

③ [日]植草益：《微观规制经济学》，朱绍文译，中国发展出版社 1992 年版，第 35 页。

④ [美]保罗·萨缪尔森、威廉·诺德豪斯：《微观经济学》，萧琛译，华夏出版社 1999 年版，第 28 页。

的基础理论之一，也是生态环境修复法律制度的重要理论依据。

一方面，生态环境作为一种资源具有典型的公共物品属性。经济学研究表明公共物品在消费上有两个基本特征：一是消费的非排他性，二是消费的非竞争性。作为基础性资源，生态环境作为基础性的资源，为全体人类所共享，具有共享性，个体对生态环境的消费，并不具备排他性。此外，由于生态环境的产权难以界定，所以对生态环境的消费具有非竞争性。生态环境的公共物品属性容易导致社会主体对生态环境资源的消费发生异化，从而导致严重的生态环境问题，事实上，生态环境问题已成为制约人类生存和发展的主要障碍。对受损的生态环境进行恢复带有明显的外部性。例如，当区域内受损生态环境得到及时有效的恢复，则通过生态环境系统之间的传导效应，周边生态环境质量将随之而提升，此时，生态环境修复的外部性表现为正外部性。当一定区域内受损生态环境没有得到及时恢复，则周边生态环境系统将因此而受到不利影响，此时，生态环境修复的外部性表现为负外部性。生态环境修复法律制度以促进和保障生态环境修复为目标，体现为对正外部性的追求。

另一方面，生态环境修复法律制度是应对生态环境利用过程中非效率问题的需要在法律制度层面的体现。

针对生态环境利用过程中因外部性导致的非效率问题，微观经济学提供了两种解决对策。第一种也是最常见的是政府的反污染计划（政府计划），通过直接控制或财政激励来引导厂商矫正外部性。第二种是相对于政府计划的私人方式，既通过产权管理，以促成私人部门之间通过协商达成更有效的解决办法。[①] 政府计划又分为三种具体的办法。一是直接控制。萨缪尔森认为，虽然在理论上管制者可以选择控制污染法令保证经济效率，但是在现实中是非常困难的。而且，由于使用"命令—控制"管制法，实现环境保护目标的成本已经在不必要地增加。二是采用收取排放费的所谓"市场办法"。其中，"市场办法"又分为两个具体的措施。措施之一是迫使厂商支付等于其外部危害的税款。但是，排放费的计算是一个复杂的问题，不可能精确。措施之二是发放可交易的排放许可证。从我国的现实来看，发放排放许可证对于控制生态环境的外部性产生了积极的

---

① ［美］保罗·萨缪尔森、威廉·诺德豪斯：《微观经济学》，萧琛译，华夏出版社1999年版，第270页。

影响。三是私人方法。私人方法也可以分为两种具体的方式。其一是罗纳德·科斯研究发现的所谓"谈判"和"科斯定理"。罗纳德·科斯的研究发现，有关当事人之间相互协商和谈判，在某些场合，也可能导致有效率的结果。其前提条件就是产权划分清晰且谈判成本较低。① 罗纳德·科斯认为，私人谈判可以减轻外部性。只要产权清晰，有关的当事人不多，大家就能坐到一起来商讨有效的解决方案。其二是依靠司法途径，通过责任的分配将产品非市场化的成本内部化。微观经济学认为，现实中，由于诉讼成本比较高，诉讼的规模庞大等因素，通过司法诉讼的途径解决外部性问题是非常困难的。

通过生态环境修复法律制度能引导社会主体进行生态环境修复，增加可被利用的生态环境资源，从而为生态环境利用过程中的非效率问题的解决提供帮助。此外，生态环境修复法律制度是政府反污染计划的体现，又能为依靠司法途径解决生态环境利用中的纠纷提供裁判依据。综合以上分析，笔者认为，"外部性"理论为生态环境修复法律制度提供了理论依据。

第四节　生态环境修复法律制度的政治学理论依据

生态环境修复法律制度既是法律制度，还是政治制度。探究生态环境修复法律制度背后的政治理论基础，既有助于确证其正当性，而且对生态环境修复法律制度的构建具有重要的指导作用。

一　生态政治理论及其对生态环境修复法律制度的支持

（一）对生态政治理论的基本认识

生态政治学是政治学发展的最新理论成果，它适应生态环境保护的需要来应用、改造与拓展传统政治内容，属于一种应用政治学。② 生态政治

---

① ［美］保罗·萨缪尔森、威廉·诺德豪斯：《微观经济学》，萧琛译，华夏出版社1999年版，第272页。

② 生态政治学借助于生态学的方法，从政治与其环境的相互关系中研究政治现象的产生和发展。

起源于 20 世纪 60 年代，在席卷全球的绿色思潮①和环境保护运动的推动下，生态政治得以在理论层面迅速发展。随着以德国绿党为代表的绿色政党在许多国家的成立，绿色政党开始活跃在世界各国的政治舞台上，积极参与政治活动。而且，以"绿色国际和平组织""国家环境保护组织"等为代表的国际性组织相继成立，扩大了生态政治运动在国际政治活动中影响。目前，生态政治已成为世界各国和国际性政治活动的重要内容。

　　目前，学界对生态政治的界定尚不统一。德国绿党纲领将生态政治界定为："我们是根据这样一些标准规定生态政治学的：它们认为人以及我们的环境是自然界的一部分；人的生活也包含在生态系统的循环之中，我们与我们的行动发生冲突。反过来，这种冲突又会反作用于我们自身。我们决不能破坏生态系统的稳定性。特别是，生态政治学表示彻底否定剥削经济，否定对自然资源和原料的掠夺，以及破坏性地干预自然界家庭的循环。"②有学者认为，生态政治是适应自然生态平衡规律的要求，以保护自然生态环境为价值取向，变革与重塑传统的政治价值观与政治规范体系以使我们的政治思维与政治行为能有利于调整政治系统与生态系统的关系，促进人与自然的和谐，实现人类的可持续发展。③有学者认为，生态政治把自然生态系统和人类社会系统看作一个相互作用和影响的统一整体，将建立可持续的社会、自然、经济作为其思考的中心，根据可持续发展战略的要求，变革政治价值观和政治思维、政治活动，从政治学的基本原则到政策操作层次，如政治民主、政治决策、政党参与等，再到国家权力的结构和分配，直至国家间关系，系统地提出自己的见解和主张。④有学者认为，生态政治既是观念，又是运动，还是力量。作为观念，它是对自然界动植物生存价值及其权利的尊重和推崇。作为运动，它是对过度生产和消费所造成的生态环境破坏的抗议和反对。作为力量，它是政府、环

---

① 绿色思潮是发端于 20 世纪 60 年代，以 1962 年，雷切尔·卡逊的《寂静的春天》的发表为标志，以反思人类的发展方式、发展观念为主要内容，倡导从过去注重经济和物质生活的传统观念中解脱出来，树立现代生态平衡意识，建立公正、平等、和谐的社会新秩序，确立生态原则为核心的经济发展战略。

② ［美］弗·卡普拉、查·斯普雷纳克：《绿色政治——全球的希望》，石音译，东方出版1998 年版，第 63 页。

③ 黄爱宝：《生态政治的双重定位及其关系》，《南京社会科学》2003 年第 11 期。

④ 肖显静：《生态政治何以可能》，《科学技术与辩证法》2000 年第 6 期。

保组织和国际社会为保护生态环境、维护生态安全、建设生态文明所作的努力。① 它既不是参照现有的政治学知识体系来改造构建生态学知识体系，也不是参照生态学体系来建立一个使之更加有利于社会发展的人类生态体系的政治学……而是改造现有的政治学体系以使人类对自然的改造符合生态规律。② 有学者认为，生态政治的概念可以表述为：与生态环境相关的全局性问题，围绕生态利益展开的一系列政治现象、行为与活动。包括由生态利益与经济利益冲突引发的政治矛盾和冲突，以及为解决这些冲突而产生的政党政治、政策制定、政治思想等。生态政治的目的也主要是调和与解决人类和自然环境之间的利益矛盾与冲突，以及由此引起的社会中人与人之间的利益矛盾与冲突，其最终目标是人类的可持续发展。③

（二）　生态政治理论对生态环境修复法律制度的理论支持

　　生态政治是生态政治学中的基本概念，它是面对自然生态环境问题所做的政治学回应。生态政治理论对生态环境修复法律制度的理论支持主要表现在以下几个方面：首先，生态环境修复法律制度是生态政治的体现。根据马克思的政治学说，政治是经济的集中表现。作为上层建筑，政治的本质、内容、形态和方式从根本上是由社会经济关系决定的，政治体现着社会经济关系。马克思进一步指出："每一既定社会的经济关系首先表现为利益。"④ 在追求利益的过程中必然会产生利益冲突和矛盾。⑤ 生态环境修复法律制度属于政治上层建筑，生态环境修复法律制度是国家立法的结果。生态环境修复法律制度的制定既体现了各种政治力量的对比，又很好地承载了生态政治的诉求。其次，生态政治以促进人类的可持续发展为出

---

① 吴海晶：《生态政治、生态政治学、生态政治学研究》，《广播电视大学学报》（哲学社会科学版）2002 年第 2 期。

② 黄爱宝：《生态政治的双重定位及其关系》，《南京社会科学》2003 年第 11 期。

③ 王春荣：《生态政治的利益研究》，博士学位论文，吉林大学，2006 年。

④ 《马克思恩格斯选集》（第 3 卷），人民出版社 1995 年版，第 209 页。

⑤ 政治学研究表明，这些利益冲突和矛盾构成了社会历史发展的动力，促成了国家的产生。在阶级社会中，阶级斗争的本质就是阶级之间的利益冲突和矛盾。政治的核心是国家，而国家之所以产生和存在，就是因为私有制导致贫富分化，分化出的各阶级、阶层为了经济利益而产生冲突，为了不使这些相互冲突的各方把自己和社会在斗争中消灭，就需要有一种"表面上驾于社会之上的力量，这种力量应当缓和冲突，把冲突保持在'秩序'的范围以内，这种从社会中产生但又自居于社会之上并且日益同社会脱离的力量，就是国家"。参见王惠岩《政治学原理》，吉林大学出版社 1989 年版，第 38 页。

发点和归宿，以调整和处理生态利益冲突为主要内容。生态环境修复及其法律制度也以促进人类的可持续发展作为终极目标，在这点上，生态环境修复法律制度与生态政治有共同之处。事实上，生态环境修复法律制度是生态政治理论在法律制度层面得以实现的载体。最后，生态环境修复法律制度是生态政治协调生态利益冲突的需要在环境立法层面的体现。生态政治的目的还包括调和和解决人类与生态环境之间，以及人与人之间关于生态利益的冲突。生态环境修复法律制度为生态利益冲突的调和与解决提供了裁判标准和制度保障。

二　绿色行政理论及其对生态环境修复法律制度的支持

绿色行政理论是将行政理论与环境保护问题结合起来考虑，是行政理论的新发展。绿色行政理论的核心概念是绿色行政。所谓绿色行政就是对环境友好的行政。绿色的行政管理活动是对保护资源、环境，实现社会、经济持续发展有利的活动。资源的破坏和环境的污染不仅破坏了生态的平衡，而且制约了社会经济的发展。严峻的形势迫使政府部门必须采取切实有效的措施，通过制定科学的、符合生态规律的发展方针、发展战略、发展对策和发展规划，采取切实可行的、对环境友好的管理措施与技术措施，保护生态环境、保护自然资源，实现可持续发展，这就是"绿色行政"的核心和基本目的。[①]

行政管理属于政治学的范畴，政治学中的绿色行政理论对生态环境法律制度也提供了理论支持。绿色行政要求对行政管理部门制定方针、战略、政策、规划的行政管理活动进行规范，以更好地保护生态环境，促进可持续发展。此外，在依法治国的背景下，政府行政管理活动必须依法进行。生态环境修复法律制度既是绿色行政对法律制度的需要在环境立法层面的体现，又是依法推进绿色行政的要求。

此外，生态环境修复法律制度还与我国的行政管理体制改革之间有密切的联系。政府行政体制改革指导着我国生态环境修复法律制度的构建：

一方面，行政管理体制改革的目标对生态环境修复法律制度的设计提出了具体的要求。行政体制改革是指国家在不改变现有政治制度的前提下对其现有的行政机构的运行机制进行局部调整，使其更趋于科学化、合理

---

① 付永胜、朱杰：《"绿色行政"与 ISO14001 环境管理》，《环境保护》2001 年第 10 期。

化，以提高运行效率和运行水平。我国行政体制改革的目标是建立精简高效、运转协调、行为规范的行政管理体制，从"管理型"政府向"服务型"政府转变。从现实来看，我国与生态环境保护相关的政府部门之间职权划分并不清晰，监管交叉和监管空白现象仍然存在。例如，土地复垦属于国土资源部门的职权范围，但土地复垦又与环境保护相关，国土资源部门在处理土地复垦时，往往关注其经济效益，而环保部门则追求通过土地复垦所带来的环境效益，当两者之间存在冲突时，缺乏协调。因此，在不改变现有政府机构设置的前提下，须设置相应的协调机制，协调各政府机构职能。设计"责、权、利"明晰的生态环境修复法律制度，才能促使相关行政管理机构明确各自职责，从而为精简冗员、提高管理效率、依法进行生态环境修复行政管理创造条件。

另一方面，生态环境修复法律制度的设计要以带动和促进生态环境修复行政管理制度改革为目标。以自然资源监管为例，长期以来，我国的自然资源管理权力分别配属于不同的行政机关，多头管理导致管理效益低下。这种情况既不利于依法行政的实现，又不利于生态环境的恢复。应以生态环境修复立法以及生态环境修复法律制度的设计为契机，推动我国环境行政管理体制的变革。

第五章

可期愿景：我国生态环境
修复法治的应然图景

　　近代科学技术的迅猛发展，大大增强了人类干预自然环境的能力。人类的活动及其影响已经扩展到了广阔的区域乃至整个地球生物圈，近年来我国土地荒漠化和沙漠化日益严重，牧场退化，淡水、森林、矿产资源枯竭，生物多样化日益锐减，全球变暖，臭氧层破坏，酸雨危害，越来越多的生态环境问题使我们不得不把生态恢复作为一项重要任务来对待，而我国现阶段的环境恢复并没有从根本上解决问题，生态环境也正以倍于以前的速度恶化。"生态环境修复"就是在这样一个背景下提出的。现行环境立法尚缺乏对生态环境修复的回应。对生态环境修复法律制度进行研究，其目的在于为生态环境修复提供法制保障。我国生态环境修复法律制度的构建不能脱离我国现有的环境立法，必须建立在对现有环境法律制度的借鉴和超越的基础上，这种讨论无疑指向一种理想图景式的思考。法律的应然图景可以通过多种渠道，经由多重内容，在多个层面和维度予以呈现和描绘。此外，对法律应然图景的描绘应脱离于具象规范的表述和具体制度的构建，反而应谨守抽象的观察视角，从高度的抽象中提炼出最为本初的意旨。就法律的诸多要素而言，其制度目标、价值追求和基本原则最为契合上述要求，因此，下面拟从生态环境修复法律的制度目标、价值追求和基本原则三个方面来描述我国生态环境修复法律制度的应然图景。

第一节　我国生态环境修复法律制度的制度目标

在功利主义法学派看来，立法本身蕴含着很强的目的性。功利主义法哲学的代表人物耶林认为，目的是全部法律的创造者。每条法律的产生都源于一种目的，即一种实际的动机。[①] 环境立法是工具性和目的性非常强的活动。而生态环境修复制度是对现有环境法律制度的借鉴、分析与超越，亦具有强烈的制度目的和明确的制度目标。

一　制度目标的多层性预设

从微观来看，生态环境修复制度以恢复一定区域内被破坏的特定生态环境的基本生态功能为基本制度目标。当一定区域内生态环境的生态系统构成较为单一的情况下，生态环境修复的目标则具体地转化为恢复特定生态系统的生态功能。如当一定区域的生态环境受损尚未超过其生态阈值时，及时去除生态环境外界的人为干扰和破坏，实现生态环境依靠自身能力恢复的目标；当一定区域的生态环境受损程度超过其生态阈值，则积极施以人为修复，致力于恢复生态环境基本的结构和功能的修复目标。从中观来看，生态环境修复制度的基本制度目标是恢复和改善生态环境系统及其内部各子生态系统的基本生态结构和功能，力使其恢复到受损前的状态。即使不能恢复到受损前的状态，也能实现生态环境系统的平衡，从而改善与增强生态环境的再生产能力，确保生态环境的可持续发展。

从宏观来看，生态环境修复制度以为人类社会的可持续发展提供物质条件和空间为根本制度目标。人类社会的可持续发展有两个基本前提。一是人类社会系统的可持续发展。二是生态环境系统的可持续发展。人类社会系统的可持续发展依赖于生态环境系统生产与再生产能力的平衡与发展；生态环境的可持续发展既有赖于人类在消费生态环境的同时对其进行保护，又有赖于在生产和再生产层面不断生产生态环境，从而促使生态环境系统得以可持续发展。从这个意义上讲，生态环境修复制度的制度目标

[①]　［美］E. 博登海默：《法理学：法律哲学与法律方法》，邓正来译，中国政法大学出版社2004年版，第115—116页。

始终以修复受损的生态环境、恢复生态环境的结构和功能、保护生态环境的再生产为核心。

二 现行立法的整体性反思

实现生态环境可持续发展的制度目标既需要对生态环境破坏进行事前预防，又需要对已经破坏的生态环境进行事后恢复。而我国环境立法体系不断健全与生态环境局部好转、整体恶化之间的强烈反差迫使我们重新反思现行的环境立法体系与环境法律制度目标。从现行环境法律的体系架构来看，我国环境法律的体系架构尚不健全。我国现行的环境立法中，绝大多数以防治环境污染和以自然生态保护，以及防治自然灾害为主的环境法律都可划归为"污染防治法"；而以自然资源管理和以合理利用为主的自然资源法律以及与环境资源法相关的法律可划归为"过程控制法"。通过"预防"和"治理"，以及"监管"和"控制"只能尽量减小人类活动对生态环境系统影响的规模、降低其强度，并不能从根本上消除生态环境的污染和破坏。当出现"预防"和"治理"，以及"监管"和"控制"都无法规避的生态环境问题时，现行环境立法还缺乏充分的应对。生态环境整治、生态环境建设、生态环境规划等属于生态环境修复方面的法律规范散见于环境法的前两个子法体系中，显得较为零散；生态环境修复方面的专门法律制度还处于空白。现行以"污染防治法"和"过程控制法"为主要内容的"二元"架构体系对受损生态环境的恢复问题显然关注不足。

三 理论供给的概括性检讨

现有理论研究对环境法未来演进的支撑不足是制约生态环境有效修复的另一重要原因。就目前的理论研究来看，理论研究的热点是环境法的演进重心及演进历程。表现为：一是环境法的代际划分。焦盛荣认为第一代环境法为 20 世纪六七十年代兴起的环境法，这一时期的环境法重点集中在工业化和城市化过程中出现的污染防治、水资源保护以及后来被逐渐重视的生物多样性保护等方面；其核心是污染法和资源利用法，是对经济发展过程中产生的环境后果的消极方案，是反应性的法律和政策体系。第二代环境法则为 1972 年《人类环境宣言》之后的环境法，该时期的环境法侧重于生态环境的综合性、联系性和规律性，如在 2000 年之后颁布的《环境影响评价法》（2002 年）、《清洁生产促进法》（2002 年）等法律是我国环境法从"第一代"转向"第二代"的典型标志。① 郭武从整体"外观"上分析了我国第二代环境法的特征，其认为第二代环境法的环境伦理观从个体主义转向整体主义、价值目标从代内关怀转向代际关怀、实践功能从被动抑负转向主动增益、治理机制从单向的行政命令模式转向双向的主体合作和规则共治模式。"基于第二代环境法的发展性，中国第二代环境法的未来发展将呈现出整体主义视角下的域际法拓展、基于增益功能的独立性和自足性发展、治理机制转向中的系统开放性发展以及愈加显著的本土化发展等趋势。"② 李启家从"价值内涵"的角度对第一代环境法和第二代环境法做了区分，其认为第二代环境法区别于第一代环境法的特征在于其独有的价值内涵。第二代环境法力求在环境利益与经济利益之间寻求利益共享与价值共赢，不同于第一代环境法在"命令—控制"模式下对环境利益进行保护而对经济利益予以剥夺的单一价值追求；同时第二代环境法对损失的补偿立足于对特定主体可持续发展能力的补偿，而不是第一代环境法遵循的经济补偿。谭冰霖则认为在绿色商业兴起和环境问题的社会复杂性显著增强的挑战下，第三代环境规制制度已经兴起，如环境信息披露制度、内部环境管理制度、第三方规制制度、环保协议制度等。对"第三代环境规制而言，其本体论范式表现为环境规制的新型特质和发展走向；其认识论范式体现为新的理论内核——反射法；其方法论范式则提供了若干区别于传统规制的新型规范策略。借此，第三代环境规制实现自身的范式转换"③。二是环境法的本位面相。环境法应以"义务为本位"抑或以"权利为本位"成为学者长期讨论的重心。坚持"义务本位论"的学者主张为了保护环境、维护人类生存的基本条件，环境法应主要通过为国家、社会、企业、个人普遍设定环境义务的模式来限制对环境资源的开发、利用，从而实现环境保护的目的。④ 持"权利本位论"观点的学者认为环境法应通过普遍赋予权利、捍卫权利的方式来维护环境公共利益。"在法律制度设计、法律体系的构造中，都应当从权利出发来制定法律行

① 焦盛荣：《"综合生态系统管理"与我国生态保护的立法理念》，载《环境法治与建设和谐社会——2007 年全国环境资源法学研讨会论文集》，2007 年 8 月，第 1031—1034 页。

② 郭武：《论中国第二代环境法的形成和发展趋势》，《法商研究》2017 年第 1 期。

③ 谭冰霖：《论第三代环境规制》，《现代法学》2018 年第 1 期。

④ 顾爱平：《权利本位抑或义务本位——环境保护立法理念之重构》，《苏州大学学报》（哲学社会科学版）2010 年第 6 期。

为规范，配置法律权利义务。环境法是以权利本位为理论前提的，但其规范表现形式不可能都以权利形式出现，反而会采取义务规范的形式，甚至整部法律都以义务规范为表现形式。"① 三是环境法的发展模式。部分学者以企业在环境治理中的地位，将环境法分为威慑型环境法、合作型环境法和反身型环境法。威慑型环境法以"命令—控制"为主要规制特征，是指通过加大对企业环境违法的制裁力度，对企业形成有效的威慑，最终遏制企业的违法，以实现一般预防与特别预防的功能，体现了重罚主义思想；合作型环境法，即通过不同主体之间的合作，来实现环境治理效果的优化，以最小的社会成本保护自然环境。反身型环境法重视企业通过自身的环境管理等一系列制度来强调环境保护，强调的是企业自身的内在行为。②

　　上述观点意识到了实现生态环境保护和经济发展的利益共享与价值共赢、实现生态环境和人类社会的可持续发展是环境法律制度的根本目标。但学界理论研究的繁盛和观点争鸣的激烈并不能遮蔽环境法演进与生态环境有效修复缺乏具体理论指导的尴尬现实。现有环境法体系与理论研究有以下几个方面的不足：环境法律制度的制度目标是对生态环境污染进行事前预防，对消费生态环境的过程进行事中控制，对生态环境的污染和破坏进行事后的恢复救济，从而实现生态环境的可持续发展。反观现行环境立法的结构与理论界对环境法的不同理论研究，忽视了生态环境保护与社会可持续发展这一制度重心和发展目标。以"污染防治法"和"过程控制法""二元"架构的现行环境法体系重视生态环境污染和破坏的预防、注重生态环境的监管与控制，关注对造成生态环境污染和破坏的违法行为人与违约行为人的惩罚与责任追究，却忽视了对受损生态环境的及时修复。而环境法以"权利为本位"抑或以"义务为本位"是环境法重心在不同时期的表现，没有无义务的权利，也没有无权利的义务，权利和义务始终呈现动态的平衡发展。环境法的未来演进与生态环境修复制度的建立应当突破现有视野的限制，将问题纳入更为广阔的场域予以分析。应注重运用

---

① 钱大军：《环境法应当以权利为本位——以义务本位论对权利本位论的批评为讨论对象》，《法制与社会发展》2014年第5期。

② 邓可祝：《重罚主义背景下的合作型环境法：模式、机制与实效》，《法学评论》2018年第2期。

环境科学、环境经济学、生态学、生态伦理学和环境哲学等学科中的成熟理论作为指导。

四　法治框架的总体性构想

我国生态环境修复法律制度的构建不能脱离我国现有的环境立法，必须建立在对现有环境法律制度的借鉴和超越的基础上。生态环境修复制度的制度目标的实现也应当建立在对现行环境法律体系完善的基础之上。首先，应建立以"污染防治法""过程控制法"和"生态环境修复制度"为核心的"三元"架构体系。其中"污染防治法"主要针对生态环境污染，其立足点在于"预防"。"过程控制法"的立足点在于对生态环境有关行为的"监管"和"控制"，而"生态环境修复制度"的立足点在于"恢复"和"救济"，侧重于对被污染和破坏的生态环境进行恢复和救济。环境法的上述"三元"架构才能确保生态环境的可持续发展，进而实现人类社会的可持续发展。其次，转变传统的环境立法理念，建立符合时代发展的生态环境修复制度。主要包括：一是由"保护性立法"向"生产性立法"转变。长期以来，对于生态环境，我们往往采取"保护"的策略。与此相呼应，我国的环境立法也带有强烈的"保护"色彩。不管是"污染防治法"还是"过程控制法"都属于"保护性立法"。生态环境再生产需要我们在"保护"生态环境的基础上，还要实现生态环境的生产和再生产。二是由着眼于生态环境的消费阶段向生态环境的消费与生产阶段并重转变。现行环境法律规范绝大多数着眼于生态环境的消费阶段，试图通过规制人类消费生态环境的行为，从而保护生态环境。但生态环境再生产需要我们更加关注生态环境的生产阶段，强调应通过保障生态环境的生产和再生产来保护生态环境。三是由"被动防御性"向"主动恢复性"转变。正如前文所述，对于生态环境问题，我们不能局限于被动防御，而应以积极的态度进行主动的生态环境修复。"污染防治法"和"过程控制法"总体上属于"被动防御性立法"，基本能满足被动防御生态环境问题的要求。而对生态环境问题的主动性解决，现行环境法尚缺乏呼应。由"被动防御性"向"主动恢复性"的生态环境修复制度的构建是环保战略转变的体现。四是由"禁止性"为主向以"鼓励性"为主转变。"污染防治法"和"过程控制法"这两大子法体系的法律规范大多属于禁止性规范。生态环境生产和再生产是生态环境恢复和救济的主要手段，而生态环境的社会再生产尤其需要人的积极作为。因此，生态环境修复制度应以鼓励性规范为主。

第二节　我国生态环境修复法律制度的价值追求

美国法学家庞德曾指出："在法律史的各个经典时期，无论在古代还是近代世界里，对价值准则的论证、批判或合乎逻辑的适用，都曾是法学家们的主要活动。"① 其实，不仅是在"法律史的经典时期"，在整个法律史上，对法律价值的探讨都是法律活动的重要组成部分。德国法学家拉伦茨认为，不管是在实践的领域，或是在理论的范围，法学涉及的主要是"价值导向的"的思考方式。② 价值追求是对一定价值目标的执着向往并力图达到此目标的强烈驱动倾向，是价值观念的重要内容。法律制度的价值追求研究属于对法的应然性问题的研究，其研究有助于为完善法律制度提供指导原则和理想模式。研究我国生态环境修复法律制度的价值，对探索我国生态环境修复法律制度之应然具有重要意义。

一　生态正义——生态环境修复法律制度的最高价值追求

"正义有着一张普洛透斯似的脸，变幻无常、随时可呈不同形状并具有极不相同的面貌。当我们仔细查看这张脸并试图解开隐藏其表面背后的秘密时，我们往往会深感迷惑。"③

正义是人类社会一种最基本的美德和价值理想。对于正义的探索始终贯穿于中西方文明的发展历史。在西方，"正义"由拉丁语"jus"演化而来。"jus"最初有平、正、直等含义，后来发展成为"justice"，其含义包括"公正、公道、合理、公理"等。柏拉图指出："正义就是各行其是和各守本分的美德，就是理性支配欲望、精神支配肉体的美

---

① ［美］庞德：《通过法律的社会控制　法律的任务》，沈宗灵，董世忠译，商务印书馆1984年版，第55页。

② ［德］卡尔·拉伦茨：《法学方法论》，陈爱娥译，商务印书馆2004年版，第95页。

③ ［美］E. 博登海默：《法理学：法律哲学与法律方法》，邓正来译，中国政法大学出版社2004年版，第261页。

德。"① 古罗马法学家乌尔比安认为，正义乃是使每个人获得其应得的东西的永恒不变的意志。西塞罗则把正义描述为"使每个人获得其应得的东西的人类精神取向"。亚里士多德认为，正义乃是一种关注人与人之间关系的社会美德，乃是"他者之善"或"他者之利益"，因为它所为的恰是有益于他者的事情。② 庞德认为，在伦理上我们可以把正义看成一种个人美德或是人类的需要或者要求的一种公平合理的满足。在经济和政治上，我们可以把社会正义说成一种与社会理想相符合，足以保障人们利益与愿望的制度。在法学上，我们所讲的正义是指在政治上有组织的社会中，通过这一社会的法院来调整人与人之间的关系及安排人们的行为；现代法哲学家们将正义解释为人与人之间的理想关系。③ 罗尔斯在《正义论》中写道："正义是社会制度的首要价值，正像真理是思想体系中的首要价值一样。一种理论，无论它多么精致和简洁，只要它不真实，就必须加以拒绝和修正；同样，某些法律和制度，不管它们如何地有效率和有条理，只要它们不正义，就必须加以改造和废除。每个人都有一种基于正义的不可侵犯性，这种不可侵犯性即使以社会整体利益为名也不能逾越。因此，正义否认了为了一些人分享更大利益而剥夺另一些人的自由是正常的，不承认许多人享受的较大利益绰绰有余地补偿强加于少数人的牺牲。"④ 罗尔斯进一步认为，由正义所保障的权利绝不受制于政治的交易或社会利益的权衡。作为人类活动的首要价值，真理和正义是决不妥协的。⑤ 中国古代传统儒家哲学思想中，正义的核心即为"仁"，强调"爱人"，通过"爱人"进而发展为爱物。汉代儒学代表董仲舒也主张正义就是"仁义"，强调"仁在爱人，义在正我"。宋明儒学认为正义就是天理、良知。墨子认为正义就是"兼相爱，交互利"。孟子认为，正义是民心所向。荀子说正义是"明分止争。"

国内外的正义理论都将正义的探讨限定在人类社会的场域，以主体利

---

① 吕世伦、谷春德：《西方政治法律思想史》，辽宁人民出版社 1986 年版，第 54 页。

② ［美］E. 博登海默：《法理学：法律哲学与法律方法》，邓正来译，中国政法大学出版社 2004 年版，第 261 页。

③ 同上。

④ ［美］罗尔斯：《正义论》，何怀宏、何包钢、廖申白译，中国社会科学出版社 1988 年版，第 1 页。

⑤ 同上书，第 2 页。

益为出发点来分析正义。随着生态环境问题的凸显，正义理论的研究视阈也逐步扩大，突破了人类社会的范畴，开始向生态环境保护领域渗透，在正义理论与生态环境问题相融合的过程中，生态正义的理念得以萌芽并迅速发展。

生态正义①的理论源于美国。20 世纪 50 年代开始，以维护环境权益为基本诉求的生态正义运动迅速兴起，生态正义运动的最初目的是维护有色人种的基本生存条件，但随着生态环境问题逐渐被人们所关注，生态正义运动所关注的问题并不局限于人类的利益和权利问题，还关注生态环境的诉求。20 世纪 80 年代，生态正义运动席卷全球。日益严峻的生态环境问题的出现，打破人类的幻想，推动我们反思所走过的发展道路，以"人类中心主义"为主要特色的发展范式遇到了前所未有的挑战和质疑。"生态中心主义"思潮逐渐盛行并逐步取代了"人类中心主义"的伦理观念，成为指导人类与社会交互关系的主流伦理思潮。

什么是生态正义呢？学界对生态正义的界定纷繁芜杂，不一而论。其中，《美国环境百科全书》给出的定义最具有权威性，也被广泛地认可。"生态正义"（eco-justice）有两种不同的内涵，一是指对传统的平等理论不满的非人类中心论中有关平等与环境的总体态度；二是指对环境的关切与多种社会平等的连接。②

生态环境修复法律制度是生态正义在法律制度中的具体要求。生态环境修复法律制度应融入正义理念，以生态正义为最高价值追求。

首先，生态正义的实现以尊重自然为前提。包括尊重自然的发展规律，尊重自然的价值，尊重自然中一切非人类的生命体及其生存所依附的各种环境要素。受"人类中心主义"伦理观的影响，传统的正义理论局

---

① 学界普遍将生态正义等同于环境正义或绿色正义。环境正义和生态正义既有区别，更有共通性。环境正义是正义理论在环境领域的具体体现，环境正义的本质是社会正义，即环境利益和环境负担的公平分配问题。环境正义属于社会秩序中的正义问题。环境正义的核心问题就由环境利益和环境负担的公平分配问题转化为环境负担的公平分配问题，也即环境责任的归属问题。参见［德］鲁道夫·冯·耶林《为权利而斗争》，胡宝海译，中国法制出版社 2004 年版，第 55 页。还可参见王江《环境法"损害担责原则"的解读与反思——以法律原则的结构性功能为主线》，《法学评论》2018 年第 3 期。

② ［美］坎宁安主编：《美国环境百科全书》，张坤民等译，湖南科学技术出版社 2003 年版，第 181 页。此外，学界也常用环境正义来替代生态正义。

限在人类社会的场域内思考利益的分配和义务的分担，忽视了非人类生命体的利益诉求，忽视了生态环境的自我发展。人类主体意识的不断膨胀，加上人类对环境的影响能力的不断增强，引发了越来越严重的生态环境危机，生态环境的破坏与衰退最终也将影响到人类本身。正是认识到这点，在对以"人类中心主义"为指导的人类社会的传统发展范式进行反思和质疑中，生态正义思想得以萌芽并迅速发展壮大。生态正义理论要求人类既关注自身的利益诉求，还要关注非人类生命体的利益诉求，更要关注生态环境的自身发展。① 应以平等的态度对待其他物种，以博爱的态度对待其他生命。生态环境修复以承认生态环境的价值为前提，通过对受损生态环境进行修复，恢复其生态结构和基本功能，从而促使生态环境恢复持续发展能力。生态环境修复反映了对生态环境的尊重，生态环境修复法律制度为生态环境修复提供法制保障，体现了对生态正义的追求，彰显了生态正义的理念。

其次，生态正义的本质是社会正义，生态正义实现的前提是社会正义的实现。人类具有自然性和超自然性的实践性。没有从人类社会整体的利益出发而对生态环境进行的"实践"，破坏了人类与生态环境之间的平衡，造成了人类与自然的对立。恢复生态平衡，保持人类与生态环境之间平衡的关键是人类以协调一致的"社会"形式对自然加以"实践"，这样才能处理好与生态环境的关系。要形成协调一致的"社会"形式，就必须首先处理好人与人的社会关系，建立起一个正义的社会。也就是说，要使人类顺应自然正义的法则，履行生态正义的要求，就必须建立起社会正义。

生态环境危机是传统环境保护在维护社会正义上的失败的体现，生态环境危机所带来的"生态难民"、区域发展的不均衡性以及当代人和后代人之间就生态环境利益享有机会上的不平等性等问题进一步凸显了社会不正义。对受损生态环境进行修复，能更为有效地解决生态环境问题，从根本上应对生态环境危机。从这个意义上来看，生态环境修复是矫正以生态环境利益为主要内容的社会不正义的重要举措，生态环境修复法律制度以

---

① 有学者认为，人类与其他生命体都是生命共同体的成员，人类应承担对非人类生命及其生存环境保护的义务。并且人类在与非人类生命物种的利益发生冲突时，应该以公正态度和公平原则来进行调节。参见佘正荣《论生命共同体中的伦理正义》，《学术论坛》2008 年第 12 期。

保障生态环境修复为旨趣。生态环境修复法律制度既是矫正社会不正义，实现社会正义的需要，又间接地肩负着实现生态正义的使命。

最后，生态正义的实现依赖于社会公平。生态正义由种际正义和人际正义这两个维度所构成。生态正义包括人与物之间的种际正义以及人与人之间的人际正义。生态环境修复拓宽了种际正义和人际正义的范畴。生态环境修复强调对受损生态环境进行恢复，将生态环境系统本身纳入正义主体范畴。此外，通过对受损生态环境进行恢复，有利于维护后代人的生态利益。由此看来，生态环境修复将"后代人"纳入了人际正义的主体范畴。生态环境修复既有利于实现种际正义，又有利于实现人际正义。在生态正义理论看来，不管是种际正义，还是人际正义，都应以实现并维持公平、和谐的关系为基本要求。

生态正义的实现依赖于社会公平的达成，而法律是实现社会公平的保障。恩格斯曾指出，公平始终只是现存经济关系的观念化的表现。不同的时代，不同的阶级，不同的学派有不同的公平观，抽象的、超时代的永恒公平是不存在的。作为同一个社会上层建筑中法与公平这两种因素来说，二者有紧密联系，互为前提，互为依存，公平离不开法，法也离不开公平。① 生态环境修复法律制度能通过配置权利和义务来引导社会主体行为，保障以生态环境利益为主要内容的社会公平的实现。生态环境修复法律制度对社会正义的保障间接地保障了生态正义的实现。

二　生态秩序——生态环境修复法律制度的根本价值追求

秩序由"秩"和"序"所合成。西汉学者毛亨解释说："秩，常也。"东汉经学大师郑玄认为："序，第次其先后大小。"现代汉语将"秩序"界定为一种有条理，不混乱的情况。美国学者斯坦认为："与法律永远相伴随的基本价值，便是社会秩序。"② 葛洪义认为："秩序是指人和事物存在和运转中具有一定一致性、连续性和确定性的结构、过程和模式等。"③ 博登海默认为："秩序意指自然进程和社会进程中都存在着某种程度的一

---

① 《马克思恩格斯全集》（第2卷），人民出版社1957年版，第539页。

② ［英］彼得·斯坦：《西方社会的法律价值》，中国人民公安大学出版社1989年版，第38页。

③ 葛洪义：《法理学》，中国政法大学出版社1999年版，第59页。

致性、连续性和确定性。"① 他指出，自然界大规模的运作现象影响着我们在这颗行星上的生活与活动的过程，在一定程度和范围内，秩序压倒了无序。如同在自然界中一样，秩序在人类生活中也起着极为重要的作用。大多数人在安排他们各自的生活时都遵循某些习惯，并按照一定的方式组织他们的活动和空闲时间。②

秩序有社会秩序和生态秩序之分。在人类社会生活领域，社会秩序是对一种稳定的连续性、发展趋向的一致性、未来状态的可预见性及确定性状态的描述。③ 博登海默认为，如同在自然界中一样，秩序在人类生活中也起着极为重要的作用。大多数人在安排他们各自的生活时都遵循某些习惯，并按照一定的方式组织他们的活动和空闲时间。④ 心理学研究认为，人类对秩序的需求有着心理层面的原因。主要可以追溯至两种欲望或冲动：一是人具有重复在过去被认为是令人满意的经验或安排的先见取向。二是当出现一些受瞬时兴致、任性和专横力量控制的，而不是受关于权利义务对等的、合理稳定的决定控制的情形时，人会做出逆反反应。从社会的角度来说，社会秩序的首要价值意义在于消除混乱，维护安全，从而避免因社会失序而导致社会无序；从个体角度来说，社会秩序使人们对自我和他人的行为可以作出预测。⑤ 由此可见，秩序，特别是社会秩序对于个人生活和人类社会生活来说，具有极其重要的意义。

生态秩序是一个独立于人类社会之外的秩序系统，是生态系统内部物质和能量运动、变化和发展规律的体现。生态秩序的构成要素有两个，一是生态因素，二是生态因素的运动规律。在排除人为干扰和自然破坏的情况下，生态系统内部的各生态因素的运动、变化和发展完全遵循生态规律进行。在生态规律的作用下，生态系统内部维持着动态的平衡，各子生态系统内部以及整个生态环境系统呈现一种有序的状态，生态秩序得以实现。如在儒家生态哲学中谈到"修火宪，养山林薮泽，草木、鱼鳖、百

---

① ［美］E. 博登海默：《法理学：法律哲学与法律方法》，邓正来译，中国政法大学出版社2004年版，第229页。

② 同上书，第228页。

③ 黄锡生、王江：《自然资源物权制度的基础理论》，《河北法学》2008年第5期。

④ ［美］E. 博登海默：《法理学：法律哲学与法律方法》，邓正来译，中国政法大学出版社2004年版，第228页。

⑤ 吕世伦、文正邦：《法哲学论》，中国人民大学出版社1999年版，第568—569页。

索，以时禁发，使国家足用，而财务不屈，虞师之事也"；《荀子·天论篇》讲到"天有常道矣，地有常数矣；君子有常体矣。君子道其常"。孟子《寡人之于国也》中讲到"不违农时，谷不可胜食也；数罟不入洿池，鱼鳖不可胜食也；斧斤以时入山林，材木不可胜用也"。这些论述都表明生态系统其自身发展秩序。道家生态哲学主张"人法地，地法天，天法道，道法自然"，认为万物都有其自身的运行规律。其"道生一、一生二、二生三、三生万物"的观念与"万物各得其和以生，让万物共生共长"的认识理念，均强调世间万物为统一的有机整体，生态系统内部维持着动态的平衡。

但是，人为干扰和自然破坏打破了生态系统内部的平衡状态，生态破坏和退化导致生态秩序趋于崩溃。生态环境危机就是生态环境系统内部失衡、生态秩序无力维持的集中体现。从本质上来看，恢复生态系统的平衡，就是恢复生态系统内部诸生态因素的生态秩序，维持其能按照生态规律，有序运动、变化和发展。缓解生态环境危机的基本生态目标是恢复生态环境系统内部的动态平衡，恢复并维持生态秩序。实现这一生态目标需要包括法律在内的多种规范体系共同发生作用。

生态修复法律制度就是满足这一需要的一种尝试，生态修复法律制度能促进人类采取积极的生态修复行为，促进生态系统内部平衡的实现，恢复并维持生态秩序。因此，实现并维持生态秩序是我国生态环境修复法律制度的价值追求。

三　生态文明——生态环境修复法律制度的重要价值追求

1864 年，美国学者乔治·马奇指责人类活动产生了环境恶化，警告说地球的"毁灭"与物种的消亡将是人类对自然"犯罪"的结果。哈里森·布朗在《人类未来的挑战》一书中也指出，由于人类自身的不稳固以及无节制的资源开发，世界终将随着工业文明的衰亡而大受创伤。① 罗马俱乐部在 1972 年发表的《增长的极限——罗马俱乐部关于人类困境的报告》中指出，如果世界人口、工业化、污染、粮食生产和资源消耗等依照现在的趋势继续下去，这个行星上增长的极限将在不久以后发生。现代

---

① 刘湘溶、朱翔：《生态文明——人类可持续发展的必由之路》，湖南师范大学出版社 2003 年版，第 215 页。

工业文明的飞速发展给人类带来丰富物质资料的同时，也给生态环境造成了毁灭性的破坏。生态环境危机迫使人类反思所走过的发展道路，试图寻求一种人类与自然生态环境和谐发展的新的文明形态，这种新的文明形态即为生态文明。生态文明就是人类在改造自然以造福自身的过程中为实现人与自然的和谐所做的全部努力和所取得的全部成果，它是人与自然相互关系的进步表征。从人类文明的发展轨迹来看，生态文明是后工业文明，是人类社会一种新的文明形态，是人类迄今最高的文明形态。进入 21 世纪以来，生态文明的理念更是成为世界各国的普遍共识。德国、日本、美国等国家相继提出发展循环经济，促进生态文明建设的规划，我国在党的十七大报告中明确提出把生态文明建设作为实现全面建设小康社会奋斗目标的新要求之一，提出用十年左右的时间，基本形成节约能源资源和保护生态环境的产业结构、增长方式和消费模式，到 2020 年使我国成为生态环境良好的国家。党的十八大将生态文明建设纳入"五位一体"总体布局，与经济建设、政治建设、文化建设和社会建设一同提升到国家发展的战略高度，指出建设生态文明是关系人民福祉，关于民族未来的长远大计。2018 年修正的《宪法》将生态文明纳入序言，指出要推动物质文明、政治文明、精神文明、社会文明、生态文明协调发展，把我国建设成为富强、民主、文明、和谐、美丽的社会主义现代化强国。生态文明是人类共同追求的理念，生态文明的勃兴已成为不可抗拒的社会潮流。

广义的生态文明是指人类在生态危机的时代背景下，在反思现代工业文明模式所造成的人与自然对立的矛盾基础上，以生态学规律为基础，以生态价值观为指导，从物种、制度和精神观念三个层面进行改善，以达成人与自然和谐发展，实现"生产发展、生活富裕、生态良好"的一种新型的人类根本生存方式或样法，是在新条件下实现人类社会与自然和谐发展的新文明。

作为人类社会一种新的文明形态，生态文明是人与自然关系的一种新颖状态，是人类文明在全球化和信息化条件下的转型和升华。[①] 建设生态文明，绝不是消极地向自然回归，而是人类积极地与自然实现和谐，这就需要发挥人类的主观能动性，既保护日益脆弱的生态环境，又积极地补

---

① ［日］岩佐茂：《环境的思想与伦理》，冯雷、李欣荣、尤维芬译，中央编译出版社 2011 年版，第 3 页。

救、修复受损的生态环境。

在起源上，生态文明是人类在生态危机的时代背景下本质力量的再次觉醒；在内涵上，生态文明呈现为人类一种新的根本生存方式；在过程上，生态文明表现为对给定的现代工业文明模式的超越；在结果上，生态文明表现为人类在一种生态的生产生活方式中所创造的物质的、制度的、精神的一切实物的总和。[1] 有学者指出，生态文明是指人类在改造自然以造福自身的过程中为实现人与自然之间的和谐所做的全部努力和所取得的全部成果，它表征着人与自然相互关系的进步状态。[2] 生态文明是一种整体论的文明形态，坚持人类文明与自然生态是共生共荣的，即"事物共生的社会实践统一性，人与客观物质世界的统一，是人与社会环境的统一，是人类自身的统一，是我们赖以认识和把握一切事物共生的根本方法和唯一可行的途径"[3]。

与传统的"人类中心主义"和"生态中心主义"不同，在自然观和历史观上，生态文明强调人类与自然生态环境的共同发展，强调在维持自然生态环境再生产的基础上，尽可能地追求物质资料的再生产，强调人与自然生态环境的和谐发展。在价值观上，生态文明更强调生态价值，认为生态价值是社会发展的基础性价值。[4] 自然生态环境不仅仅是人类主体改造的客观对象，更是人类赖以生存和发展的必要条件。从生态学来看，人类本身就是自然生态环境的一类生态要素。人类社会的再生产以生态环境的再生产为前提条件，没有生态环境的再生产，人类社会的再生产也会无以为继，成为空谈。因此，我们在关注人类社会的再生产时，更应首要关注生态环境的再生产，采取措施，保护生态环境的再生产能力。生态环境修复是维持生态环境质量，保持其再生产能力的关键。生态环境修复立足于生态系统，强调通过恢复生态环境系统的结构，恢复基本生态功能，从而促进整个生态环境系统的再生产。促进生态恢复已成为影响人类生存和

---

[1]　严耕、杨志华：《生态文明的理论与系统建构》，中央编译出版社 2009 年版，第 166—167 页。

[2]　俞可平：《科学发展观与生态文明》，《马克思主义与现实》2005 年第 4 期。

[3]　李思强：《共生构建说论纲》，中国社会科学出版社 2004 年版，第 192—203 页。

[4]　有学者认为，在价值观上，生态文明以生态价值为基础，将生态价值与社会价值、经济价值统一了起来。参见薛晓源、陈家刚《从生态启蒙到生态治理——当代西方生态理论对我们的启示》，《马克思主义与现实》2005 年第 4 期。

发展的关键举措。正如前文所述，生态环境修复需要人的行为积极干预，而规制人行为的主要手段是法律。生态环境修复法律制度是生态环境修复的法制保障，因此，从这个意义上来看，生态环境修复法律制度为生态文明的实现提供了法制保障，生态文明是生态环境修复法律制度的重要价值追求。

四　生态安全——生态环境修复法律制度的主要价值追求

生态安全也可称环境安全、生态环境安全、绿色安全等。生态安全的概念早在 20 世纪 70 年代就已被提出，1977 年莱斯特·布朗在《重新定义国家安全》的报告中最早将环境问题纳入国家安全考虑。从不同的角度和学科出发，生态安全的界定也有不同。① 国际应用系统分析研究所给出了生态安全的权威定义，即生态安全是指在人的生活、健康、安乐、基本权利、生活保障来源、必要资源、社会秩序和人类适应环境变化的能力等方面不受威胁的状态，包括自然生态安全、经济生态安全和社会生态安全，组成一个复合人工生态安全系统。② 贾卫列等将生态安全问题分为"要素不安全"和"功能不安全"两类。"要素不安全"是指宇宙辐射、阳光、土壤、水、空气、植被等参数中任何一个或多个参数的变动导致的不安全；"功能不安全"是指局域或全球性的生态环境功能性指标，如人类及动植物生长适宜度、地球表层的物质循环状态等有序及紊乱程度等参数变动导致的不安全。生态不安全也是一个人类生态系统不断从要素不安全向功能不安全的演化过程，发生原因上既有地球表层演化的自然因素，也有人类经济活动导致的非自然因素。③ 巴内特将生态安全问题大致分为三类：第一类是生态环境退化对国家安全的威胁，表现为：国民健康水平的下降、经济活动所依赖的自然资源基础的减少、环境移民的出现、由于

---

① 有学者认为，生态安全是人类在一定的生物圈空间生存时的相对可靠性、稳定性和可持续性的状态。参见高小平《生态安全与突发生态公共事件应急管理》，《甘肃行政学院学报》2007年第 1 期。有学者认为，生态安全是自然生态系统能够为人类社会生存与发展而稳定和持续地提供各种必要和基本的资源与服务的状态。参见刘丽梅、吕君《生态安全的内涵及其研究意义》，《内蒙古师范大学学报》（哲学社会科学版）2007 年第 3 期。

② 方创琳、张小雷：《干旱区生态重建与经济可持续发展研究进展》，《生态学报》2001 年第 7 期。

③ 贾卫列、杨永岗、朱明双：《生态文明建设概论》，中央编译出版社 2013 年版，第 39 页。

经济增长的下降和环境资源逐渐稀缺而导致国内动乱的爆发，国家间爆发资源争夺战等。第二类是人类活动对于生物圈的循环能力和自我平衡能力的破坏，也称为"生态安全"问题。第三类是环境恶化对人类安全构成的威胁，这一类问题关系现在以及未来人类能否居住在一个稳定和健康的环境中。①

生态环境修复对于解决生态安全问题，维护生态安全具有重要意义：首先，生态环境修复以实现生态环境可持续发展为目标，生态环境可持续发展既能为国家的发展提供充足的发展空间，又能减除国家未来发展的后顾之忧。其次，生态环境修复强调恢复受损生态环境的结构，帮助其恢复基本生态功能，从而有助于生态环境自我循环和自我平衡能力的恢复。再次，生态环境修复能促使区域生态环境质量提升，并通过生态环境系统之间的传导作用，带动周边生态环境的改善，从而降低因生态环境破坏而引发的经济衰退、"生态难民"等问题的风险。最后，通过生态环境修复确保人类能持续获得良好的生态环境利益，从而解决因生态环境恶化而对生态安全构成的威胁。

综合以上论述，笔者认为，生态环境修复对于个人、社会、国家和整个人类而言具有极其重要的意义，它既是解决生态安全问题的重要举措，又是维系生态安全的重要保障。生态安全既是一种状态，又是一个过程，生态环境修复法律制度应以生态安全的实现为基本目标和价值追求。

五　生态环境可持续发展——生态环境修复法律制度的现实价值追求

生态环境可持续发展来源于对"可持续发展"理念的解读。"可持续发展"理念最先是在1972年在斯德哥尔摩举行的联合国人类环境会议上被正式讨论。《人类环境宣言》第1条原则规定"人类有权在一种能够保障其尊严和福祉的生活环境中，享有自由、平等和充足的生活条件的基本权利，并且负有保护和改善这一代和将来世世代代的环境的庄严责任。"第2条原则规定："为了这一代和将来的世世代代的利益，地球上的自然资源，其中包括空气、水、土地、动植物以及特别是在自然生态系统中具有代表性的动植物，必须通过周密计划或管理予以充分保护。""可持续

---

① 陆忠伟：《非传统安全论》，时事出版社2003年版，第19页。

发展"作为术语第一次明确提出是在由国际自然及自然资源保护联盟（IUCN）、联合国环境规划署（UNEP）和世界自然保护基金会（WWF）合作，并于 1980 年共同出版的《世界保护战略》（*World Conservation Strategy*）一书。该书指出要把主要注意力放在生态系统整体的维持上。1987 年联合国环境与发展委员会的报告中，全面系统地提出了可持续发展理论，这是一种新的伦理观。1991 年国际生态学联合会（INTECOL）和国际生物科学联合会（IUBS）联合举行了关于可持续发展问题的专题研讨会。该研讨会的成果发展并深化了可持续发展概念的自然属性，将"保护和加强环境系统的生产和更新能力"纳入可持续发展的理念内涵之中，并将可持续发展定义为：不超越生态环境系统更新能力的发展。1992 年联合国在巴西里约热内卢召开的世界环境与发展大会上通过了《21 世纪议程》。《21 世纪议程》所阐释的最终目标就是要扭转全球环境恶化的局面，促进世界各国合理利用资源和环境，从而达到可持续发展的目的。① 可持续发展理念在认真分析自然、社会、经济、生态环境等各种关系的基础上提出："既要满足当代人的需要，又不对后代人满足其需要的能力构成危害"，"人类享有以与自然相和谐的方式过健康而富有生产成果的生活的权利，并公平地满足今世及后代在发展与环境方面的需求，求得发展的权利必须实现"。可持续发展的内涵主要表现在两个方面：一是发展经济与保护环境并重；二是代内公平与代际公平并重。

可持续发展理念提出后被迅速引入我国，并成为我国立法特别是环境立法的指导理念。我国环境立法以可持续发展为指导理念，以实现可持续发展为最终目的，我国生态环境修复法律制度也应以促进可持续发展为终极目标。实现可持续发展有两个基本的条件：一是人类社会和生态环境的可持续发展，二是人类社会可持续发展与生态环境可持续发展之间的动态平衡。人类社会的可持续发展是可持续发展的落脚点和归宿，生态环境的可持续发展是可持续发展的前提条件。

生态环境修复的可持续发展是指在尊重客观规律的前提下，对已经造成受损的生态环境进行恢复治理，使其恢复到原有的生态结构和基本生态功能，或者尽量达到生态环境所能被改善到的最大值，以恢复生态环境的

---

① 以 1992 年里约热内卢联合国环境与发展大会为标志，人类对环境与发展的认识提高到了新的阶段，本次大会是人类走可持续发展道路的一个重要里程碑。

再生产能力，保护好本代人的利益，同时也为后代的继续生存、使用创造良好的环境。生态可持续发展应以保护生态系统为基础，发挥生态系统的供给、支撑、调节功能。同时，必须保护环境，包括控制环境污染和改善环境质量，保护生物多样性和生态的完整性，保证以可持续的方式利用各种自然资源。

第三节　我国生态环境修复法律制度的基本原则

法律原则是法律价值和法律规则链接的纽带。法律原则就是介于法律空间与外部世界之间的"窗户"，它同时发挥着联系与隔离这两种相反相成功能的作用。① 法律原则是法之要旨和目的的凝练，是法律规则的基础或本源，在法律结构中居于核心地位。② 作为基础规范的法律原则，是衍生法律规则的源头。③

我国生态环境修复法律制度的基本原则是指在我国范围内普遍认可和接受，并在我国实际生态环境的修复过程中具有普遍指导意义，体现生态环境修复基本特点的原则。鉴于我国生态环境修复制度还处在萌芽阶段，因此从理论上探讨生态环境修复制度的基本原则，显得十分迫切。我国原有的生态治理，生态补偿制度不能从根本上保护生态环境，其基本理念还是建立在人类中心主义的立场上，已经不适应保护生态的客观需要。探究我国生态环境修复法律制度的基本原则，对于生态环境修复实践，生态环境修复具体法律制度的设计具有重要意义。生态环境修复法律制度的基本原则主要有如下几个。

一　生态环境优先原则

生态环境优先原则，是指在对受损的生态环境进行生态修复时，确立

---

① 刘风景：《法律原则的结构与功能——基于窗户隐喻的阐释》，《江汉论坛》2015 年第 4 期，转引自王江《环境法"损害担责原则"的解读与反思——以法律原则的结构性功能为主线》，《法学评论》2018 年第 3 期。

② 庞凌：《法律原则的识别与适用》，《法学》2004 年第 10 期。

③ 刘风景：《法律原则的结构与功能——基于窗户隐喻的阐释》，《江汉论坛》2015 年第 4 期。

生态环境保护和生态环境修复优先的法律地位，作为指导调整生态环境修复社会关系的法律准则。随着自然科学技术的进步和社会科学知识的增量，人类与生态环境之间关系问题的研究也在不断深化。随着人类的发展、人口的膨胀、环境的破坏、生物多样化的减少，人类的生存空间越来越小，人类开始意识到保护生态环境的重要性，同时生态环境优先原则也成为指导人类进行经济活动的一项重要原则。这一原则的科学性和重要性随着时间的增长在越来越大的范围内为人们所认识。生态环境优先原则要求人类在从事经济社会活动时要将自然生态环境的保护与恢复放在首要位置，尊重自然生态有限承载能力，按照自然生态系统的客观要求推进人类社会的发展和进步。

确定生态环境优先原则作为生态环境修复法律制度的基本原则是基于以下几方面的考虑：首先，生态环境之于人类有特别重要的意义。生态环境是人类生存和发展所不可或缺的外部条件。人类的生存和发展既依赖于生态环境提供的各种物质资料，又依赖于生态环境系统的各种生态功能和生态服务。人类从生态环境中获取自然资源和能源的同时，又将各种废弃物排入生态环境中，通过生态环境的自净功能，各种废弃物将转化为物质或能量。确定生态环境优先，有利于为人类提供良好的生存和发展条件，其出发点和归宿是人类生态环境利益的满足。其次，生态环境的脆弱性和有限性使得其一旦遭到破坏将无法或难以恢复。因而，为实现人类社会的可持续发展，我们必须高度重视生态环境对于人类社会存在和发展的基础性价值，在经济社会发展和法律制度建设中将生态优先作为基本原则。再次，我国现行环境立法对生态环境修复的应对尚有很大的缺失，确立生态环境优先的基本原则地位，能有效弥补现行环境立法的缺失。当出现环境立法无法规制的环境保护问题时，可以依据生态环境优先原则进行评判。最后，确立生态环境优先的基本原则地位，有利于指导我国生态环境修复的立法，又能为生态环境修复法律制度的设计提供指导，进而促进生态环境修复的有效实现。

生态环境修复法律制度的构建应以生态环境优先原则为指导，既要体现生态环境优先原则的要求，又要确保生态环境优先原则在制度层面得到保障。应从以下两方面着手，将生态环境优先原则贯彻于生态环境修复法律制度中：一方面，在设计开发和利用生态环境的制度时，应高度重视自然生态系统的有限承载能力，将生态环境承载力作为环境保护和经济发展的基本依据；将人类的生产和生活活动纳入生态环境系统的发展框架内，确保生态环境系统能在保持动态平衡的基础上实现可持续发展，确保人类活动对生态环境系统的影响不超过生态环境系统的自我恢复能力范畴；确保人类对生态环境的消费处于生态环境的生产能力范畴之内；确保经济系统的增长规模不超出生态系统可以永久持续或支撑的容纳范围。另一方面，当出现各个社会主体间就生态环境利益的冲突，环境保护需要与经济增长需要的冲突，生态环境开发、利用与生态环境修复、救济等冲突的时候，应以生态环境保护和生态环境修复为优先考虑。此外，生态环境优先原则要贯穿于生态环境修复法律制度建设的始终。一方面通过生态环境修复规划制度、生态环境恢复评价制度、生态环境修复法律责任制度等对受损生态环境进行修复。另一方面将是否有利于生态环境的恢复纳入生态环境开发和利用的制度设计中，以拟开发活动对生态环境的损害是否能得以恢复或得以恢复的程度作为评价标准。

二　共同但有区别责任原则

"共同但有区别责任原则"最初是产生在 20 世纪 70 年代前后的一些国际法文件中，但这些文件并没有阐释"共同但有区别责任"这一术语。如 1972 年《保护世界文化和自然遗产公约》中对"共同责任"的规定表述为保护世界文化和自然遗产的目的是全人类的共同利益。1972 年斯德哥尔摩《人类环境宣言》对"共同责任"的认识进行了进一步深化。在区别责任方面，《人类环境宣言》第 12 项原则就明确提到，在制定环境标准时，必须考虑到发达国家与发展中国家之间的差异，并明确提出"应筹集资金维护和改善环境，其中要照顾发展中国家的情况和特殊性，照顾到它们由于在发展计划中列入环境保护项目而需要的任何费用，以及它们的请求而供给额外的国防技术和财政援助的需要"。从 20 世纪 80 年代开始，越来越多的国际环境条约和其他法律文件都开始比较明确地要求区分发达国家与发展中国家之间的责任或义务，共同但有区别责任原则进入了确立阶段。如 1992 年的《里约环境与发展宣言》在原则七中宣布"各国应本着全球伙伴精神，为保存、保护和恢复地球生态系统的健康和完整进行合作。鉴于导致全球环境退化的各种不同因素，各国负有共同的但是又有差别的责任。发达国家承认，鉴于他们的社会给全球环境带来的压力，以及他们所掌握的技术和财力资源，他们在追求可持续发展的国际努力中负有责任"。自 1992 年《里约环境与发展宣言》以来，共同但有区别责任原则被一系列的国际环境公约所遵循，成为国际环境法的基本原则。①

我国生态环境修复法律制度中共同但有区别责任原则是指对于生态环境的修复责任，基于生态系统的整体性，各社会主体均负有生态环境修复的责任。但基于造成具体生态破坏的原因，各社会主体承担的生态环境修复责任之间又有所区别。

"共同责任"是指各个社会主体都应当承担生态环境修复的责任。"共同责任"的原因主要有以下几点：其一，受损生态环境得到及时、有效的修复关系到各社会主体共同的利益。其二，生态环境修复是一个庞大的系统工程，牵涉社会主体既得利益的再调整，需要政府、企业、个人以及其他社会组织共同努力。没有全社会的共同参与和共同努力，生态环境修复将难以实现。其三，生态环境系统具有整体性和关联性，以及生态环境破坏的发生具有多因一果性，修复受损生态环境能促使整体生态环境的改善。生态环境修复的"共同责任"要求各社会通力合作，共同进行生态环境修复。生态环境修复的"共同责任"包括三个具体要求：一是各社会主体都有责任对因自身行为而导致的生态环境破坏进行修复。二是各社会主体还应当采取必要措施规避或降低因自身行为而有可能造成生态环境破坏的风险。三是在生态环境修复实践中，各社会主体应该通过协调，采取协调一致的行为，共同促进生态环境修复。

"有区别的责任"是指基于社会主体的角色、地位、职责、所在区域等的不同，导致各自在生态环境修复中的分工有差异，责任大小不同。生态环境修复需要各个主体共同努力，但并不是说各个主体负有同等责任。基于角色的不同，政府应当承担生态环境修复主导者的责任，组织实施生态环境修复、监督和指导其他社会主体生态环境修复实践、制定法律制度调整生态环境修复法律关系、推动生态环境的恢复；生态环境的破坏者，应当遵守生态环境修复法律的规定，履行生态环境修复法律制度赋予的生

---

① 1997 年 12 月，149 个国家和地区的代表通过了《京都议定书》。在《京都议定书》的第一承诺期，即从 2008 年到 2012 年，主要工业发达国家的温室气体排放量要在 1990 年的基础上平均减少 5.2%，《京都议定书》没有强求发展中国家承担减排责任，以此为代表，共同但有区别责任原则开始真正付诸实践。2002 年在南非首都约翰内斯堡召开的可持续发展世界首脑会议通过了《约翰内斯堡可持续发展宣言》和《执行计划》。《约翰内斯堡可持续发展宣言》将共同但有区别责任原则置于可持续发展原则的大框架下。

态环境修复义务；其他社会组织和个人应当积极参与生态环境修复实践、遵守法律的规定，充分发挥监督作用。由此可见，各个社会主体承担的生态环境修复责任是有区别的。

三 从破坏者恢复责任原则到损害担责原则

"破坏者恢复"亦称谁破坏，谁恢复。破坏者恢复是指造成生态环境和资源破坏的单位和个人必须承担将受到破坏的环境资源予以恢复和整治的法律责任。[①] 生态环境修复法律制度中的"破坏者恢复原则"是指将"由造成生态环境破坏的主体承担生态环境修复责任"确定为调整生态环境修复社会关系的指导原则。

从"破坏者恢复原则"的性质来看，破坏者恢复是一种法律责任。法律责任如果在与法律义务相区别的含义上理解，是由于违法行为、违约行为或者由于法律规定而应承受的某种不利的法律后果，是国家强制责任人做出一定行为或不做一定行为，补偿和救济受到侵害或损害的合法利益和法定权利，恢复被破坏的法律关系和法律秩序的手段，它的最终依据是法律。[②] 环境法律责任是以违反环境法的法定义务、超越其法定权利或滥用权力的违法行为为责任前提。[③] 法律责任的构成要件可概括为责任主体、违法行为或违约行为、损害结果、因果关系、主观过错五个方面。就破坏者恢复法律责任的主体要件而言。按照目前的通说，破坏者恢复法律责任的责任主体是造成生态环境和资源破坏的单位和个人。就引起破坏者恢复责任的缘由来看，破坏者恢复法律责任既有可能是因违法行为，又有可能由违约行为而引起。前者主要以违法排污行为和违法的环境资源开发行为为主，后者则通常发生在合法的环境资源开发过程中。就行为所导致的损害后果而言，要求以行为造成一定的环境损害后果作为承担法律责任的条件。就因果关系的判定分析，承担恢复责任的要件是环境损害与原因行为之间存在必然的因果关系。就主观过错而言，生态破坏的恢复法律责任是无过错责任，只要造成了生态环境

---

① 陈泉生：《论环境责任原则》，《中国发展》2004 年第 4 期。

② 葛洪义：《法理学》，中国政法大学出版社 1999 年版，第 443 页。

③ 陈晨：《对环境责任的几点思考——从"权利—义务"到群体利益》，《法学论坛》2006 年第 4 期。

和资源的破坏，就应由行为人承担恢复责任，不以行为人没有主观故意作为免责事由。

从"破坏者恢复原则"的理论渊源来看，破坏者恢复责任是环境责任的新发展。1972年联合国环境与发展委员会在债权理论的基础上首次提出了污染者负担原则。1992年在联合国环境与发展大会通过的《里约环境与发展宣言》中进一步确认了该项原则。《里约环境与发展宣言》的第13条明确规定："各国应制定关于污染和其他环境损害的责任和赔偿受害者的国家法律。"第16条规定："考虑到污染者原则上应承担污染费用的观点，国家当局应该努力促使内部负担环境费用。"污染者负担原则被引入我国后，国内学界对其进行了改造，最终形成了以"污染者负担""开发者养护""利用者补偿""破坏者恢复"为主要内容的环境责任原则。

从破坏者恢复责任的原因来看，破坏者恢复责任属于因没有做好资源开发和环境利用过程中对生态环境的恢复义务而承担的强制性义务。"责任"一词在现代语境中有三种含义：一是使人担当起某种职务和职责，二是分内应做之事，三是做不好分内应做的事，因而应承担的过失。张文显教授认为，基于"责任"一词的三种含义，从法学的角度来看，"责任"一词也有三种内涵。一是分内应做的事，这种责任实际上是一种角色义务，二是特定的人对特定的事项的发生、发展变化及其结果负有积极的助长义务，三是因为没有做好分内之事或没有履行助长义务而应承担的不利后果或强制性义务。[1]

破坏者恢复责任原则已被环境立法中的损害担责原则所包含。通过对环境法损害担责原则的规范性解构和目的性解释能将其全部涵摄。

从"损害担责原则"的源起来看，一般认为，"损害担责原则"源于"经济合作与发展组织"（OECD）于1972年发布的"国际经济与环境政策指导原则"（Environment and Economics Guiding Principles Concerning International Economic Aspects of Environment Policies）中提出的"污染者付费原则"（Polluter Pays Principle）。第二次世界大战结束后，在大规模经济刺激计划的强力刺激下，西方国家的经济迅速复苏。至20世纪70年代，西方各主要国家的经济发展已提升到非常高的水平。当然，伴随高速

---

[1]　张文显：《法学基本范畴研究》，中国政法大学出版社1991年版，第184页。

的经济发展，各种环境资源问题，尤其是环境污染逐步累积并最终以"公害"的形式表现出来。为应对日益严重的环境污染问题，政府不断投入大量的资源，虽取得了一定的成效，却也引发对"政府买单"这一做法正义性的质疑。西方发达国家政府疲于应对各种频发的环境危机，亟须分担其责任并缓解国内各利益集团之间的纷争。在此背景下，"经济合作与发展组织"提出了"污染者付费原则"。该原则旨在强化污染者的经济（付费）责任，进而通过市场机制的传导作用，将治理污染的社会成本内化为污染者的成本，并据此配置资源，调整生产和消费。"污染者付费原则"的直接目的是抑制环境成本的外溢趋势，进而实现污染者外溢环境成本的内部化。① 然而，西方国家污染控制和治理的实践表明，国家使用公共资金用于污染治理和控制，不仅无助于阻止污染环境的行为，相反，它还会纵容污染者的污染行为及其污染成本的社会转嫁。② 尽管如此，"污染者付费原则"的提出还是对西方各发达国家的环境治理带来了积极的影响，也在一定程度上遏制了环境污染无节制扩大、扩散的趋势，也成为西方国家环境立法中的重要原则。

从"损害担责原则"的国内演进来看，"损害担责原则"是"污染者付费原则"在国内演进的产物。这一演进历程可分为两个阶段。第一个阶段"污染者付费原则"被引入中国后迅速地在立法中予以体现，并有了一定程度的拓展。具体来看，1996年国务院发布的《关于环境保护若干问题的决定》中沿用了"污染者付费"的表述，该决定第7条规定，国务院有关部门要按照"污染者付费、利用者补偿、开发者保护、破坏者恢复"的原则，在基本建设、技术改造、综合利用、财政税收、金融信贷及引进外资等方面，抓紧制定、完善促进环境保护、防止环境污染和生态破坏的经济政策和措施。可见，在"污染者付费"的基础上还增加了"利用者补偿""开发者保护""破坏者恢复"的表述。"污染者付费原则"在学理层面的拓展则紧随立法层面的转化而兴起。"污染者付费、利用者补偿、开发者保护、破坏者恢复"的原则被高度概括后表述为"环境责

① See Jean – Frederic Morin, *Amandine Orsini Concepts of Global Environmental Governance*, Florence Production Limited, 2015, p. 156.

② 参见柯坚《论污染者负担原则的嬗变》，《法学评论》2010年第6期。

任原则"，并迅速地成为学界的主流观点。① 第二个阶段的演变集中发生在《环境保护法》的修改过程中。在 2012 年 8 月提交审议的《环境保护法》一审稿中，没有环境法基本原则的专门规定。在充分吸纳了各方面的意见后，2013 年 6 月公开的"环境保护法二审稿"和 2013 年 10 月公开的"环境保护法三审稿"中，均专门规定了环境法的基本原则。② 其中，上述"两稿"均将"污染者付费"表述为"污染者担责"。但是，在环境法四审修改时，有意见指出"污染者担责原则"只体现了污染者的责任，不能涵盖生态破坏者的责任。因此，在环境法四审时，将"污染者担责原则"修改为"损害担责原则"，并最终成为实定法。③

此外，在一些单行立法中仍有直接的规定，如《固体废物污染环境防治法》第 85 条规定："造成固体废物污染环境的，应当排除危害，依法赔偿损失，并采取措施恢复环境原状。"《水土保持法》第 32 条明确规定："开办生产建设项目或者从事其他生产建设活动造成水土流失的，应当进行治理。在山区、丘陵区、风沙区以及水土保持规划确定的容易发生水土流失的其他区域开办生产建设项目或者从事其他生产建设活动，损坏水土保持设施、地貌植被，不能恢复原有水土保持功能的，应当缴纳水土保持补偿费，专项用于水土流失预防和治理。"在生态环境修复法律制度

---

① 在对"环境责任原则"的学理阐释中也存在差异，代表性观点有：蔡守秋教授将"环境责任原则"细化为"污染者负担""开发者保护""破坏者恢复""利用者补偿""主管者负责"等；参见蔡守秋《环境资源法教程》，高等教育出版社 2004 年版，第 120 页。张梓太教授则仅将其细分为"污染者负担""开发者保护""利用者补偿"。参见张梓太《环境与资源法学》，科学出版社 2002 年版，第 67—70 页。周珂教授将"环境责任原则"细分为"污染者付费""利用者补偿""开发者保护"和"破坏者恢复"。参见周珂等《环境法》，中国人民大学出版社 2013 年版，第 33 页。陈泉生教授认为，"环境责任原则"包括"污染则负担""开发者养护""利用者补偿""破坏者恢复"。参见陈泉生、周辉《论环境责任原则》，《中国发展》2004 年第 4 期。汪劲教授提出了"受益者负担原则"，他认为，"受益者负担原则"的表述比"污染者负担原则"的表述更妥当。参见汪劲《环境法学》，北京大学出版社 2006 年版，第 172 页。

② 竺效：《论中国环境法基本原则的立法发展与再发展》，《华东政法大学学报》2014 年第 3 期。

③ 从立法解释和主流的学理阐释来看，环境损害包括由污染引发的损害和直接的生态破坏。从司法实践来看，"损害"仅指已经实际发生的、对环境造成不利影响的状态或事实。本书后面内容中将对"损害担责"的词义予以阐释。还可参见信春鹰主编《中华人民共和国环境保护法释义》，法律出版社 2014 年版，第 25 页。

中强调破坏者恢复责任原则仍有重要意义。一方面，强调破坏者恢复责任原则有利于对破坏者明确的生态环境破坏的恢复。另一方面，树立破坏者恢复责任原则为环保行政机关对生态环境修复中违法行为的处罚提供了更为直接、明确的依据。此外，破坏者恢复责任原则有利于厘清各社会主体的生态环境修复责任，明确各自责任范围，从而为生态环境修复事后救济提供参考。

四　公众参与原则

环境保护和环境立法都离不开公众的参与。公众参与既是环境保护实践的重要原则，又是环境立法的重要原则。"公众参与原则"在环境立法中的确立最早体现在 1972 年的《人类环境宣言》中，随后的许多国际环境法文件也都通过强调公众参与在生态保护中的重要作用，从而进一步确定了公众参与作为基本原则在环境立法中的地位。例如，1992 年的《里约环境与发展宣言》第 10 条规定："环境问题最好是在所有有关公民在有关一级的参加下加以处理。在国家一级，每个人应有适当的途径获得有关公共机构掌握的环境问题的信息，其中包括关于他们的社区内有害物质和活动的信息，而且每个人应有机会参加决策过程。各国应广泛地提供信息，从而促进和鼓励公众的了解和参与。应提供采用司法和行政程序的有效途径，其中包括赔偿和补救措施。"1996 年的《荒漠化公约》第 3 条是第一个提出公众参与在法律上有约束力的国际环境法文件。1998 年，联合国欧洲经济委员会在第四次部长级会议上通过了《在环境问题上获得信息公众参与决策和诉诸法律的公约》（简称《奥尔胡斯公约》）。这一公约规定公民、法人以及一些团体、组织构成的"广义的公众"被认为承担着环境保护的重要职能。《21 世纪议程》中明确提出"公众的广泛参与和社会团体的真正介入是实现可持续发展的重要条件之一"。

"公众参与原则"是环境保护和环境立法中的基本原则早已成为学界的共识，我国环境立法中也有明确的规定。但是，笔者认为，在生态环境修复法律制度中再次强调"公众参与原则"仍然具有重要价值。从生态环境修复所处的阶段来看，生态环境修复属于对生态环境破坏后的事后救济，需要人的积极行为；从生态环境修复所涉及的利益来看，生态环境修复关系到整个社会的利益；从生态环境修复的现实情况来看，生态环境破坏和退化的速度远远超过生态环境修复，生态环境危机越来越严重；从生态环境修复的广度和范围来看，生态环境修复涉及社会生活的方方面面；从生态环境修复的现实障碍来看，生态环境修复缺乏有效的社会监督是主要障碍。

　　笔者认为，为有效解决上述为代表的生态环境修复中的问题，真正促进生态环境修复，在生态环境修复法律制度中再次强调"公众参与原则"非常必要。应从以下几个要点出发，在生态环境修复法律制度的构建中体现"公众参与原则"。一是确保生态环境修复有关信息的公开；信息公开是公众参与生态环境修复的前提，包括生态环境要素及其相互作用、行政措施以及政策、立法、计划等广阔范围内的信息都应当及时予以公开，并确保信息提供方法的透明性和实效性。二是在生态环境修复实践中引入市场机制；将技术能力强，运营管理水平高、综合信用好、具有国际竞争力的市场主体引入生态环境修复实践当中，既可以提高生态环境修复水平，又能充分调动市场主体的积极性。三是鼓励公众对生态环境修复进行监督；让公众积极参与到生态修复的实践过程当中，提高公众的生态环境意识，推动生态环境修复制度的实施。四是建立以第三方主体为主导的生态环境修复评价机制。

第六章

法治面向：我国生态环境修复法治的实然检视

第一节 我国生态环境修复法制的演进回溯

生态环境修复在不同的研究领域和不同的发展阶段的称谓存在差异。"土地复垦""生态建设""生态修复"等都属于广义的生态环境修复范畴。从最初的"土地复垦"发展为"生态环境修复"，是人们对客观事物的认识更深入、更全面的表现，也是客观现实的需要，也更为符合可持续发展的要求。

我国的生态环境修复法律制度肇始于20世纪80年代。随着修复生态学的纵深发展，生态环境修复的关键技术和工程优化也得到了持续提升，这也为生态环境修复提供了充分的技术支持。伴随着各种生态环境修复建设工程的稳步推进，我国的生态环境修复也有了明显的进步，生态环境修复逐步实现了由类型的单一化、运行的行政化逐步向生态环境修复的区域化、运行的市场化的转变。

法律是对社会生活的回应，法律的演进过程就是不断因应社会生活，努力与之相适应的过程。生态环境修复在实践层面的持续发展和探索对我国的环境保护法律制度提出了新的要求，传统的以救济人为主要诉求，以预防环境污染，防止生态破坏的"被动性"的环境法律不能因应生态环境修复的社会实践，环境法律受到内外两重演进动力的推动，发生了深刻的变革和进化，在环境法律的演进中，生态环境修复法律制度得以萌芽、生成并逐步完善。

20 世纪 80—90 年代是我国生态环境修复相关立法的萌芽时期。以《水土保持法》《矿产资源法》《土地管理法》《土地复垦规定》《土地复垦技术标准》等一系列相关法规和条例的颁布为代表，我国的生态环境修复开始被纳入法制化的轨道。1986 年《土地管理法》第 18 条明确规定，采矿、取土后能够复垦的土地，用地单位或者个人应当负责复垦，修复利用。这是我国首次在立法中对于属于广义生态环境修复范畴的土地复垦做出明确规定。《草原法》第 31 条规定，对退化、沙化、盐碱化、石漠化和水土流失的草原，地方各级人民政府应当按照草原保护、建设、利用规划，划定治理区，组织专项治理。大规模的草原综合治理，列入国家国土整治计划。该法第 39 条第 2 款规定，因建设征用或者使用草原的，应当交纳草原植被恢复费。草原植被恢复费专款专用，由草原行政主管部门按照规定用于恢复草原植被，任何单位和个人不得截留、挪用。草原植被恢复费的征收、使用和管理办法，由国务院价格主管部门和国务院财政部门会同国务院草原行政主管部门制定。这一款规定中虽然用的是"草原植被恢复"和"草原植被恢复费"的表述，但其在实质上和立法目的上均完全契合了生态环境修复的意涵。另外，《草原法》第 40 条、第 62 条、第 65 条、第 68 条、第 69 条、第 70 条和第 71 条等均有关于草原生态环境修复的内容。1988 年国务院颁布了《土地复垦规定》，其中对土地复垦的适用范围、原则、复垦标准、复垦经费以及法律责任都进行了规定。在该法中也没有采用"生态环境修复"的表述，但正如前文所述，复垦是生态环境修复的具体方式，其与生态环境修复在目的和性质上均高度重叠，应属于当然的生态环境修复法律。该法第 4 条明确了土地复垦实行"谁破坏、谁复垦"原则，"在生产建设过程中破坏的土地，可以由企业和个人自行复垦，也可以由其他有条件的单位和个人承包复垦"。

值得注意的是，彼时生态学界对生态环境修复问题的研究也正处于探索期，无法为生态环境修复的法律规定和法学研究提供足够的、成熟的理论支撑与技术支持，因此，在立法中采用不同的话语有其历史必然性和现实性。基于此，《土地复垦规定》应该是首次对如何开展生态环境修复进行详细规定的规范性文件。

这一时期的各种环境立法中均没有明确地提到"生态环境修复"的概念，但是不管是土地复垦，还是矿区生态环境的治理等均属于广义的生态环境修复范畴，而关于土地复垦、环境整治等立法中的相关内容仍然可被看成广义的生态环境修复法范畴。因此，从总体上来看，这一时期生态环境修复的相关立法尚处于萌芽阶段，生态环境修复方面的相关法律规定散见于以《土地复垦规定》和《草原法》为代表的环境立法中。虽然生态环境修复及其立法要求并没有引起立法部门和实践部门的足够重视，但对受损的各种自然资源及其所依附的生态环境的保护却客观上促成了生态环境的修复。而且在相关立法中的零散规定中孕育了"生态环境修复"的内容，客观上促进了生态环境修复在实践层面的展开，也为下一阶段生态环境的相关立法创造了一定的条件。

1992 年联合国环境与发展大会通过了《21 世纪议程》，明确提出了"可持续发展"的理念，并对如何实现可持续发展进行了论述。在该议程的第二部分专门阐述了对脆弱生态系统进行管理。此外，在《21 世纪议程》中还有促进人类生活环境的持续发展、山区生态环境的可持续发展，以及对自然资源的开发、利用活动进行综合管理，促使矿区生态环境得以可持续发展等内容。尤其是对生物多样性的养护和采取生态措施对脆弱生态环境系统进行管理、维护的内容均属于广义的生态环境修复范畴。受此次会议的影响和推动，1993 年全国人大环资委成立，自此，我国开始了新一轮的环境立法高潮，在环境立法中均加入了促进可持续发展的内容，可持续发展理念成为我国环境保护和环境立法的指导理念。为实施可持续发展战略，以"退耕还林""退耕还水""退牧还草"等为主要代表的各种形式的生态环境修复在环保实践中稳步推进，也制定了一些保障上述策略的法律制度。

受此推动，我国生态环境修复方面的相关立法及其法律制度也得到了迅速的发展。以"森林生态效益补偿基金制度""小流域生态环境修复的产权改革制度"等为代表的生态环境修复方面的法律制度开始发展逐步成熟。2000 年国务院发布的《全国生态保护纲要》提出了我国生态保护的远期目标：到 2030 年，全面遏制生态环境恶化的趋势，使重要生态功能区、物种丰富区和重点资源开发区的生态环境得到有效保护，各大水系的一级支流源头区和国家重点保护湿地的生态环境得到改善；部分重要生态系统得到重建与修复；全国 50% 的县（市、区）实现秀美山川、自然生态系统良性循环，30% 以上的城市达到生态城市和园林城市标准。到 2050 年，力争全国生态环境得到全面改善，实现城乡环境清洁和自然生态系统良性循环，全国大部分地区实现秀美山川的宏伟目标。《全国生态保护纲要》为我国生态环境修复指明了具体的目标与政策方向，也开启了我国生态环境修复立法的新篇章。

进入 21 世纪以来，随着我国修复生态学研究的逐步深化，生态环境修复的知识增量和技术进步有了很好的保障，我国的生态环境修复在实践层面获得了迅速的展开。生态环境修复的制度研究也呈现出具体化、类型化的细分趋势。

环境科学领域对生态环境修复的研究分两个路径展开。一是以自然资源类别为划分标准，对不同自然资源所依附的生态环境修复进行研究，二是以区域生态功能区划为标准，对不同生态功能区域生态环境修复进行研究。矿区生态环境修复、湿地生态环境修复、森林生态环境修复、资源枯竭地区生态环境修复以及长江上游地区生态环境修复等成为学界研究的重点。尽管以"矿区生态环境修复保证金制度"为代表的生态环境修复方面的法律制度也有了显著的进步，但令人遗憾的是，就目前我国生态环境修复方面的立法以及生态环境修复相关法律制度的总体情况来看，与我国环境保护中大规模的生态环境修复实践相比，我国的生态环境修复相关立法还很薄弱，生态环境修复相关法律制度的供给尚不能满足社会生态环境修复实践的需要。例如，地震和冰雪灾害导致的生态环境退化，我国现行立法尤其是环境立法中尚缺乏因应。对因地震和冰雪灾害导致的生态环境破坏进行修复还主要依赖于行政政策。相关的生态环境修复制度尚未上升为法律制度。由于相关立法的缺失以及缺乏有针对性的法律制度的保障，受灾地区受损生态环境的修复效果并不理想。

第二节　现行立法中生态环境修复相关规定的梳理与评介

一　现行立法对生态环境修复的确证

1997 年 7 月党的十五大提出"依法治国，建设社会主义法治国家"的治国方略。在此背景下，将生态环境修复纳入法治的轨道既是保障生态环境修复的客观要求，也是建设社会主义法治国家的重要内容。依法推进生态环境修复对我国的整个法律体系提出了新的要求。通过生态环境修复从而促使我国的生态环境整体质量得到改善和提高，也对我国的法律制度供给提出了新的需求。目前，受损生态环境没有得到及时、有效的修复。事实上国内外尚无以"生态环境修复"为命名的立法，但并不意味着国内立法中没有生态环境修复的相关法律规定。我国现行生态环境修复法律制度散见于其他相关立法中。

（一）宪法对生态环境修复的确证

《宪法》序言提出，把我国建设成为富强、民主、文明、和谐的社会主义国家。人与自然的和谐发展是和谐社会的重要内容，而生态环境修复是实现人类社会与生态环境和谐发展的重要途径和手段。人类社会对自然生态环境的过度消费，超出了生态环境的承载力，从而引发生态环境问题和生态环境危机。生态环境问题和生态环境危机是人类社会与生态环境之间不和谐的集中体现。《宪法》序言对和谐社会建设的表述可以看作宪法对生态环境修复的确证。此外，《宪法》第 26 条规定，国家保护和改善生活环境和生态环境，防治污染和其他公害。国家组织和鼓励植树造林，保护林木。生态环境修复是国家保护和改善生态环境的重要举措，植树造林也可认定属于广义上的生态环境修复。

《宪法》通过规定"和谐社会""生态文明""美丽""植树造林"和"保护林木"等内容，间接地确证了生态环境修复。但是，在生态环境与人类社会之间的矛盾迅速激化，生态环境危机日益严峻的今天，宪法对生态环境修复的确证还应该更明确。

（二）环保基本法中有关生态环境修复的规定

《环境保护法》自 1989 年初次通过到 2014 年新修订的过程中，对生态环境修复的重视程度日渐增加，生态修复理念在环境基本法立法中开始得到回应。

在 1989 年《环境保护法》（以下简称 1989 "环保法"）中并没有生态环境修复方面的明确规定，但解读 1989 "环保法"的相关规定，在其立法目的和立法内容中蕴含着生态环境修复的规定。1989 "环保法"的立法目的被表述为，为保护和改善生活环境与生态环境，防治污染和其他公害，保障人体健康，促进社会主义现代化建设的发展。此外，1989 "环保法"第三章也专门规定了生活环境和生态环境的保护和改善。1989 "环保法"中"保护"和"改善"生活环境与生态环境的表述中蕴含了生态环境修复的要求，也间接地确证了生态环境修复。事实上，生态环境修复对于"保护"和"改善"已经破坏的生态环境具有极其重要的作用。从自然科学层面来看，生态学研究表明，生态环境的"保护"和"改善"既需要通过预防污染和生态破坏，更需要对受到破坏的生态环境进行修复、治理。从逻辑推理层面来看，"保护"和"改善"是表征，而生态环境结构的修复，生态功能的发挥才是"保护"和"改善"的核心，因此，以"保护"和"改善"为诉求的立法目的暗含了生态环境修复的要求，也间接地确证了生态环境修复。

2014年，我国修订了《环境保护法》（以下简称新"环保法"）。在新"环保法"中已经出现了对生态环境修复相对较为直接的规定。该法第5条规定了"环境保护坚持保护优先、预防为主、综合治理、公众参与、损害担责的原则"，在我国环境立法史上，这是环境基本法对环境法基本原则的首次直接规定，具有重要的历史意义。而其中"综合治理"的词义也间接地表达了生态修复的法律意识。此外，新"环保法"第30条提到"开发利用自然资源，应当合理开发，保护生物多样性，保障生态安全，依法制定有关生态保护和修复治理方案并予以实施。引进外来物种以及研究、开发和利用生物技术，应当采取措施，防止对生物多样性的破坏"；第32条中规定"国家加强对大气、水、土壤等的保护，建立和完善相应的调查、监测、评估和修复制度"。通过上述法条表述的内容和采用的词语，已经能明确地判断出，生态环境修复的理念已经被立法所采纳。尤其是"建立和完善相应的调查、监测、评估和修复制度"的表述表明，生态修复应被纳入制度化、法制化的轨道，生态修复制度的建立和完善是国家的责任和义务。

（三）单项环境法律、法规中对生态环境修复的规定

单项环境法律、法规中都有一些生态环境修复的法律制度。在污染防治法体系中，《水污染防治法》第2条、第29条从立法原则、政府的生态环境修复责任做出了规定。《土壤污染防治法》中对于风险管控和修复单列一章进行规定。《固体废物污染环境防治法》第85条明确规定："造成固体废物污染环境的，应当排除危害，依法赔偿损失，并采取措施修复环境原状。"在自然资源法体系中，《矿产资源法》第21条规定："关闭矿山，必须提出矿山闭坑报告及有关采掘工程、不安全隐患、土地复垦利用、环境保护的资料，并按照国家规定报请审查批准。"第32条规定：

"开采矿产资源，应当节约用地。耕地、草原、林地因采矿受到破坏的，矿山企业应当因地制宜地采取复垦利用、植树种草或者其他利用措施。"其中"复垦利用""植树种草"均属于生态环境修复的范畴。《矿产资源法》所确定的"矿区生态环境保护和修复制度"属于广义的生态环境修复法律制度范畴。《土地管理法》第 19 条明确规定，土地利用总体规划的编制应遵循保护和改善生态环境、保障土地的可持续利用的原则。第 39 条规定，根据土地利用总体规划，对破坏生态环境开垦、围垦的土地，有计划有步骤地退耕还林、还牧、还湖。"土地利用总体规划"和"退耕还林、还牧、还湖"均属于生态环境修复的范畴。该法第 31 条、42 条、74 条还分别规定了耕地开垦、土地复垦及土地治理；《水法》第 27 条、31 条、35 条分别规定了影响航运功能、渔业资源、地下水、用水和水源等情形的修复；《森林法》第 15 条规定了更新造林，第 39 条、44 条分别规定了林木补种的情形；《草原法》第 65 条、66 条、68 条、69 条、70 条、71 条分别规定了限期修复植被的各种情形。此外，《海洋环境保护法》第 20 条规定，对具有重要经济、社会价值的已遭到破坏的海洋生态，应当进行整治和修复。《水土保持法》第 30 条中对水土流失的土地有加大生态修复力度的规定。《农业法》《渔业法》分别对草原植被、湿地森林等农业资源以及渔业资源造成生态环境损害的责任主体进行了规定（见表 6-1）。

表 6-1   单项法律中生态环境修复的相关规定

序列	法律	生态环境修复的相关规定
1	水污染防治法	第三条 水污染防治应当坚持预防为主、防治结合、综合治理的原则，优先保护饮用水水源，严格控制工业污染、城镇生活污染，防治农业面源污染，积极推进生态治理工程建设，预防、控制和减少水环境污染和生态破坏。 第二十九条 县级以上地方人民政府应当根据流域生态环境功能需要，组织开展江河、湖泊、湿地保护与修复，因地制宜建设人工湿地、水源涵养林、沿河沿湖植被缓冲带和隔离带等生态环境治理与保护工程，整治黑臭水体，提高流域环境资源承载能力。
2	防沙治沙法	第三条第三款 防沙治沙工作应当遵循以下原则：保护和修复植被与合理利用自然资源相结合。 第二十三条 沙化土地所在地区的地方各级人民政府，应当按照防沙治沙规划，组织有关部门、单位和个人，因地制宜地采取人工造林种草、飞机播种造林种草、封沙育林育草和合理调配生态用水等措施，修复和增加植被，治理已经沙化的土地。

续表

序列	法律	生态环境修复的相关规定
3	海洋环境保护法	第二十条　对具有重要经济、社会价值的已遭到破坏的海洋生态，应当进行整治和修复。 第二十二条　凡具有下列条件之一的，应当建立海洋自然保护区： （一）典型的海洋自然地理区域、有代表性的自然生态区域，以及遭受破坏但经保护能修复的海洋自然生态区域； ……
4	土壤污染防治法	第九条　国家支持土壤污染风险管控和修复、监测等污染防治科学技术研究开发、成果转化和推广应用，鼓励土壤污染防治产业发展，加强土壤污染防治专业技术人才培养，促进土壤污染防治科学技术进步。 第四章　风险管控和修复（单列一章） 第四十五条　土壤污染责任人负有实施土壤污染风险管控和修复的义务。土壤污染责任人无法认定的，土地使用权人应当实施土壤污染风险管控和修复。 地方人民政府及其有关部门可以根据实际情况组织实施土壤污染风险管控和修复。国家鼓励和支持有关当事人自愿实施土壤污染风险管控和修复。 第四十六条　因实施或者组织实施土壤污染状况调查和土壤污染风险评估、风险管控、修复、风险管控效果评估、修复效果评估、后期管理等活动所支出的费用，由土壤污染责任人承担。 第四十七条　土壤污染责任人变更的，由变更后承继其债权、债务的单位或者个人履行相关土壤污染风险管控和修复义务并承担相关费用。
5	森林法	第十八条　进行勘查、开采矿藏和各项建设工程，应当不占或者少占林地；必须占用或者征用林地的，经县级以上人民政府林业主管部门审核同意后，依照有关土地管理的法律、行政法规办理建设用地审批手续，并由用地单位依照国务院有关规定缴纳森林植被恢复费。森林植被恢复费专款专用，由林业主管部门依照有关规定统一安排植树造林，修复森林植被，植树造林面积不得少于因占用、征用林地而减少的森林植被面积。上级林业主管部门应当定期督促，检查下级林业主管部门组织植树造林，修复森林植被的情况。
6	土地管理法	第十九条　土地利用总体规划按照下列原则编制： …… （四）保护和改善生态环境，保障土地的可持续利用； （五）占用耕地与开发复垦耕地相平衡。 第三十九条　开垦未利用的土地，必须经过科学论证和评估，在土地利用总体规划划定的可开垦的区域内，经依法批准后进行。禁止毁坏森林、草原开垦耕地，禁止围湖造田和侵占江河滩地。根据土地利用总体规划，对破坏生态环境开垦、围垦的土地，有计划有步骤地退耕还林、还牧、还湖。 第四十一条　国家鼓励土地整理。县、乡（镇）人民政府应当组织农村集体经济组织，按照土地利用总体规划，对田、水、路、林、村综合整治，提高耕地质量，增加有效耕地面积，改善农业生产条件和生态环境。 第四十二条　因挖损、塌陷、压占等造成土地破坏，用地单位和个人应当按照国家有关规定负责复垦；没有条件复垦或者复垦不符合要求的，应当缴纳土地复垦费，专项用于土地复垦。复垦的土地应当优先用于农业。 第七十五条　违反本法规定，拒不履行土地复垦义务的，由县级以上人民政府土地行政主管部门责令限期改正；逾期不改正的，责令缴纳复垦费，专项用于土地复垦，可以处以罚款。

续表

序列	法律	生态环境修复的相关规定
7	海域使用管理法	第四十二条　未经批准或者骗取批准，非法占用海域的，责令退还非法占用的海域，修复海域原状，没收违法所得，并处非法占用海域期间内该海域面积应缴纳的海域使用金五倍以上十五倍以下的罚款；对未经批准或者骗取批准，进行围海、填海活动的，并处非法占用海域期间内该海域面积应缴纳的海域使用金十倍以上二十倍以下的罚款。
8	农业法	第五十九条　各级人民政府应当采取措施，加强小流域综合治理，预防和治理水土流失。从事可能引起水土流失的生产建设活动的单位和个人，必须采取预防措施，并负责治理因生产建设活动造成的水土流失。各级人民政府应当采取措施，预防土地沙化，治理沙化土地。国务院和沙化土地所在地区的县级以上地方人民政府应当按照法律规定制定防沙治沙规划，并组织实施。 第六十条　国家实行全民义务植树制度。各级人民政府应当采取措施，组织群众植树造林，保护林地和林木，预防森林火灾，防治森林病虫害，制止滥伐、盗伐林木，提高森林覆盖率。 国家在天然林保护区域实行禁伐或者限伐制度，加强造林护林。 第六十一条　有关地方人民政府，应当加强草原的保护、建设和管理，指导、组织农（牧）民和农（牧）业生产经营组织建设人工草场、饲草饲料基地和改良天然草原，实行以草定畜，控制载畜量，推行划区轮牧、休牧和禁牧制度，保护草原植被，防止草原退化沙化和盐渍化。 第六十二条　禁止毁林毁草开垦、烧山开垦以及开垦国家禁止开垦的陡坡地，已经开垦的应当逐步退耕还林、还草。禁止围湖造田以及围垦国家禁止围垦的湿地。已经围垦的，应当逐步退耕还湖、还湿地。对在国务院批准规划范围内实施退耕的农民，应当按照国家规定予以补助。
9	煤炭法	第二十五条　因开采煤炭压占土地或者造成地表土地塌陷、挖损，由采矿者负责进行复垦，修复到可供利用的状态；造成他人损失的，应当依法给予补偿。
10	渔业法	第三十二条　在鱼、虾、蟹洄游通道建闸、筑坝，对渔业资源有严重影响的，建设单位应当建造过鱼设施或者采取其他补救措施。
11	矿产资源法	第三十二条　开采矿产资源，必须遵守有关环境保护的法律规定，防止污染环境。开采矿产资源，应当节约用地。耕地、草原、林地因采矿受到破坏的，矿山企业应当因地制宜地采取复垦利用、植树种草或者其他利用措施。开采矿产资源给他人生产、生活造成损失的，应当负责赔偿，并采取必要的补救措施。
12	野生动物保护法	第十二条　省级以上人民政府依法划定相关自然保护区域，保护野生动物及其重要栖息地，保护、修复和改善野生动物生存环境。
13	土地复垦条例	此条例是根据《土地管理法》制定，对由于生产建设和历史原因所导致的损毁土地进行整治，使其达到可供利用的状态。规定了不同类型的损毁土地应当由不同的主体来治理，并规定了土地复垦的验收、激励措施和法律责任。
14	退耕还林条例	为了规范退耕还林活动，保护退耕还林者的合法权益，巩固退耕还林成果，优化农村产业结构，改善生态环境，制定本条例。 退耕还林必须坚持生态优先。退耕还林应当与调整农村产业结构、发展农村经济、防治水土流失、保护和建设基本农田、提高粮食单产，加强农村能源建设，实施生态移民相结合。还规定了退耕还林的规划与计划、资金保障、管护、检查验收、法律责任等。

序列	法律	生态环境修复的相关规定
15	水土保持法	第十六条 地方各级人民政府应当按照水土保持规划，采取封育保护、自然修复等措施，组织单位和个人植树种草，扩大林草覆盖面积，涵养水源，预防和减轻水土流失。 第三十条 国家加强水土流失重点预防区和重点治理区的坡耕地改梯田、淤地坝等水土保持重点工程建设，加大生态修复力度。 第三十二条 开办生产建设项目或者从事其他生产建设活动造成水土流失的，应当进行治理。在山区、丘陵区、风沙区以及水土保持规划确定的容易发生水土流失的其他区域开办生产建设项目或者从事其他生产建设活动，损坏水土保持设施、地貌植被，不能修复原有水土保持功能的，应当缴纳水土保持补偿费，专项用于水土流失预防和治理。 第三十六条 在饮用水水源保护区，地方各级人民政府及其有关部门应当组织单位和个人，采取预防保护、自然修复和综合治理措施，配套建设植物过滤带，积极推广沼气，开展清洁小流域建设，严格控制化肥和农药的使用，减少水土流失引起的面源污染，保护饮用水水源。 第三十八条 生产建设活动结束后，应当及时在取土场、开挖面和存放地的裸露土地上植树种草、修复植被，对闭库的尾矿库进行复垦。 第四十九条 违反本法规定，在禁止开垦坡度以上陡坡地开垦种植农作物，或者在禁止开垦、开发的植物保护带内开垦、开发的，由县级以上地方人民政府水行政主管部门责令停止违法行为，采取退耕、修复植被等补救措施；按照开垦或者开发面积，可以对个人处每平方米二元以下的罚款、对单位处每平方米十元以下的罚款。
16	草原法	第三十九条 因建设征收、征用或者使用草原的，应当交纳草原植被修复费。草原植被修复费专款专用，由草原行政主管部门按照规定用于修复草原植被，任何单位和个人不得截留、挪用。 草原植被修复费的征收、使用和管理办法，由国务院价格主管部门和国务院财政部门会同国务院草原行政主管部门制定。 第四十条 需要临时占用草原的，应当经县级以上地方人民政府草原行政主管部门审核同意。临时占用草原的期限不得超过二年，并不得在临时占用的草原上修建永久性建筑物、构筑物；占用期满，用地单位必须修复草原植被并及时退还。 第六十二条 截留、挪用草原改良、人工种草和草种生产资金或者草原植被修复费，构成犯罪的，依法追究刑事责任；尚不够刑事处罚的，依法给予行政处分。 第六十五条 对违反草原保护、建设、利用规划擅自将草原改为建设用地的，限期拆除在非法使用的草原上新建的建筑物和其他设施，修复草原植被，并处草原被非法使用前三年平均产值六倍以上十二倍以下的罚款。 第六十八条 未经批准或者未按照规定的时间、区域和采挖方式在草原上进行采土、采砂、采石等活动的，由县级人民政府草原行政主管部门责令停止违法行为，限期修复植被，没收非法财物和违法所得，可以并处违法所得一倍以上二倍以下的罚款；没有违法所得的，可以并处二万元以下的罚款；给草原所有者或者使用者造成损失的，依法承担赔偿责任。 类似规定还有第六十九条、第七十条、第七十一条。

续表

序列	法律	生态环境修复的相关规定
17	水法	第六十五条　在河道管理范围内建设妨碍行洪的建筑物、构筑物，或者从事影响河势稳定、危害河岸堤防安全和其他妨碍河道行洪的活动的，由县级以上人民政府水行政主管部门或者流域管理机构依据职权，责令停止违法行为，限期拆除违法建筑物、构筑物，修复原状；逾期不拆除、不修复原状的，强行拆除，所需费用由违法单位或者个人负担，并处一万元以上十万元以下的罚款。 第六十七条　在饮用水水源保护区内设置排污口的，由县级以上地方人民政府责令限期拆除、修复原状；逾期不拆除、不修复原状的，强行拆除、修复原状，并处五万元以上十万元以下的罚款。 未经水行政主管部门或者流域管理机构审查同意，擅自在江河、湖泊新建、改建或者扩大排污口的，由县级以上人民政府水行政主管部门或者流域管理机构依据职权，责令停止违法行为，限期修复原状，处五万元以上十万元以下的罚款。
18	固体废物污染环境防治法	第八十五条　造成固体废物污染环境的，应当排除危害，依法赔偿损失，并采取措施修复环境原状。

此外，在一些地方性环境立法中也有生态环境修复的相关立法。例如，淮南市制定了《淮南市采煤塌陷区治理条例》，其是我国第一个专门规范采煤塌陷区生态修复的地方性法规。受此影响，全国其他地区先后制定了有关矿山地质生态环境修复治理的法律规范或政策性文件。2014 年黑龙江省制定《黑龙江湿地保护条例》，其在地方性的湿地保护法规中具有典型性和示范性，其他省、自治区和直辖市的湿地保护立法均有所参照。《湖南省湘江保护条例》作为一部综合性的地方性法规，它的制定也为实现跨行政区域、按生态系统或自然资源属性对生态环境进行统一保护和修复提供了很好的借鉴。

二　总体性评介

从上述梳理可见，生态环境修复完成了从环境科学到社会科学，从宪法和单项立法的间接确证到环境保护基本的直接确证的跨越。自此，生态环境修复在法律中的进一步发展有了坚实的法律基础，在生态环境修复社会实践的推动下，在生态文明建设的宏大叙事所营造的外部氛围的促进下，生态环境修复的法制化进程会越来越高，生态环境修复的法治也值得期待。

值得注意的是，相较生态环境修复在中央立法层面的迟滞性和间接性，其在地方立法中的确证更为直接，地方生态环境修复立法的多样性和实践性均较为突出。

第三节　当前生态环境修复法律制度的主要缺失

　　生态环境的可持续发展既需要对生态环境破坏进行事前预防，又需要对已经破坏的生态环境进行事后修复。生态环境破坏的事前预防只能尽量降低生态环境破坏发生的风险，减轻生态环境破坏的程度，并不能从根本上避免生态环境破坏。事实上，有些时候生态环境破坏的发生是不可避免的。例如，因自然原因导致的生态环境破坏。因此，生态环境的可持续发展还需要对已经破坏的生态环境进行事后修复。综合以上分析，笔者认为，我国的环境立法应由两大部分组成：一是生态环境破坏的预防性立法、二是生态环境破坏的修复性立法。①

　　生态环境修复立法属于生态环境破坏的修复性法律。虽然经过多年发展，我国生态环境修复立法有了一定的发展，也制定了一些具体的法律制度，但是，与生态环境破坏的预防性立法相比较，我国生态环境破坏的修复性立法尚有很大的差距，主要表现为污染防治、自然资源立法的不断增多以及生态保护与修复立法的严重缺失和滞后。生态环境修复法律制度也不能满足生态环境修复实践的需要。

　　生态环境修复法律制度是生态环境破坏修复性立法的结果，我国生态环境破坏修复性立法的不足直接影响了我国生态环境修复法律制度的健全和完善。从目前的情况来看，我国生态环境修复法律制度的缺失集中体现在以下几个方面：

　　其一，从生态环境修复法律制度体系的完备程度上来看。目前，我国

---

　　①　关于我国环境法的结构问题，学界存在多种看法。有人认为，环境法由"污染防治法""自然资源法"和"生态环境保护法"三个体系所构成；有人认为，环境法包括"环境保护法""自然资源法"和"国土法"三个体系；有人认为，"生态法"的提法比"环境法"更为恰当。生态法是由"保护自然环境""合理开发、利用自然资源"和"防治环境污染"三方面的立法所构成；有人认为，环境法包括"环境和自然资源综合调整法""自然资源法"和"环境保护法"三大架构；还有人认为，除"污染防治法""自然资源法"和"生态环境保护法"外，环境法还包括"能源法"。上述观点普遍以法律规范所调整的内容和领域为标准对环境法体系进行分类。笔者认为，由于环境法所调整内容和领域之间存在很多的交叉，其界限并不分明，因此，现有关于环境法架构体系的分类并不准确。

生态环境修复法律制度体系还很不完善。由于立法机关和理论界对生态环境修复问题关注得不够,致使现行环境立法中所规定的生态环境修复方面的法律制度还非常少。仅有以"退耕还林制度"为代表的生态环境保育方面的法律制度,以"生态环境修复保证金制度"为代表的生态环境修复制度和以"土地复垦制度"为代表的生态环境修复相关法律制度。我国生态环境修复的法律规定散见于一些相关的环境立法中。同时,在一些生态环境保护方面的法律制度中也有生态环境修复方面的零散规定。以上事实表明,我国生态环境修复法律制度体系还很不完备。

其二,从我国现行生态环境修复法律制度设计理念来看,现行制度理念滞后,无法适应生态环境修复实践的需要。传统环境立法受"人类中心主义"伦理观的影响,立足于从人类的利益出发思考环境问题、制定环境法律。受此影响,我国目前生态环境修复法律制度也带有较浓的"人类中心主义"色彩。以我国"植树造林"制度和"荒漠化治理"制度为例。前者的缺失集中表现为:重视林木覆盖率,忽视植被的生态功能;重视造林规模和声势,忽视造林的质量和效果;重视人工造林,忽视自然生态修复;重视整齐划一,忽视多样性;重视引种,忽视物种地带适宜性和外来物种危害。后者的问题则集中表现为:重视水利工程,忽视水分动态平衡;重视造林工程,忽视草地发展;重视"人进沙退",忽视"人退沙退";重视经济发展,忽视土地承载力。重建设、轻管护。① 再以"土地复垦制度"为例。1988 年《土地复垦规定》第 1 条将立法目的界定为"强土地复垦工作、合理利用土地、改善生态环境",该法第 2 条规定:"本规定所称土地复垦,是指对在生产建设过程中,因挖损、塌陷、压占等造成破坏的土地,采取整治措施,使其修复到可供利用状态的活动。"由此可见,"土地复垦制度"的制度目标是将破坏的土地修复到"可利用的状态"。《土地复垦条例》也将土地复垦的目标明确为"使土地达到可利用状态。"

其三,现行生态环境修复法律制度普遍停留在观念层面,制度设计过于笼统,内容也不够具体。首先,从生态修复的主体看,新"环保法"并没有正式确立生态修复制度,其在第 32 条中提到国家需要加强对生态

---

① 赵绘宇:《探研我国生态系统恢复制度与法律规制》,《山西财经大学学报》2007 年第 4 期。

环境的各个要素如大气、水、土壤等的保护，建立和完善修复制度。此法未明确各生态修复主体及其应当承担的法律责任，只是简单规定了国家和各级政府应当担负起保护生态环境和防治污染的责任。类似的规范在环境单行法中都可以见到，但这样的规定显然过于概括。仅有 2011 年国务院令第 592 号出台的依据《土地管理法》而制定的《土地复垦条例》对于复垦的义务主体进行了较为完善的规定。① 但土地复垦只是生态修复的一部分，是生态修复的一种手段，且条例的效力位阶较低，因此不能普遍地适用在生态修复法律制度中。从生态环境修复标准看，科学的生态修复标准制定后，对相关的司法实践将大有裨益，但目前我国仍缺乏明确的生态修复标准作为指引。从生态环境修复资金看，目前对于生态修复资金并没有进行统一立法，相关的规定主要散见于一些法律法规、政策文件当中。1998 年修改的《森林法》规定森林植被的开采利用需要经过相关机关的批准，开采机关需要缴纳植被修复费，这笔费用应当专款专用，修复森林植被；2009 年颁布实施有关矿山环境治理修复的法律制度，由采矿当事人负责治理修复，采矿人应当缴存矿山地质环境治理修复保证金；2011年颁布《土地复垦条例》，对不同类型的土地复垦的经费来源进行了规定，此外资金的性质、使用方法、监管等方面现行法律制度中都没有具体规定。以上问题导致我国生态环境修复法律制度的可操作性普遍不强，进而影响了我国生态环境修复法律制度实施的效果。

其四，我国生态环境修复法律责任追究机制欠缺。生态环境修复法律责任的追究不仅关系到生态环境修复主体的作为与否，还关系到生态环境修复的效果和程度。因此，完备的生态环境修复法律责任追究制度是生态环境修复有效实施的前提保障。目前，我国生态环境修复法律责任追究机制的缺失集中体现在以下几方面：一是缺乏完善的生态环境修复的评价指标体系。生态环境修复评价指标体系的建立，对于生态环境系统管理与生态环境修复都有重要意义。而我国还没有制定生态环境修复的评价标准。二是缺乏完善的生态环境修复评估机制。三是相关立法中尚缺失生态环境修复法律责任的规定。

---

① 《土地复垦条例》规定的土地复垦有三种类型，分别是鼓励土地所有权人、实际占有人或者使用人自行复垦；由土地损毁者负责复垦；对于找不到责任人的历史遗留问题，由当地政府进行复垦。

第四节　生态环境修复在司法层面的样态

近年来，我国的环境司法有了长足的发展，环境司法呈现专门化趋势。根据《中国环境司法发展报告（2015—2017）》显示，截至 2017 年 4 月，全国 31 个省、市、自治区人民法院设立环境资源专门审判机构 946 个，其中审判庭 296 个，合议庭 617 个，巡回法庭 33 个。在各地司法机构的环境司法实践中，探索出了许多具有中国特色的环境纠纷解决和环境责任追究的方式。司法救济不再仅仅停留于环境损害所导致的特定主体的人身、财产损害，而开始向生态环境本身的救济发展，其中环境修复责任的追究成为司法实践中突出的创新点。2016 年，最高人民法院颁布的《关于充分发挥审判职能作用为推进生态文明建设与绿色发展提供司法服务和保障的意见》明确提出："落实以生态环境修复为中心的损害救济制度，统筹适用刑事、民事、行政责任，最大限度修复生态环境。"我国的司法实践正将生态环境修复作为环境司法审判的根本价值取向。但生态环境修复这一法律救济形式刚刚步入司法裁判的范畴，且生态环境修复本身具有复杂性、潜伏性，动态性的特征，其责任性质、法律依据、责任形式、裁量因素、行为标准、落实方案等问题都在拷问着法律理论和实践工作者，笔者选取环境刑事司法领域、民事司法领域、行政司法领域的三个典型案例为研究对象，分析环境修复司法判决和执行中的经验和不足，进而见微知著，反映生态环境修复在司法层面的样态。

一　刑事司法领域

"修复性司法"一词最初见于刑法理论，是一种试图通过司法调解、赔偿等机制和平解决犯罪人与被害人及社区之间的各种冲突，强调通过犯罪者的忏悔、被害人的宽恕，加上社区的谅解、社会的支持，以修复犯罪所造成的伤害，从而消除潜在犯罪的司法模式。① 司法机关在对环境犯罪者判处生态修复辅助措施的方式灵活多样，具有很强的针对性，概括起来主要包括补种复绿（补植复绿）、修复生态环境、土地复垦或土地修复原

---

① 王敏：《论修复性司法模式》，《西南政法大学学报》2005 年第 2 期。

状、增殖放流以及间接修复五种措施。① 司法层面的诸多尝试，既修复了被破坏的环境法益又有较强的操作性，具有开拓和创新价值。但生态修复的刑事责任承担在司法实践中还存在许多问题，例如生态环境修复刑事判决的法律依据问题、实际操作上的问题、公众参与问题等。

本书选取江苏省连云港市连云区人民检察院诉尹宝山等人非法捕捞水产品刑事附带民事诉讼案（以下简称"尹宝山非法捕捞水产品案"）作为典型案例进行解析，以窥见生态环境修复在刑事司法领域的实践面向。

"尹宝山非法捕捞水产品案"是最高人民法院发布的环境资源十大典型案例之一，也是江苏省首例由检察机关提起刑事附带民事诉讼的环境资源刑事案件，具有一定的代表性。

该案源于尹宝山等六名刑事被告人在禁渔期、禁渔区非法捕捞海产品的犯罪行为。2012 年在尹宝山召集李至友、秦军、秦波涛、李明明、秦新波，在禁渔期、禁渔区违规出海作业捕捞海产品，上述五人捕捞的海产品全部由尹宝山收购，共计收购非法捕捞的水产品价值 82 万余元。连云港市连云区人民法院对尹宝山等六名刑事被告人以非法捕捞水产品罪分别判处 3 年以下有期徒刑，部分刑事被告人适用缓刑，并对各刑事被告人的违法所得予以追缴。同时对该案的刑事附带民事部分判决六刑事被告人通过增殖放流中国对虾苗 1365 万尾的方式修复被其破坏的海洋生态环境。

在"尹宝山非法捕捞水产品案"中，法院判决中采用的"双罚制"代表了目前环境刑事领域司法实务对生态修复的主要做法，即在判处刑事被告人刑罚的同时，辅以类似增殖放流的生态修复的义务，实现生态环境的修复。

从立法的目的讲，采取刑事附带民事诉讼方式判决刑事被告人采取生态修复措施，符合立法的初衷，是环境法益的有效保护手段。在我国，对犯罪的制裁常以刑罚为主导，环境犯罪也不例外。但在环境犯罪中无论是污染环境类犯罪、还是破坏生态类犯罪②，其犯罪行为侵犯的不仅破坏了

---

① 蒋兰香：《生态修复的刑事判决样态研究》，《政治与法律》2018 年第 5 期。

② 污染环境类犯罪可区分为三种，即《刑法》第 338 条规定的"污染环境罪"、《刑法》第 339 条规定的"非法处置进口的固体废物罪"和"擅自进口固体废物罪"。破坏生态类犯罪具体可区分为四种，即破坏植物资源犯罪；破坏动物资源犯罪；破坏矿产资源犯罪；破坏土地资源犯罪。

环境资源保护制度，更损坏了环境法益。仅仅承担环境刑事责任，固然能对犯罪产生预防和警示的目的，但是对于造成的环境损失却丝毫得不到弥补，生态环境损害只能由国家投入大量的人力、物力、财力去修复。因此，生态环境修复措施是实现环境刑罚修复目的的必要措施。

具体到本案中，被告尹宝山等人的行为在构成非法捕捞水产品罪的同时，也对海域中的水生物正常繁殖规律造成了损害，使得海洋生物资源得不到补充，进而对海洋生态环境产生不利的影响。刑事被告人除了承担必然的刑事责任外，有义务对海洋生态环境损害进行修复。因此，法院除了追究行为人刑事责任外，还判决六刑事被告人通过增殖放流的方式修复生态环境，维护了海洋生态环境公共利益。

从判决的效果讲，判决六刑事被告人通过增殖放流的方式修复海洋生态环境实现了社会效果、法律效果和环境效果的统一。生态环境修复措施既修复了受损的生态环境达到了环境效果，又对刑事被告人进行了合理制裁取得了法律效果，同时法院的判决使刑事被告人耗费金钱、时间、人力采取生态环境修复措施，警示和预防作用非常明显，也获得了良好的社会效果。

从生态修复责任的法律依据问题讲，法院直接在刑事判决书中判决生态修复则存在很多疑问。尽管生态修复措施在刑事司法实践中有诸多优点，但法院对刑事被告人判处生态修复措施，主要依据《刑法》第 36 条、第 37 条的规定。《刑法》第 36 条规定："由于犯罪行为而使被害人遭受经济损失的，对犯罪分子除依法给予刑事处罚外，并应根据情况判处赔偿经济损失。"第 37 条规定："对犯罪情节轻微不需要判处刑罚的，可以免于刑事处罚，但是可以根据案情的不同情况，予以训诫或者责令具结悔过、赔偿道歉、赔偿损失，或者由主管部门给予行政处罚或者行政处分。"其中规定的"判决赔偿损失"和"赔偿损失"并没有关于生态修复的直接规定，使得法院的生态环境修复判决难免陷于于法无据的尴尬境地，不符合刑法的罪刑法定原则。

此外，"尹宝山非法捕捞水产品案"的一大亮点是开创了引导社会公众参与环境司法的新机制。公众参与是指公生态环境的保护和自然资源的合理开发利用必须依靠社会公众的广泛参与，公众有权参与解决生态问题的决策过程，参与环境管理并对环境管理部门以及单位、个人与生态环境有关的行为进行监督。①

在生态环境修复方案的制定中，公众参与是必要而有利的。生态环境修复措施涉及公民的公共利益，法院审判和执行过程中相关重大事项向社会公开，并推行公众参与机制，便于公众监督，有利于制定科学、合理的生态环境修复方案。在本案中，一审法院在依法受理检察机关提起的刑事附带民事起诉后，查明案件事实并充分听取了各被告对修复方案的意见，将生态修复方案向社会公开，广泛征求公众的意见，在汇总、审查社会公众意见后，确认了相关职能部门出具的根据产出比 1∶10 增殖放流中国对虾苗的修复方案的科学性、合理性，这种在生态环境损害赔偿司法裁判过程中引导社会公众参与民主科学决策的创新方式，具有积极的借鉴价值。

二　民事司法领域

2016 年 1 月 31 日，历经三年的泰州市环保联合会与锦汇、常隆等公司环境污染侵权纠纷案（以下简称"泰州污染案"）以最高人民法院（2015）民申字第 1366 号民事裁定书，最终裁定驳回泰兴锦汇华东有限公司的再审申请落下帷幕。该案因在《民事诉讼法》修订之后，2014 年《环境保护法》施行之前的诉讼时间点以及高达 1.6 亿元的巨额赔偿金，受到学界以及媒体的广泛关注，被视为我国环境司法实践当中里程碑式的标志性的案件。

"泰州污染案"缘起于当地化工企业违法向水体排放废酸的环境污染事件。2012 年 1 月至 2013 年 2 月，泰州市泰兴市经济开发区内从事化工产品生产的常隆、锦汇、富安、施美康、申龙、臻庆 6 家公司以支付每吨20—100 元不等的价格，将其生产过程所产生的废盐酸、废硫酸等危险废物总计 2.6 万吨交给无危险废物处理资质的主体偷排进泰兴市泰运河、泰州市高港区古马干河致水体严重污染，造成重大环境损害。2014 年，经媒体曝光后已有 14 名责任人因犯污染环境罪获刑 2—5 年，同年 8 月，泰州市环保联合会向泰州市中级人民法院提起环境民事公益诉讼，要求江苏常隆农化有限公司等 6 家化工生产企业赔偿环境污染损失共计 1.6 亿多元。

本案中，双方一大争议是原告起诉资格的法定性。常隆等公司依据

---

① 曹明德：《论生态法的基本原则》，《法学评论》2002 年第 6 期。

2014 年刚修订的新"环保法"第 58 条的规定，认为只有成立超过五年的环境保护组织才有权利提起诉讼，泰州市环保联合会不符合新"环保法"关于环境公益诉讼主体资格的规定。而泰州市环保联合会则依据《民事诉讼法》第 55 条的规定认为，泰州市环保联合会是符合法律规范成立的环保组织，其业务范围包含维护公众环境权益，有资格提起环境公益诉讼。最终，各级法院最终依据案发时新"环保法"尚未生效，认定泰州市环保联合会符合诉讼主体资格。

虽然在本案中，法院以"法不溯及既往"原则确认了泰州市环保联合会的环境公益诉讼资格，最终保障了环境公共利益，但原告主体的法定性争议也从一个侧面反映出，目前社会组织提起环境公益诉讼的现实困境。在"泰州污染案"中，如果依照新"环保法"的规定，泰州市环保联合会根本不具有原告资格，也就不会有本案诉讼的发生。

根据相关统计，截至 2016 年底，在我国 2000 余家环保组织中，符合新"环保法"规定起诉条件的仅 700 余家。[1] 中华环保联合会的调查报告也显示，环保组织提起环境公益诉讼的主观意愿普遍不高。能够提起环境公益诉讼的组织可能非常之少。[2] 保守严苛的关于诉讼主体范围的法律规定，造成了司法实践中环境公益诉讼的启动难困境，环境公益诉讼原告资格上的法律现状，给生态修复在司法层面的启动蒙上了一层阴影。

此外，环境民事公益诉讼的赔偿金在近年来频频走高，后续的生态环境修复费的执行成为社会群众和学界探讨的热点。"泰州污染案"也不例外。该案中 1.6 亿元天价赔偿金企业是否能够履行，该如何履行等问题是该案的另一焦点。在生态环境案件中，由于生态系统的修复完全是一个"天价"的修复工程，并非一般当事人可以承受，因此判决也就常常难以执行。[3]

在"泰州污染案"中，法院采纳鉴定意见依据《环境污染损害数额计算推荐方法》（第 I 版）采用虚拟治理成本法计算的环境修复费用高达 1.6 亿元之多，在实际履行存在现实的困难，因而在二审判决中，法院对

① 常纪文：《环境公益诉讼需解决八个问题》，《经济参考报》2014 年 9 月 3 日第 3 版。
② 王灿发、成多威：《新〈环境保护法〉下环境公益诉讼面临的困境及其破解》，《法律适用》2014 年第 8 期。
③ 吴鹏：《最高法院司法解释对生态修复制度的误解与矫正》，《中国地质大学学报》（社会科学版）2015 年第 4 期。

常隆公司、锦汇公司等 6 家被告支付生态环境修复费用采取了两种履行方式。其一是延期支付，即当事人提出申请且提供有效担保的，赔偿款项的40%可以延期至判决生效之日起一年内支付；其二是技术改造费抵扣，即在判决生效之日起一年内，如被告公司能够通过技术改造对副产酸进行循环利用，明显降低环境风险，且一年内没有因环境违法行为受到处罚的，其已支付的技术改造费用可以凭环保行政主管部门出具相关证明向法院申请在延期支付的 40% 额度内抵扣。

在"泰州污染案"中，法院采取了创造性的延期支付、技术抵扣的生态环境修复实现路径，从现实角度讲衡平了企业良性发展与环境保护目标，既调动了企业加大技术改造的积极性，从源头上预防了生态环境损害的发生，又让生态修复不仅仅是停留在审判层面，具有可操作性可执行性，切实对泰州地区的环境治理、生态保护产生积极意义。而从法理层面讲，这一判决却也突破了环境民事公益诉讼所规定的责任形式，反映出司法权的强化和扩张倾向。

三　行政司法领域

环境行政诉讼是环境行政司法参与环境治理的主要手段，但当前的环境行政领域，司法救济生态环境损害存在障碍。一方面，由于环境行政诉讼案由较为单一，环保行政处罚、环保行政许可、环保行政命令、行政不作为的诉讼案件占比高，[①] 环境行政司法更注重于对行政行为合法性的审查。另一方面，在环境行政司法中，生态环境损害一般通过行政附带民事诉讼、国家赔偿法的相关规定、环境行政公益诉讼得以救济。但是，一来国家国家赔偿的赔偿范围狭窄、赔偿数额偏低，二来行政附带民事诉讼、环境行政公益诉讼施行时短，司法实践相对较少，因此，环境行政司法在对生态环境修复的作用略显不足。

2015 年 7 月随着全国人大常委会《关于授权最高人民检察院在部分地区开展公益诉讼试点工作的决定》施行，2017 年 6 月 27 日《关于修改〈中华人民共和国民事诉讼法〉和〈中华人民共和国行政诉讼法〉的决定》通过，检察机关提起环境行政公益诉讼的制度正式入法，行政领域的

---

① 鄢德奎：《我国环境行政司法的功能与现状——基于环境保护行政案件二十大典型案例的文本分析》，《大连理工大学学报》（社会科学版）2017 年第 3 期。

生态环境修复司法实践取得了新进展。本书选取了入选最高人民法院公布的"环保行政司法十大典型案例"的锦屏县人民检察院诉锦屏县环境保护局不履行法定职责案（以下简称"锦屏案"），通过对该案的分析，可从一定程度反映当下我国环境行政司法的现状，也能凸显当前环境行政司法实践存在的局限。

2016年1月，由贵州省锦屏县人民检察院提起的"锦屏案"在贵州省福泉市法院一审落判，确认锦屏县环保局对雄军、鸿发石材公司等企业违法生产污染环境的行为"怠于履行监管职责"的行为违法。2014年8月，锦屏县检察院向该县环境保护局发出检察建议书，就其所发现的雄军、鸿发等石材加工企业在该局下达环境违法行为限期改正通知书后，仍未建设完成环保设施并擅自开工，将未经沉淀处理的生产废水直排清水江，建议该局及时加强督促与检查，确保上述企业按期完成整改。其后于2015年4月再次向该局发出两份检察建议书，但该局未在要求期限内答复，并且在之后的走访中，县检察院发现有关企业仍存在环境违法行为，生态环境受到持续侵害。县检察院以县环保局为被告提起环境行政公益诉讼，请求法院确认该局怠于履行监管职责行为违法，并判令该局对雄军、鸿发两公司进行处罚。

"锦屏案"是人民法院首例审结的检察机关提起的公益诉讼案件，充分展示了环境行政公益诉讼在督促行政机关履行法定职责方面的积极作用。行政法律责任在"命令+控制"的手段运用下，是追究生态环境损害法律责任的主要方式。① 因行政权导致的生态环境的损害，较之环境侵害者本身造成的后果更具有严重性，其不仅是对生态环境的损害，行政机关未履行法定职责对环境侵害者的放纵还会导致公众的环境利益受到毁灭性的损害。而环境行政司法的介入，可以对行政权力进行监督、保护公民的合法权益、社会环境公益。

本案中，从客观层面看，县环保局履行了其法定职责。县环保局并未对违法企业置之不理，甚至多次对违法企业做出了处理，分别向污染企业下达《限期整改通知书》和《责令改正违法决定书》，责令其停止生产。县检察院亦多次以检察建议方式督促该局履行监管职责。但从实际效果

---

① 张新宝、庄超：《扩张与强化：环境侵权责任的综合适用》，《中国社会科学》2014年第3期。

看，行政处罚并未取得应有的作用。在县环保局下达处罚决定书之后，相关污染企业并没有实际关停，环境违法行为仍持续了近一年半，生态环境受到破坏，环境公共利益持续处于受侵害的状态。在环境行政执法无力时，司法作为权利救济和社会正义的最后防线，发挥了重要的功能。检察机关提起的环境行政公益诉讼被人民法院受理后，依法进行释明、建议和督促工作，当地政府开展了集中整治专项行动，关停了涉案企业，环境公共利益得以救济。

随着生态文明建设和绿色发展得到国家全面的重视，我国的环境司法救济也在从过去重赔偿转向重修复，生态环境修复的司法特色日渐凸显。生态环境修复性司法理念贯穿于环境民事、行政和刑事司法全过程，生态环境修复责任在环境司法中得以广泛适用，在治理生态损害方面发挥着重要作用。但从以上三个案例的分析中可以看出实践中的困境同时存在，主要表现在以下几个方面：

一是刑事附带民事诉讼中的生态环境修复性司法的地方实践虽然已日臻完善，但生态环境修复措施缺乏法律依据，措施种类繁多不具有统一性，并且后期执行中一罚了之的情形仍然存在。二是环境民事公益诉讼法定主体范围狭窄严苛启动难，此外环境民事公益诉讼中高额的生态环境修复费的管理方式、管理主体问题目前没有明确的统一规定，生态环境修复基金有待完善和发展。三是环境行政附带民事诉讼施行时间较短，环境行政诉讼中生态环境修复性司法实践相对较少，对行政机关处罚的合法性判决较多。四是生态环境损害缺乏科学的修复标准，造成司法操作中处理方式、处理标准的大相径庭，有损环境正义。因此，生态环境修复性司法的中国进路仍需从立法补充、专项基金的管理、生态修复标准科学规定、生态环境修复性司法理念、监督、审判等方面不断探索、完善。

第七章

他山之石：生态环境修复法治的域外经验

国外对生态环境修复的法治研究起步较早，18 世纪 60 年代西方工业革命的推行导致了第一代环境污染，第二次世界大战结束后各工业发达国家为发展经济而给生态环境带来了严重损害，生态环境的急速恶化引起了广泛的警觉和省思。在这之后的几十年，以美国、澳大利亚、德国、加拿大和日本等为代表的国家针对修复生态环境做了广泛的研究并已建立起了完善的生态环境修复法律制度体系。对国内外生态环境修复的法治经验的总结，有利于我们借鉴国外立法的经验，同时，也有利于我们对我国现行生态环境修复方面的立法有比较准确的了解，从而对我国生态环境修复立法及其法律制度的构建具有重要意义。

第一节　美国生态环境修复法治的经验

与大多数西方工业大国相同，美国也曾为了发展资本经济大肆掠夺自然资源造成了严重的生态环境破坏。18 世纪 40 年代到 19 世纪初，美国的煤矿开采和冶炼业一直是美国联邦政府的重要支柱产业之一。煤炭开采业促进了美国工业的增长，但同时也造成了土地生态环境的污染和破坏。到 20 世纪初，美国西部的生态环境问题非常严重。从 20 世纪 20 年代开始，美国开始对因开采矿产资源而被破坏的生态环境进行修复，以矿区植被恢复为主要形式的生态环境修复迅速得以展开。

美国弗吉尼亚州于 1939 年颁布了《复垦法》，开始通过法律对采矿行为所带来的生态环境破坏问题进行规制，从而保护和修复矿区生态环境。

以此为开始，美国迅速制定了一系列矿区土地复垦和生态环境修复的法律。与此同时，矿区土地绿化以及土地复垦方面的研究也取得了重大进展。到 20 世纪 50 年代，矿区绿化和矿山生态环境修复研究的系统化进程持续进行。与此同时，修复生态学研究及其相关技术的完善也取得了重大的突破。1975 年在美国召开了"受损生态系统的修复"国际研讨会，探讨了受损生态系统修复的一些机理和方法。1980 年，《受损生态系统的修复过程》一书出版，8 位科学家从不同角度探讨了受损生态系统修复过程中的重要生态学和应用问题。1983 年，在美国召开了"干扰与生态系统"国际研讨会，探讨了干扰对生态系统各个层次的影响。1984 年，在美国威斯康星大学召开了修复生态学研讨会，强调了修复生态学中理论与实践的统一性，并提出修复生态学在保护与开发中起重要的桥梁作用。美国 1985 年成立了"修复地球"组织，该组织先后开展了森林、草地、海岸带、矿地、流域、湿地等生态系统的修复实践并出版了一系列生态修复实例专著。

　　生态环境修复科学研究的兴盛客观上促进了美国生态环境修复方面的立法进程。以矿区土地复垦和矿山生态环境修复为代表的生态环境修复救济性立法得到迅速发展。1975 年，美国已有 34 个州分别制定了露天矿地复垦法律。但由于各州采煤业的规模和影响不同，因此，矿地复垦法律的标准不同。有些州的法律要求严格，致使露天采煤成本过高；有些州的法律要求宽松，露天开采成本低。松紧程度不同的规则使同一类企业面对不同的竞争环境，成本高的企业觉得不公平。结果，制定联邦层次的露天矿地复垦法律的呼声越来越高。[①] 1977 年美国国会通过并颁布第一部全国性的土地复垦法律《露天采矿管理与土地复垦法》。该法在全美建立了统一的露天矿管理和复垦标准。这部法律的颁布标志着美国土地复垦工作走上了法制轨道。该法规定，矿区复垦分为两个部分。一是采矿过程中的矿山复垦，二是闭矿后的土地复垦。前者的资金来源是矿山复垦保证金，后者的资金来源则是废弃矿山复垦基金。《露天采矿管理与土地复垦法》的实施，建立了严格和复杂的许可证制度。在"开采许可证"制度中，规定凡具有毁损土地的商业行为，都有复垦的义务。单位或个人申请许可证进行露天采矿作业时，申请主要内容应包括采矿后的复垦计划。矿山企业

---

① 于左：《美国矿地复垦法律的经验及对中国的启示》，《煤炭经济研究》2005 年第 5 期。

在开采前对矿区必须有一系列详尽的自然环境调查记载，包括地质、地形、土壤状况、植被种类密度、野生动物种类密度、地下地表水、文化遗产等，强制要求矿山企业对矿区破坏的土地及环境予以修复。对复垦计划未通过审批的采矿申请，州管理机构或者内政部不予发放采矿许可证。该法案规定，所有的煤炭开采活动都必须按规定缴纳土地复垦保证金，按季度上交，其中50%上缴联邦，用于全国范围内的紧急情况项目或没有开展矿山复垦计划的州政府土地复垦；50%留在州政府，用于各州的矿山复垦项目。开采许可证申请得到批准但尚未正式颁发之前，申请人须先缴纳复垦保证金。复垦保证金的设立极大地调动了矿山企业开展土地复垦的积极性。小规模采矿企业因无力承担矿区土地复垦和生态环境修复的责任，纷纷倒闭，大规模的煤炭开采企业得以生存，这从客观上减少了对生态环境的破坏。矿区土地的复垦工作主要以《露天采矿管理与土地复垦法》颁布为界，分开进行。1977年法律颁布前已经闭坑或废弃的矿山完全由政府负责复垦，因此复垦计划中包括的废弃矿区土地复垦基金，主要是为老矿区复垦等筹集资金，用于处理煤矿开采引起的山体滑坡、土地塌陷和火灾等环境问题，以及支付联邦和州政府对废弃矿地的清理。复垦基金还可以来源于个人、企业、组织或基金会的捐赠。①

在《露天采矿管理与土地复垦法》制定之前，美国就从国库预算中专门设置了"废弃矿复垦基金"一项，该项基金由联邦政府内政长官负责管理和支配，其主要用途是用于对废弃矿复垦，修复废弃矿区的生态环境。此外，每个州都有各自的"废弃矿复垦基金"。该基金的主要来源是联邦"废弃矿复垦基金"，此外还有各种社会捐助。由于有"废弃矿复垦基金"，许多在法案实施前已经被破坏的土地得到了复垦，长期污染和破坏所累积的受损生态环境得到了及时有效的修复。

生态环境修复科学技术的发展以及相应立法的健全和完善促进了美国生态环境，特别是受损的矿山生态环境的修复。到20世纪80年代，美国的矿山生态环境修复进入了科学修复时代，矿山受损生态环境修复率达到90%以上。

1976年美国环境保护局（EPA）出台了《资源保护和修复法案》

---

① 金丹、卞正富：《国内外土地复垦政策法规比较与借鉴》，《中国土地科学》2009年第10期。

（RCRA），该法案对危险废物的产生、运输、处理、储存和处置进行了规定，并提出了管理非危险固体废物的框架。1980 年美国国会为迅速解决事故性危险物质泄漏和倾倒危险废物场所污染泄漏问题，颁布了《综合环境反应补偿与责任法》，又称《超级基金法》（CERCLA），该法的出台使得美国生态环境修复法律体系更加完善。该法明确规定了有关危险物质泄漏的事故报告制度和相应的国家应急机制，以及责任主体、治理方式和救助费用的承担等。1984 年在 RCRA 的基础上颁布了《联邦危险废物和固体废物修正案》（HSWA），该法案的重点是将废物最小化、逐步淘汰危险废物的土地处置以及相应的纠正措施。1986 年对 RCRA 进行修订，旨在解决储存石油和其他有害物质的地下罐储可能造成的环境污染问题。

　　此外，针对土地，特别是农业用地因农业生产、开发以及资源开采而被破坏的问题，美国联邦政府也非常重视。从 20 世纪 80 年代初期开始，联邦政府注重与农业生产、开发相关的资源、生态、环境的保护，制定了一系列旨在促进农业可持续发展的保护耕地、水等自然资源及生态环境的法规和长期计划，特别是联邦政府 1985 年制定的“农地保护计划”，大规模地实施退耕还草、退耕植树或休耕；到 1990 年将所有的农地都纳入了“农地保护计划”中，发挥了巨大的生态效益和经济效益。“农地保护计划”就其内容来看，可以说是荒漠化防治计划。其主要内容是：针对农业生产给土地、水等自然资源、生态环境带来的破坏，在容易发生荒漠化的地区，实行有计划的退耕还草、退耕还林及休耕（如种植以改良土壤为目的的豆科植物等），即在美国联邦农业部的监督下，对容易发生土壤侵蚀的耕地，实行为期 10 年的休耕或永久性退耕还草、退耕还林。同时作为补偿，由联邦农业部每年向该计划的参加者（农户），支付一定数量的补偿金（按每英亩一定的单价乘以退耕、休耕地面积的方法计算，并被称为地租）；联邦农业部向退耕还草或退耕还林的农民支付树木和草的种植费用总额一半的补偿金（一次性的补助）。根据联邦政府统计，1989 年联邦农业部对大约 6300 万英亩容易发生土壤侵蚀的耕地实施农地保护计划管理，每年减少土壤侵蚀量达 8 亿吨；到 1990 年，联邦农业部对容易发生土壤侵蚀的 1.18 亿英亩耕地实施农地保护计划管理。

　　与此相呼应，美国联邦政府于 1985 年修订了《农业法》，并于 1990

年再次将其再次修订。① 为了保护农业生态环境，修复被破坏而退化的农地生态环境，在修订《农业法》时，增添了关于"持续农业"的内容，强调通过推行新的耕作方法以及修复退化农地生态环境系统，保证农地的可持续发展，以维持其功能等条款。

美国生态环境修复救济方面的法律中规定了一系列行之有效的法律制度，确保了因污染和破坏而受损的生态环境能得到及时有效的修复。其中以"复垦和闭矿保证金制度"最具有代表意义。美国所有的州都有缴纳保证金的法律规定，"复垦和闭矿保证金制度"是各州复垦法规中不可或缺的内容。复垦和闭矿保证金是恢复被勘探或破坏土地的财务保证。根据法律规定，从事采矿的公司在申请采矿许可时，需提交复垦和闭矿保证金。复垦和闭矿保证金主要用于因公司破产或由于其他原因停止运营时，因采矿而被污染和破坏的矿区生态环境能得以修复。其中，该保证金又有两种，一是全程保证金，二是阶段性保证金。②

为了确保"复垦和闭矿保证金制度"得以切实实施，美国的相关立法中还规定了多元的保证金形式，以方便采矿企业。这些形式包括：现金、复垦担保债券、财产证书、存款单、不可撤销信用证、信托基金、法人担保、政府债券、可转让债券、保险等。几乎所有州都赞成使用担保债券和不可撤销信用证作为保证金。大多数州接受信托基金或财产证书凭据、现金和存款作为保证金形式。为了确保矿区复垦和闭矿计划的顺利实施，法律还规定了保证金审查、罚没与返还程序。联邦各州都设置专门机构对保证金进行审查，并可根据企业申请，对因采矿计划变更而需要调整的保证金进行审查和调整，对采矿企业复垦和恢复矿区生态环境的进展进行监督、检查，根据申请决定保证金的返还与否。

事实表明，美国生态环境修复方面的法律制度在美国的生态环境保护

① 崔彩贤：《西部农村生态环境修复法制问题研究》，《安徽农业科学》2006 年第 6 期。

② 全程保证金是预先提取的，根据许可计划覆盖全程（包括所有采矿活动）所计算的总资金。除了扩大规模或者改变条件需要进行变更，从环境保护角度出发，这种计算保证金的方法一般来说是非常有效的，它要求公司预先获得足够的保证金以覆盖所有可预见的运行阶段，而不是依靠简单的估计，从而能够获得良好的复垦保证。阶段性保证金则允许企业根据每年采矿情况增加保证金，以保证对下个年度采矿活动所造成的破坏进行有效恢复。这种方法限制了保证金的数量，使缴纳的保证金费用最小化。参见于左《美国矿地复垦法律的经验及对中国的启示》，《煤炭经济研究》2005 年第 5 期。

中发挥了重要的作用，特别是对工业革命以来累积下来的生态环境污染和破坏的修复，生态环境修复法律制度发挥了不可替代的作用。

总体来看，美国生态环境修复法律制度具有以下特征：

从生态环境修复法律制度的体系构成来看，联邦和州一级层面的立法中都有生态环境修复的法律制度，州层次的生态环境修复在经过联邦立法后会促使相应的具体修复项目的实施。以美国的路易斯安那州为例，路易斯安那州的湿地是当地非常重要的生态系统，在美国 48 个州中约有 40% 的沿海湿地位于路易斯安那州。其湿地是可以抵御飓风及风暴的缓冲区，同时也是防洪装置，在高降雨量期间蓄存多余的洪水（类似于海绵）。湿地补充了含水层，通过过滤掉污染物和吸收养分来净化水源。同时还为各种野生动物提供栖息地，路易斯安那州沿海地区是成千上万种水生物、陆地动物和各种鸟类的繁殖地和苗圃，其中还包括了美国的国家象征——白头鹰。该湿地生态系统还为每年 500 多万只水禽提供了迁徙栖息地。人们也从路易斯安那州的沿海土地中获益，路易斯安那州负责了美国石油和天然气生产，航运贸易，渔业，毛皮采伐和牡蛎生产的主要部分，提供 5.5 万多个工作岗位和数十亿美元的收入。此外，湿地也是路易斯安那州不断发展的生态旅游业的一部分。然而遗憾的是，这个脆弱的环境正以惊人的速度消失。路易斯安那州几十年来每年损失多达 40 平方英里的沼泽，这是美国每年沿海湿地损失的 80%。到目前为止，路易斯安那州已经失去了与特拉华州相当的沿海土地面积。如果目前的损失率在 2040 年之前没有减缓，那么另外 80 万英亩的湿地将会消失。有鉴于此，美国在 1990 年颁布了《沿海湿地规划、保护和修复法》，该法案经美国国会批准，并由总统签署成为法律，旨在确定、计划和资助路易斯安那州的沿海湿地修复项目（CWPPRA）的建设。CWPPRA 生态修复工作的年度预算为每年为 3000 万—8000 万美元，在该法案颁布后的 25 年内有效。自《沿海湿地规划、保护和修复法》颁布以来，已批准了路易斯安那州内 210 多个沿海修复或保护项目，使路易斯安那州大约 10 万英亩的区域受益，对长期保护湿地和鱼类、野生动物种群以及创建、修复、保护沿海湿地发挥了重要作用。

对具体类型的生态修复并不都是直接制定相应的法律法规，而是在综合法律的指引下，由政府的相关部门制定具体修复计划或方案，并与各利益相关者共同制定相应的国家战略。例如，在森林生态修复方面，2009

年 3 月，美国总统奥巴马签署了《综合公共土地管理法案》，该法案创建了协作森林景观修复计划（CFLRP），以鼓励美国林务局（USFS）管理的国家森林系统土地上的景观尺度生态系统修复。CFLRP 项目旨在降低荒地火灾管理成本，增强生态健康，促进小直径木质生物质的使用，并在整个规划、实施和监测过程中与多个利益相关方合作。由于重点关注景观规模的修复以及在实施法律的各个阶段的合作要求，该政策被誉为森林经营政策的创新转向。①

美国的大多数林地都是私有的，大约 1/3 的林地由联邦政府管理，另外 1/10 由州和地方政府管理。针对森林景观的退化，美国联合了联邦、部落、州和其他利益相关者，制定了一个共同的国家战略，旨在通过生态修复恢复适应火灾的自然社区；通过规划和建设实践，创造适应火灾的人类社区，使家庭和社区免受野火的影响；以及制定安全、有效、基于风险的火灾管理决策。

从生态环境修复法律制度的演进和发展来看，美国生态环境修复立法经历了由地方立法向中央立法、由单项立法向综合立法的发展过程。最初，美国生态环境修复方面的立法以土地复垦为主要目标，后来才逐步发展为以生态环境修复为目标。此外，在美国生态环境修复方面的相关立法以及生态环境修复的相关法律制度的演进和发展过程中，以生态学和恢复生态学为代表的环境科学的技术进步，以及以生态伦理学和环境经济学为代表的社会科学的知识增量发挥了极其重要的作用。生态环境修复的相关立法以及生态环境修复的相关法律制度与生态环境修复实践之间相互促进，共同发展，共同推动了美国生态环境修复进程，共同保障了美国生态环境质量的持续提升。

第二节　澳大利亚生态环境修复法治的经验

澳大利亚是传统的矿产资源大国，其采矿产业非常兴盛，由此带来的矿区生态环境污染和破坏问题也非常突出。澳大利亚生态环境修复方面的

① See Biggs R., Schlüter M., Biggs D., et al., "Toward Principles for Enhancing the Resilience of Ecosystem Services", *Annual Review of Environment and Resources*, 2012, 37: 421-448.

法律制度最初也源于矿区土地复垦方面的管理制度。20 世纪 80 年代澳大利亚制定了《矿产资源开发法》《挖掘工业发展法》和《环境保护法》。这些法案不仅规定了采矿者必须修复已破坏的土地及相关用地的原貌，还要求矿权所有人和参加复垦的企业共同提交一份保证书及若干保证金，并向政府相关部门共同承担矿区复垦的责任。此外，法律还在程序上规定了复垦计划在形成之前必须要与土地（不论私有或联邦土地）所有者进行磋商，土地所有者有权要求将自己和矿权所有者之间的协议写进计划。而对于矿权所有人和复垦公司缴付的保证金，法案规定复垦计划得以顺利进行并通过政府相关部门的检查后，保证金才会退还。在长期的生态环境修复、治理过程中，澳大利亚积累了非常丰富的经验，同时生态环境修复方面的法律制度也得以发展完善。

对于矿区环境的管理，澳大利亚政府实行的是统分相结合的方式进行管理。通过中央立法确定一个大框架，同时赋予各州较大的权限。州政府可以在中央立法的框架内，根据本州的实际情况制定法律条例，各州之间相关立法的内容也有较大的差异。此外，澳大利亚将审批《开采计划和开采环境影响评价报告》的权限下放给州一级政府。州政府审查通过采矿企业提交的《开采计划和开采环境影响评价报告》后，还将与采矿企业签订"生态环境修复治理协议书"，通过该协议书明确采矿企业对矿区的生态环境修复义务。对于矿区生态环境保护问题，联邦和各州都强调要尊重自然，遵循生态规律，对于矿区生态环境的修复要以人文本、恢复原始样貌。各州自然资源和能源部门、环保部门和农业部门等严格监督采矿企业按照既定规划进行矿区生态环境修复。经过多年的发展，逐步形成了一套严格的程序对采矿企业的采矿行为和生态环境修复行为予以规范。

对于矿区植被的生态修复，各州均规定，采矿企业在递交采矿许可申请时，应一并提交拟采矿区域内植被的调查统计报告和植被恢复计划。植被调查统计报告是采矿企业在专业机构或环保民间组织的协助下编制完成的。采矿企业组织专业机构和环保民间组织对矿区内的植物物种的品种、分布、数量等进行调查、分析，注意对具有本地独有的植物品种种子的收集和保存，在情况允许的前提下对矿区内的高大乔木进行有计划的迁移和保护。此后，由矿业主管部门会同环保、林业等部门组织通过利用包括物种种子处理和储藏、种子撒播以及种子开发休眠终止等技术和措施，以通过矿区生物多样性的保育从而最大限度地修复矿区生态环境系统。对于矿区土地的复垦，澳大利亚也摸索出了包括环境科学、生物科学、农业技术在内的一套做法。其中表土还原技术是较为领先并得到普遍推广的技术。表土还原要求最大限度地减少表土堆放的时间，以避免其内部微生态系统发生变异。考虑到下一步的土地复垦，采矿企业在剥离表土时把适合植物生长的腐殖土单独堆放，并把树木砍伐后无用的树枝、树叶碎成小块，复垦时可覆盖在表土上面，减少水分蒸发，确保复垦后植物的生长。

澳大利亚对于矿区生态环境修复管理还建立了具有特色的"年度环境执行报告书"和"矿山监察员巡回检查"制度。依据《澳大利亚矿山环境管理规范》，矿业公司必须在每年规定的时间内向矿业主管部门提交"年度环境执行报告书"，进行年度工作的回顾。矿业公司所做的复垦工作必须以文件的形式记载，由计算机管理，到时由计算机系统通知提交报告。如不提交"年度环境执行报告书"，矿业主管部门会再次通知。倘若再不提交，矿业主管部门就将考虑告知矿业权授权部门收回采矿业权。政府的矿业主管部门对"年度环境执行报告书"审查后就由分管监察员去矿业公司进行现场抽查。发现矿山环境未治理好，当地居民不满的，影响较小则口头或者信件通知整改；如拒绝接受且环境影响严重的可书面指导，监察员现场直接书面通知，不用请示上级；如问题严重可向上级反映，勒令矿业公司停止工作，并可罚款且收回采矿权。

对于矿区生态环境修复治理的验收，澳大利亚法律规定，矿区生态环境的验收由采矿企业提出申请，由政府主管部门根据采矿企业制定的《开采计划与开采环境影响评价报告》而确定的生态环境修复治理协议书为依据，组织有关部门和专家分阶段进行验收。矿区生态环境修复治理的验收标准也实现了法定化。如果采矿企业对矿区生态环境修复治理得好，则可以通过降低抵押金和颁发嘉奖等方式进行奖励。

除了注重对矿区生态环境的修复，澳大利亚对生物多样性方面的修复也非常重视。澳大利亚是世界上 17 个生物多样性最为丰富的国家之一，拥有 60 万—70 万种物种，其中许多是地方性物种，只存在于澳大利亚本土。1999 年澳大利亚通过了《环境保护和生物多样性保护法》（EPBC），这是澳大利亚政府与各州以及地区针对环境和遗迹保护和生物多样性保护的法案。2000 年，澳大利亚颁布了《环境保护和生物多样性保护条例》，2013 年 6 月 22 日 EPBC 法案的修正案正式成为法律，该法案旨在确立世界遗产、国家遗迹名胜、具有国际重要性的湿地、国家濒危物种和生态群落、迁徙物种、英联邦海洋地区、大堡礁海洋公园、核行动（包含铀矿开采）以及与煤层开发和大型煤矿开发有关的水资源是具有国家环境意义的九个问题，是生态保护和生态修复的重点。

澳大利亚的生物多样性，保护和修复都是以立法为根据，再制定实施具体的方案和计划。例如，根据1999年EPBC法案，为保护澳大利亚水域中所有的鲸目动物（鲸鱼、海豚和鼠海豚），建立了澳大利亚鲸鱼保护区，并规定了国家和地区政府都有责任保护鲸鱼和海豚。在澳大利亚鲸鱼保护区内所有可能影响鲸动物的活动都需要许可证，许可证由环境等部门的部长颁发，且不得颁发用来捕杀鲸目动物的许可证。再如，根据2000年澳大利亚颁布的《环境保护和生物多样性保护条例》，澳大利亚政府于2003年10月宣布了15个国家生物多样性热点，这是首次在全国范围内确定生物多样性热点的尝试。在政府和生态环境修复组织的共同努力之下，现在澳大利亚的生物多样性热点地区的生物种类有了较好的保障。例如，澳大利亚西南部的生物地理区域现有超过1500种植物，建立了世界上受威胁最严重的淡水龟——西部沼泽龟家园，还有一些特有的哺乳动物包括食蚁兽和被认为已经灭绝了多年的袋鼩。

此外，澳大利亚还建立了比较完备的生态补偿制度，由地方政府主持，将生态补偿金的一部分拿来用于对受损生态环境进行修复和治理。[①]例如，澳大利亚政府在"维护澳大利亚生物多样性热点计划"中投入3600万美元，主要用以保护和修复私人和租赁土地上的生物多样性。除此之外，还通过自然遗产信托基金和"国家水质盐度行动计划"向各热点区域和地方提供资金实施经确认的自然资源管理计划。

针对不同类型的生态系统受损，澳大利亚还设置了相应的生态修复基金和补助金，例如珊瑚礁信托基金、濒危物种修复基金和澳大利亚遗迹补助金等。

澳大利亚侧重于运用行政合同和市场谈判的方式推动生态环境修复。

---

① 以澳大利亚东部的马奎瑞河生态补偿为例，其上游水源区大规模的森林砍伐加快了土壤水分蒸腾作用，造成土壤盐渍化问题日益严重。马奎瑞河下游600个农场主组成的食品和纤维协会、新南威尔士州的林务局以及马奎瑞河上游土地所有者共同制定了"灌溉者支付流域上游造林协议"，由食品与纤维协会向新南威尔士州的林务局支付"蒸腾作用服务费"，为其获得的流域生态环境功能性服务价值付费。新南威尔士林务局利用这一经费，采取在上游水源区私有土地上种植脱盐植物、栽种多年生深根系树木等措施，保持土壤中水分，避免土壤盐碱化。

这种方式对生态环境修复方面的立法以及生态环境修复法律制度的设计有重要影响。以"生态环境修复治理协议书"制度为代表的生态环境修复法律制度在澳大利亚生态环境修复中发挥着重要的作用。

第三节　德国生态环境修复法治的经验

德国的生态环境修复主要以矿区生态环境，特别是生态景观的修复和产业遗产地生态环境的修复为主。

德国是最早开展矿区生态环境修复的国家之一。德国最早的土地复垦记录出现在 1766 年，当时的土地租赁合同明确写明采矿者有义务对采矿遗迹地进行治理并植树造林。[①] 德国的采矿业曾经一直是德国的支柱产业，持续的矿山开采给德国的生态环境，特别是矿区生态环境造成了巨大的污染和破坏，矿区生态环境退化严重。从 20 世纪 20 年代早期开始，德国就注意在煤矿废弃地上植树、种草以恢复矿区的生态环境。人们有意识地采用技术手段，对矿区土地进行多树种混种，使修复、重建的林地具有原始森林的样态，各种树种混杂，树、草搭配，矿区土地生态环境系统的生态功能得到了很好的修复。两次世界大战期间，矿区生态环境修复陷入停顿。战后，出于迅速恢复经济的需要，对矿区生态环境的保护和修复也有所忽视。1950 年，德国北莱茵州颁布"褐煤矿区的总体规划法"，开始将煤矿开采纳入规划中。但是受制于当时的经济水平，该州主要是栽种杨树用以复绿露天矿场。德国修订了《矿业法》，明确规定"矿山企业开采过程中和闭矿后，应保护和整理地表，修复重建生态环境"。这是德国立法中首次明确采矿企业的生态环境修复责任。

20 世纪 60 年代，随着生态环境质量持续恶化，人们对生态环境保护和修复的呼声日益高涨。受席卷全球的"生态环境保护运动"的影响，德国开始重新注重矿区生态环境的保护。这一时期，联邦德国改进了之前的露天矿场林业复垦的做法，首先，是将早期种植的单一树种杨树砍掉，以橡树、山毛榉、枫树等树种取而代之。其次，随着煤矿开采力度的加大

---

① 梁留科、常江、吴次芳、Klaus Borchard：《德国煤矿区景观生态重建/土地复垦及对中国的启示》，《经济地理》2002 年第 6 期。

和矿场的不断迁移，土地复垦不再是植树造林，而是兼顾多种用途。民主德国褐煤区土地复垦的做法区别于联邦德国，60 年代主要是林业复垦，70 年代重视农业复垦，开始强调土地的经济用途，土地的生产力和林木的经济价值成为衡量土地复垦成败的主要指标。到 80 年代初，超过 90%的民主德国露天煤矿占用面积得到复垦；1985 年，超过 60%的联邦德国莱茵河煤矿露天采煤区土地得到复垦。东西德的合并对德国矿区生态环境的修复是一个巨大的促进，加上民众生态意识的增强、国家经济实力的提升以及相应环境科学技术的发展，促使对矿区生态环境修复由单纯的土地复垦、植树种草转变为建立休闲旅游用地、修复土地生态系统、生物多样性保护和农业用地恢复。

在严格遵照采矿规划和生态环境恢复规划的前提下，德国矿区生态景观修复的目标具有多层次性的特征。实现矿区生态环境和生态景观的有序修复、整治；通过生态环境修复，修复或重设结构多样、功能多元的生态景观；通过土地复垦，修复、重建结构稳定的生态环境系统；在社会和生态的要求得到尊重和满足的前提下修复生态环境系统内部的动态平衡；减少生态环境修复的外部成本，提升生态环境修复效益等均为德国矿区生态环境修复的目标。

为确保上述目标的实现，德国制定了一整套生态环境修复救济方面的法律。《联邦矿产法》和《联邦自然保护法》是矿区生态环境修复、治理最为重要的法律依据。《联邦矿产法》对国家的监督权，矿山企业的权利和义务，受到开采影响的社区、其他机构和个人的权利和义务，取得矿产资源的勘探、开采和初加工等采矿活动许可证的条件等都作了规定。并对采矿活动结束后，矿区生态环境的修复、治理也作了规定。获得采矿许可证的企业既要对勘探、开发和开采煤炭负责，也要对矿区生态环境修复、治理负责。该法第 51 条规定，从事采矿活动的企业，有义务编制企业规划，并交上级主管部门审批。

《联邦自然保护法》的立法目的是自然生态保护和生态景观的维护。强调要通过土地复垦的方式对因污染和破坏而受损的生态环境和生态景观进行修复和治理，构造接近原始样态的自然景观，修复生态环境系统功能。德国还制定有专门的《矿山还原法》，该法要求凡是被破坏的土地，特别是农田和草地等必须还原再造，以恢复原来的自然生态景观。此外，还有《土地保护法》《水保护法》《森林法》以及有关矿产开采的各种法规、规章等联邦法律以及各州政府制定的一些配套性质的专门法律、法规。例如《北莱茵州规划法》规定，褐煤矿区必须编制褐煤规划，对褐煤采矿所污染和破坏的矿区生态环境进行修复、治理。

褐煤规划须基于州的规划法起草，根据州规划法，褐煤规划必须符合州规划的基本原则，并将联邦空间规划和州规划的目标作为其基本目标。主要内容为：（1）对开采范围、排土场占地、村庄搬迁以及地表水系和地下水的影响范围做出明确规定；（2）对褐煤开采的各种潜在危险进行描述、分析和评价；（3）对褐煤开采是否适应州规划中能源长期供给的要求，是否满足褐煤开采影响区内社会团体的利益要求和环境保护的要求进行讨论和审核；（4）对景观重建也做出了明确的规划和规定，如地表重构的原则、复垦土地的用途、地表的排水以及土壤肥力的重构等。

褐煤规划由褐煤委员会——政府规划机构在褐煤矿区的代表及其委托的工作组起草、编制。该委员会是州规划局的一个机构，它由褐煤矿区各市、县、相邻区域的代表及各协会的代表组成。地方政府和企业有义务提供相应资料。规划草案完成后，交由公众讨论，褐煤委员会对公众的意见和质疑做出解释，必要时对规划草案进行修改。此后褐煤规划交由州规划委员会会同相应的专业部门及联邦议会的专业委员会审批。审核批准的规划自公布之日起生效并具有法律效力。德国还规定，规划区域内的其他规划不得与褐煤规划相悖。

在矿区生态环境修复中，褐煤规划只是做出总体性规定，具体实施是通过企业规划来完成的。企业规划包括整体规划、主要规划、特殊规划和结束规划等。它由采矿企业根据褐煤规划进行编制，并报上级专业主管部门审批。如在北莱茵州，企业规划是由州矿管局审核批准，在企业运作期间和停产后，矿管局对规划的执行情况具有监督权。对矿区环境的修复治理通过企业结束规划来实现。在结束规划里，企业要对开采活动结束后，排除潜在危险的措施，地表的修复治理的措施，复垦后土地的用途，景观的重构等做出详细的描述和规划。只有企业结束规划获得批准之后，企业才允许对褐煤进行开采。①

德国对产业遗产地生态环境的修复也很成功。以鲁尔工业区生态环境

---

① 梁留科、常江、吴次芳、Klaus Borchard：《德国煤矿区景观生态重建/土地复垦及对中国的启示》，《经济地理》2002 年第 6 期。

修复为例。德国鲁尔工业区是德国传统的重工业基地，长期的重工业生产对当地的生态环境带来了巨大的污染和破坏。德国于 20 世纪 70 年代对鲁尔工业区进行产业结构调整和升级，停产和关闭了该区的许多夕阳产业，该区经济实力衰退，生态环境修复、治理面临重重困境。

德国中央政府和当地地方政府采用了一系列手段和措施对鲁尔工业区进行生态环境修复、治理。当地政府提出"在公园中就业"理念，投资设立专业环保机构，颁布环境保护法令，统一鲁尔区的发展、治理、建设规划，每一季度都要对区域的形势、市场和经济做出分析，制定该季度具体的各项生态指标，区域内该季度所有的生产活动都要符合本季度的生态指标。对鲁尔区的生态修复具体包括以下几个方面：

第一，重建艾美溪河流域的绿色生态景观系统。首先是矿区煤矸石山的改造，鲁尔区的煤矿开采使得大量煤矸石只能露天堆积，占用了大量耕地，对地下水造成严重的污染，给周围生态环境景观带来破坏性的影响。当地立法规定，煤矸石山的选址企业须同地方矿山管理局协商，获得批准才能实施。煤矸石山的堆积方案的制定必须以矿山监管部门对煤矸石山的堆积、绿化、地表地下水的保护、堆积物的性质、安全性以及对周围气候的影响为依据。堆放施工中必须制定出煤矸石山的外形、结构、工艺和安全技术措施，使矸石山与周围环境和谐相统一，为进一步绿化打下基础。然后依据地方法规定，对被破坏的土地立即恢复原貌，其过程包括地面勘察、确定补救措施以及复垦种植的可能性。泥土与细矸石混合堆在矸石上，形成人工土层后对其施肥，保证养分充足，先种草再植树，草皮能防止矸石山表层土壤被风蚀，并先形成腐殖质层，增加土壤的肥力。除了绿化，还进一步把煤矸石山打造成一个完整的生态系统，包括湖泊、陆地，为动植物生存提供条件。经过人工处理的煤矸石山成为有绿地、森林、溪流的可供人们游玩的自然风景保护区。

第二，对该流域的水生态环境污染进行治理、修复其水生态环境系统的结构和生态功能以及进行雨水收集循环利用。鲁尔区采矿业长期排放生产废水，严重污染了该流域水质，当地水生态环境系统中鱼类曾一度绝迹。当地政府先是在鲁尔河上规划并建立了完整的供水系统，4 个蓄水库、108 个澄清池依次分布在河面上，用以净化污水。同时，在艾美溪河口设立微生物净水站，利用先进的生物技术处理污水，逐渐改善当地河道溪流等地表水系统以及地下水系统的水质。并且在该区域大部分建筑都设立了雨水回收系统。回收的雨水不仅可用于水景的营造、绿地的灌溉，还可用作周边建筑物的内部清洁使用。在北杜伊斯堡景观公园中，曾经矿区企业的废弃排水渠被加以改造利用，修建成水景观公园，供当地居民和游客参观、休闲、娱乐，利用新建的风力设施带动净水系统，将收集的雨水输送到各个花园用以灌溉。当地回收雨水并且高效率利用，据统计每年即可节约 2000 万升饮用水，景观用水被理性地融入当地的生态环境循环，将当地的水生态环境系统成功修复。

第三，新建绿色产业园区，通过大面积的土地整治和绿化，重建全新的生态环境。鲁尔工业区在长期的发展过程中，对当地的生态环境破坏非常严重，除了上文提到的水生态系统的污染，空气污染也十分突出且明显，鲁尔区施行了很多措施，并且逐渐使空气质量得到好转。首先，重新布局整个区域的城市规划，城市发展建设呈现分片组团式的特点，各个城区之间由相距几千米到几十千米不等的山水、森林、田园所隔开，按功能建立了科学园区、发展园区、服务园区、生活园区等，使得生活区和各类工厂彻底隔离。其次，采取非常严厉的措施：关闭所有重污染性的工厂；将环保、新材料、医药技术、信息技术等 12 个高新技术产业作为发展的重点；牵头成立企业和大学合作的"技术转化中心"，改进高能耗、高污染的生产工艺和设备，逐步转变粗放型的经济发展方式。该区域所有企业必须遵守"欧洲环境管理系统"，限制排放污染性气体，在全区所有工厂的烟囱安装自动检测和报警的装置，并且建立污染气体及粉尘的回收装置，对一切有害气体进行处理。另外在该区政策的鼓励下，越来越多的企业开始放弃燃烧会造成很多污染的传统能源，开始使用风能、太阳能等更清洁的可再生能源。另外，该区域还施行了严格控制汽车尾气排放的规定，每两年对车辆进行一次全面的排气检查，看该汽车的尾气排放是否达标，每年要淘汰一万多辆不达标的汽车。同时还要求给轿车和卡车安装更加清洁高效的发动机，减少汽油、柴油燃料中的硫含量，并且该区的政府还运用税收手段鼓励居民使用环保要求更高的汽车。通过产业空间布局的调整、地表植被的修复、大气污染的整治和修复，当地逐渐从污染严重的重工业地区转变为环境优美的高新技术产业发达的绿色工业园区。

第四，建立自然保护区，保护动植物的物种多样性，修复当地自然景观的独特性和生态价值。该区政府在在区域总体规划中制定了"绿色空间"计划，即在工业密集的鲁尔区规划建立自然保护区。在自然保护区的设计规划中，不仅考虑特色风景空间区域的保护，更重要的是考虑形成完整的生态系统，使得各类动植物都能共同栖息在此。因此特别注意物种保育和养护措施的规划。自然保护区要明确保护的种类，以便满足物种生存空间或共栖关系的产生和恢复。鲁尔区政府在规划自然保护区时，特别注意平衡开发和利用之间的矛盾。在盖巴尔特工业区，建立和保留了许多缓冲地带，照顾到集约经营的农业和休养保护的双重需求。另外值得一提的是，在鲁尔区自然保护区，人们将各块区域尽量相互连接起来，构成生态网络。比如，在修建公路、渠道、和铁路时，尽量让两侧区域保持初始的自然状态，减少人为的干扰和影响，从而减少斜坡的维护工作。同时在沟渠、排水沟和小溪旁边保留流水带，其目的是产生群落生态环境的相互关联的系统。到 2000 年为止，共建立了 276 个自然保护区，面积达 1.9 亿平方米，进行了大规模的植树造林，这些自然保护区由以前的点状分布逐渐连成了片，昔日荒凉的废矿山披上了绿装，塌陷了的矿井成为碧波荡漾的湖泊。往日浓烟漫天的景象不再，取而代之的是绿茵环绕，大小公园 3000 多个，一片风景优美的田园风光。

德国对工业遗产地生态环境的修复有以下几个特征：一是以改善区域生态环境质量，维护生态健康和安全为宏观目标，以修复生态环境系统结构和功能为具体目的。二是制定统一的规划，进行协调一致的生态环境修复。三是尊重生态环境演替规律，在此基础上针对特定区域内生态环境受损的情况，制定有针对性的修复方案。四是以生态环境系统的自然修复为主，以人为修复为辅助。五是以法制保障为主要手段，以生态环境修复、治理方面的环境科学技术水生态系统发展为支撑，综合运用多种保障手段和措施。

总体来看，德国联邦立法和地方各州立法中均有生态环境修复方面的内容。联邦层面的立法为地方各州的生态环境修复法律制度提供了依据，地方各州生态环境恢复方面的法律制度则带有明显的区域性特征。德国生态环境修复法律制度的特征非常明显。主要表现为，针对不同原因导致的生态环境破坏，分别制定有很强针对性的法律制度予以规制。从实践效果来看，这种模式的效果非常明显，长期以来困扰德国的生态环境破坏以及退化问题得到了很好的解决。

第四节　加拿大生态环境修复法治的经验

　　加拿大的生态环境修复主要集中在生物多样性、土地以及特别类型地区的环境问题方面，其特点是善于利用建造公园的形式来修复受损生态环境。也正因为此，加拿大的生态环境修复法律制度有极其特殊之处，即加拿大公园委员会经授权而有权立法。因此，加拿大生态环境修复的法律制度体系由省、地区和联邦立法以及加拿大公园委员会授权的立法四个部分组成。

　　加拿大大部分的省均针对管辖区域内的生态环境问题制定相应的法律法规，并善于利用多组织合作的形式实施具体的生态修复措施。例如，阿尔伯塔省颁布了《阿尔伯塔省公园法》《阿尔伯塔省黄叶地区、生态保护区、自然区和遗迹牧场法》和《威尔莫尔荒野公园法案》等。萨斯喀彻温省出台了《萨斯喀彻温省生态保护法案》《萨斯喀彻温省公园法案》和《萨斯喀彻温省野生动物法案》等。

　　2004 年加拿大公园（Parks Canada）与草原国家公园（Grasslands National Park）合作制定了加拿大萨斯喀彻温省的草原生态系统修复项目。项目为期四年，截至 2008 年，已经重新种植了大约 700 公顷的田地以及规划了大约 4.4 万公顷的围栏用于野牛栖息。项目的重点是重新引入自然过程，如吸引野牛和牛等大型食草动物栖息，此外，以前种植的地区及以入侵植物为主的地区都被重新种植。在项目期间，联合的合作伙伴包括了当地社区、本地居民和公园游客，共同参与了修复工作的规划和决策活动。

　　在地方立法层面，曼尼托巴省通过了《曼尼托巴省公园法》《曼尼托巴省生态保护法案》《曼尼托巴省野生动物法案》和《曼尼托巴省森林法案》等。安大略省制定了《安大略省濒危物种法案》《安大略省环境评估法》《安大略省公园法》《安大略省公共土地法》和《安大略省荒野地区法案》等。不列颠哥伦比亚省制定了《不列颠哥伦比亚省保护区法案》《不列颠哥伦比亚省生态保护法》《不列颠哥伦比亚省环境与土地使用法》《不列颠哥伦比亚省土地法》《不列颠哥伦比亚省环境部法案》和《不列颠哥伦比亚省土地、公园和住房部法案》等。新斯科舍省出台了《新斯科舍省荒野地区保护法》《新斯科舍省特殊地方保护法》和《新斯科舍省保护地役权法》等。

少部分特定地区也会针对管辖区域内的生态环境退化问题制定相应的法律法规。例如，爱德华王子岛地区制定了《自然区域保护法》《娱乐发展法》和《野生动物保护法》等。加拿大育空地区出台了《公园和土地确定性法案》和《野生动物法》等。加拿大西北地区颁布了《西北地区法案》和《领土公园法》等。

尽管这些立法并非专门针对生态环境修复，或者说其立法目的并未明确为生态环境修复，但上述立法中均有关于生态环境修复的规定，例如，为保护以国家公园为代表的自然保护区，大量的禁止性规定和有利于生态环境修复的强制性规定均从客观上避免了生态环境的退化，也对已经受损的生态环境予以了足够的关注，从而促进了生态环境的修复。

虽然联邦层面的立法较少，且一般是笼统性的规定，针对性不明显，但在相关立法的指引下，加拿大制定了许多有利于生态环境修复的政策，例如"联邦湿地政策""国家公园政策"和"国家海洋保护区政策"等。并且在特定区域会制定相应生态补偿协议用以修复和治理受损的生态环境，例如"西部北极索赔 Inuvialuit 最终协议（1984 年）""Gwich'in 综合土地索赔协议（1992 年）""Nisga'a 最终协议（1999 年）""拉布拉多因纽特土地索赔协议（2005 年）"等。

此外，加拿大的生态环境修复在土壤污染修复方面较为成熟的经验也值得学习和借鉴。例如，联邦政府颁布《国家污染场地修复计划》，旨在受污染土地的修复与治理。污染场地上已达到特定浓度水平的污染可能或已经对人的身体以及生态环境造成了长期的不良影响或危害。联邦政府的做法是采取十个步骤对此进行修复和管理，分别是"识别场地—调查—测试—分类—再测试—再分类—制定修复措施—实施措施—确认并最终报告—长期监测"。加拿大安大略省在联邦法律的指导下，对矿山的土地复垦做出了很大努力，除了省政府投入大量资金用以复垦废弃矿山以外，还通过现金支付、资产抵押、信用证等多种方式为矿山复垦提供财政保障以确保最大限度地修复矿山土壤。①

---

① 何嘉男：《中国生态修复法律制度研究》，硕士学位论文，西北农林科技大学，2018 年。

第八章

法治实现：我国生态环境修复法治的展开

第一节　生态环境修复在立法层面的实现

有学者认为，生态修复法律制度在立法层面的完善应当是一个缓慢的、徐徐渐进的过程，不可能一蹴而就，因此，选择一条合理的路径非常必要。根据我国生态修复已有的相关立法以及实践工作的实际情况，生态修复法律制度立法层面的完善应当选择一条"由点及面""由地方到全国"的路径，逐步推进法律制度完善的过程。① 笔者不赞同这一观点，主要原因有两点：一是生态环境危机的紧迫性迫使我们应当当机立断，采取断然措施，从根本上调适现行的法律并最终转变到有利于生态环境修复的框架之内。二是基于我国法律体系的宝塔形结构，从调整效率出发，应遵循自上而下的路径，实现生态环境修复在整个法律体系中的融入和贯彻。

还需要注意的是，建立、健全生态环境修复法律制度保障体系并非局限于环境法的范畴之内。也就是说，环境法领域的制度变革与设计，环境法范畴内的立法已无法满足生态环境修复实践对法律制度的需求。我国的生态环境修复法律制度，必然涉及我国法律体系的整体。因此，应当在生态环境修复理念的指导下，对我国宪法、环境基本法和相关的单项环境立法进行修订和完善。同时，制定一些新的法律制度、完善现有的相关法律制度，构建完备的生态环境修复法律制度保障体系。由此，形成生态环境

---

① 吴鹏：《以自然应对自然——应对气候变化视野下的生态修复法律制度研究》，中国政法大学出版社 2014 年版，第 180 页。

修复立法体系，满足生态环境修复实践的制度需求，促进和保障生态环境修复。

一　生态环境修复在宪法层面的实现

宪法是国家的根本大法，对一国的法律体系具有根本性的指导作用。处于最高位阶的宪法为低位阶的其他法律制度提供了一个具有稳定性特征的框架，能确保低位阶法律制度之间的协调，从而促进各部门法更为有效地服务于生态环境修复。

生态环境修复在宪法层面的实现具有间接性和非显形性。所谓间接性，是指宪法无须也不可能规定生态环境修复这一本质上具有具体指向性和具象化的内容，换言之，宪法或者通过对生态环境修复上位概念的确证，或者通过对相关内容的规定并以此间接地促进生态环境修复得以实现。所谓非显形性，是指生态环境修复的内容及其旨趣并非直观地呈现在宪法内容中，但可以通过对宪法进行解释的方式，析出并阐明宪法文本中与生态环境修复有关的内容，并以此为生态环境修复的下位立法和具体制度构建寻找到宪法依据。事实上，法学实为诠释、解释之学。通过对宪法内容进行适当解释，从而引申、凸显生态环境修复的内容也是可行的路径和必然的选择。

生态环境修复在宪法层面的融入可以从两个层面得到验证和贯彻。一是对现行宪法内容进行适当解释，从而为生态环境修复找到确证的宪法依据。二是对宪法相关内容进行修改，以增加、补强生态环境修复的宪法依据。就现行宪法的解释而言，宪法学者和环境法学者均做了积极的尝试。"生态宪法""绿色宪法""宪法规范环境观"① 等理念见诸文字，逐渐地被理论者在各种语境中采用。就宪法的演进实践来看，我国现行宪法于2018 年做出修改。现行《宪法》序言中明确指出，"推动物质文明、政治

---

① 宪法的规范环境观包括突出国家治理、复合型的权利义务、强调积极能效和严格环境责任等。其中，积极能效环境观是指追求能动的环境保护并以环境的切实保护与改善为基本目标。具体包括两个方面：（1）主动保护。如现行宪法环境条款中的"国家保障""国家保护""国家组织和鼓励"等规定；（2）强调实效。如现行宪法环境条款中的"合理利用""改善""防治"等规定。积极主义环境观，主张积极面对环境问题，要看到解决环境问题的努力及取得的成绩，而不只是被动地、消极地应对甚至一味抱怨。参见张震《中国宪法的环境观及其规范表达》，《中国法学》2018 年第 4 期。

文明、精神文明、社会文明、生态文明协调发展，把我国建设成为富强、民主、文明、和谐、美丽的社会主义现代化强国"。《宪法》第 26 条中"国家改善生活环境和生态环境"意在强调在维持现有环境条件的前提下，进一步提高环境质量。《宪法》第 89 条将"生态文明建设"与"领导和管理经济工作和城乡建设"放在一起规定作为国务院的一项重要职权。"生态文明"无疑需要以生态环境可持续发展为基础和前提，"美丽"也强烈地宣示着对受损生态环境进行修复的要求，而"改善生活环境和生态环境"则更为直接地提出了既要防止生态环境的继续破坏，扭转生态环境质量的继续下降的趋势，破除生态环境质量长期徘徊于较低水平的局面，更要积极、主动地对已经受损的生态环境进行修复，以全面提升生态环境质量，从而改善生态环境和生活环境。

此外，公民环境权的入宪也需要继续推进。以吕忠梅教授和蔡守秋教授等为代表的环境法学者为此进行了系统的研究。[1] 吕忠梅教授认为，以宪法形式规定公民环境权能够为生态文明建设提供"新法理"、解决环境法合法性的"权利基石"问题，既可以成为判断宪法是否为"良宪"的重要标准，也可以发挥基本权的主观权利维度和客观规范维度的功能。将环境权作为基本权利在宪法中加以规定，是环境保护入宪的一种重要方式。[2]

在宪法中明确公民的环境权既有利于对其进行保护，又有利于为公众参与环境保护提供宪法保障。在公民环境权入宪的前提下，那就意味着国家负有保障公民环境权并将其提高、维持到相当水平的义务。通过这种方式，国家环境义务也就得以在宪法层面得到确证。基于公共信托理论，公民的宪法环境权利也能为国家环境保护权力来源提供正当性支撑。

如此，一方面，国家保障公民环境权，必然需要不断改善生态环境质量，维护生态环境可持续发展，从而间接确证生态环境修复的正当性；另一方面，公民环境权及其实现的程度有赖于生态环境的可持续发

---

[1] 参见蔡守秋《环境权实践与理论的新发展》，《学术月刊》2018 年第 11 期。还可参见吴卫星《环境权的中国生成及其在民法典中的展开》，《中国地质大学学报》（社会科学版）2018 年第 6 期。

[2] 吕忠梅：《环境权入宪的理路与设想》，http：//www.tanjiaoyi.com/article-23692-1.html。

展，而生态环境修复是生态环境可持续发展的重要方式和路径，从这个意义上来看，公民环境权入宪及其实现的程度与生态环境修复之间形成了间接的依赖关系，从而也为生态环境修复在宪法层面的实现做了诠释和铺垫。

环境权作为一个类权利，必须能够同时涵盖人的生存性、理性和人格性三个层次的具体权利。但这三个层次在环境权体系中的地位是不一样的。环境权的具体层次，是与人的存在状态相对应的。作为一项独立的权利，环境权是一种具有层次性的权利，这同时也就意味着环境权是一种概括性的权利，可以分解为诸多的具体的环境权。环境权的初级层次是与人的动物性相对应的生命性环境权；环境权的高级层次是与人的理性相对应的理性环境权；环境权的本质层次是与人的人格性相对应的精神性环境权。如果把环境权的三个层次与传统民法理论与概念相对照，民法上与人的身体直接相关的生命权、健康权等就属于生命性环境权；财产权、环境资源权、环境使用权和处分权、日照权、通风权、安宁权、清洁水权、清洁空气权等则属于理性环境权；观赏权、景观权、环境舒适权、环境美学权、历史文化遗产瞻仰权等则属于精神性环境权。

从环境权的上述分层来看，生命性环境权和理性环境权入宪在操作层面和理论层面均较易实现，而精神性环境权的入宪则有可能面临较大的障碍。精神性环境权的权利内容具有高度抽象性和难以量化的特征，且对相对应的义务主体的义务范畴难以确定，因此，无论从权利确认的直接进路抑或是义务反证的间接进路，在当前尚难以达至。

综上可以得出三点结论：其一，实现生态环境修复法治，必须以生态环境修复在宪法层面的实现为前提和基础。其二，生态环境修复法治的实现程度也与生态环境修复能在多大程度上在宪法中得以实现为前提。其三，生态环境修复在宪法层面的实现可以通过两种方式，一是对宪法进行解释，间接地确证生态环境修复，二是通过宪法修改，直接阐明生态环境修复对于生态环境可持续发展和生态文明建设的关系，并以此实现生态环境修复在宪法层面的相对直接地实现。

二 生态环境修复在环保基本法层面的实现

从立法规范性的角度来看，《环境保护法》并非环境保护的"基本法"，但其在环境保护法体系中具有"基础性"的地位和作用，部分学者在著述中对此均予以认可。① 在环境法律体系中,《环境保护法》是宪法和其他单行环境法律的连接枢纽,实质扮演着环境保护基本法的功能。

生态环境修复立法在环境保护基本法层面的实现,必然会极大地推进我国生态环境修复立法的发展,促进生态环境修复在实践层面的展开,并进一步改善我国的生态环境状况。我国的环境保护基本法应体现生态环境修复时代的特征,反映生态环境修复的要求,表达生态环境修复的愿景。

虽然学界已有人零星地提出了《环境保护法》再次修改的话题,但从法的安定性和正义性及其之间相互关系的考虑,笔者并不赞同现在就对现行《环境保护法》再次进行修改。但是,可以通过对《环境保护法》中关于立法目的和基本原则的规定分别进行目的解释和逻辑解释的方式,进而完成生态环境修复在环境保护基本法层面的实现。

现行《环境保护法》第1条规定,为保护和改善环境,防治污染和其他公害,保障公众健康,推进生态文明建设,促进经济社会可持续发展,制定本法。从本条规定来看,《环境保护法》关于立法目的的宣示采用了"总项—子项"的体例,遵循了逻辑关联"由近及远""由紧及松"的结构。具体来看,"保护和改善环境"是立法目的的总项,而"防治污染和其他公害,保障公众健康,推进生态文明建设,促进经济社会可持续发展"均为子项。"保护和改善环境"与"防治污染和其他公害"之间是直接的单链逻辑关系,其逻辑黏度要强于"保护和改善环境"与"保障公众健康","保护和改善环境"与"推进生态文明建设","保护和改善环境"与"促进经济社会可持续发展"之间的关系。就"保障公众健康""推进生态文明建设""促进经济社会可持续发展"来看,"保障公众健康"显然属于具象范畴,具有明确的指向意义和规范性内容。而"推进生态文明建设"和"促进经济社会可持续发展"则带有目的扩张性和高度抽象性,难以给出直观的关联性判断,这就需要对"保护和改善环境"进行扩大解释和目的解释,而对"推进生态文明建设"和"促进经济社会可持续发展"进行限缩解释和当然解释。

从《环境保护法》立法目的的"总项"来看,依据字面含义和简单的逻辑,"保护和改善环境"显然既包括"被动防御性"的法律规范,也

---

① 汪劲:《环境法学》,北京大学出版社2006年版,第119—120页。

包含了对"主动进攻性"法律规范的要求，换言之，环境法律规范的规制目标应从不污染（破坏）或少污染（破坏）的单一维度，向不污染（破坏）或少污染（破坏）与修复已有污染（破坏）的双重维度转变。进言之，"改善环境"也确证无疑地提出了对受损生态环境进行修复的要求，只有受损生态环境得到修复，进而恢复健康（生态环境的基本结构得到修复，生态功能得到恢复），环境才能得到真正的改善。

从《环境保护法》立法目的的各"子项"来看，就"保障公众健康"而言，一方面，公众健康对生态环境的依赖越发明显，而生态环境结构是否健全，其功能能否发挥以及发挥的程度又决定着生态环境的状况，进而间接地影响着公众健康能否得到保障。另一方面，生态环境修复着力于生态环境结构的修复和生态环境基本生态功能的发挥，直接决定着生态环境的状况。由此不难得出这样一个结论，即生态环境修复是公众健康的重要保障。就"推进生态文明建设"来看，前文有关于生态环境修复与生态文明建设关系的论述，在此不再重复。就"促进经济社会可持续发展"而言，经济社会的可持续发展依赖于生态环境的可持续发展。从经济学来看，生态环境修复属于生态环境的再生产；从环境科学来看，生态环境修复属于生态环境容量的维护和拓展，是生态环境可持续发展的重要保障方式和途径。

综合上述分析可知，生态环境修复与《环境保护法》的立法目的之间具有紧密的关联，生态环境修复直接影响甚至决定着《环境保护法》立法目的能否实现以及实现的程度。

此外，还可以把我国环境法体系的完善与生态环境修复立法在环保基本法层面的实现结合起来。为此，我国的环境保护法应注意实现以下转变。一是由"被动防御性立法"向"主动恢复性立法"转变。正如前文所述，对于生态环境问题，我们不能局限于被动防御，而应进行主动的生态环境修复。二是环境法律规范由着眼于生态环境的消费阶段向生态环境的消费与生产阶段并重转变。现行环境法律规范绝大多数着眼于生态环境的消费阶段，试图通过规制人类消费生态环境的行为，从而保护生态环境。生态环境修复则强调促进生态环境再生产的顺利实施，进而实现生态环境可持续发展，更好地保护生态环境。三是以"禁止性立法"为主向以"鼓励性立法"为主转变。现行环境法律规范大多属于禁止性规范。生态环境修复需要社会主体的积极参与，因此，生态环境修复立法应以鼓励性规范为主。

三　制定"生态环境修复促进法"

从现实、理论和法律维度来看，制定"生态环境修复促进法"具有重要的价值。

从现实维度来看，生态环境修复直接关系到人类的生存和发展。受损生态环境不能得到及时有效的恢复是影响生态环境可持续发展和人类社会可持续发展的重要原因。制定"生态环境修复促进法"有利于促进生态环境修复，进而为生态环境问题的根本解决和生态环境危机的缓解提供法制保障。

从理论维度来看，生态环境问题的根源是人的行为和自然的演变，解决生态环境问题却主要依赖于人的行为。[①] 调整人的行为的规范包括宗教、道德和法律，它们可以统称为社会控制的手段。庞德认为："在近代世界，法律是社会控制的主要手段。"法治社会中，调整人的行为，实现社会控制目标的主要手段是法律。[②] "生态环境修复促进法"能为各个社会主体提供行为规范，促进社会主体采取积极的生态环境修复行为，从而形成合力，共同促进生态环境修复。从法律维度来看，制定"生态环境修复促进法"能整合现有立法资源，从而为生态环境修复提供充分的法制保障。

从法律维度来看，"生态环境修复促进法"以生态环境修复法律关系为调整对象，以生态环境修复权利和义务为主要内容，以宣示性、倡导性规范为主要内容形式，以鼓励生态环境修复行为为立法旨趣，以解决生态环境问题、缓解生态环境危机为终极目标。

"生态环境修复促进法"的立法要旨有以下几点：首先，"生态环境修复促进法"是宣示性立法。即通过"生态环境修复促进法"的制定来宣示我们对生态环境修复的倡导和重视。其次，"生态环境修复促进法"的法律位阶为中央立法，属于单项环境立法，与《循环经济促进法》处

[①] 包括"作为"和"不作为"两类。其中："作为"主要是指人恢复生态环境的行为，"不作为"主要指人破坏生态环境的行为。

[②] ［美］罗斯科·庞德：《通过法律的社会控制》，沈宗灵译，商务印书馆1984年版，第9—10页。

于相同的法律位阶。再次，"生态环境修复促进法"的内容应包括政府、企业和个人在生态环境修复中的权利和责任、生态环境修复的基本原则和价值追求、生态环境修复的组织与实施、生态环境修复的战略管理、生态环境修复的法律责任等内容。复次，"生态环境修复促进法"是宪法和环境保护基本法指导下的生态环境修复的专项立法，应为生态环境修复提供稳定的框架和规制体系。各省级地方政府应以此为依据，制定相应的实施办法等配套性立法。最后，"生态环境修复促进法"所确立的法律制度应与现行的法律制度相协调。

四　与非法律制度的衔接

生态环境修复立法与非法律制度的其他制度之间的衔接不仅关系到生态环境修复法律制度的实施成本与绩效，而且还关系到生态环境修复的实践。生态环境修复不仅需要法律制度提供保障，还需要以生态学、恢复生态学为代表的自然科学的知识增量与技术进步提供支持。此外，生态环境修复立法还需要社会层面的生态环境修复实践，以及社会文化、社会心理等社会意识范畴内相关制度的协助。生态环境修复立法与上述非法律制度之间的衔接，既是对生态环境修复立法提出的较高要求，又有利于减少生态环境修复法律制度运行的成本。

第二节　生态环境修复法治的制度贯彻

"制度"一词在《现代汉语词典》有两种基本含义，一是指大家共同遵守的办事规程或行动准则，二是指在一定的历史条件下形成的政治、经济、文化等方面的体系。① 制度的变迁与人类社会的文明进程之间有着紧密地联系，制度推动了人类从荒蛮走向文明，制度促使人类社会实现了从无序到有序的跨越。意大利学者朱塞佩·格罗索认为："一切社会均表现为一种制度或秩序；制度使秩序上升为规范，使支配社会成员的方式具有规范性特点。由此可以清楚地看到法律制度同有组织社会的形成之间的对

---

① 中国社会科学院语言研究所语词编辑室编：《现代汉语词典》，商务印书馆1983年版，第1492页。

应关系。"① 自法律产生以来，法律规定的主要载体就是各种法律制度，法律实施的本质就是法律制度的实施，法治进程离不开法律制度的健全和完善。受社会物质生活条件的制约，法的发展必然带有明显的时代特征，理念更新促使法的演进，而法的演进和发展必然以法律制度为载体和归宿。

　　生态环境修复将是我国未来环境保护的重点，生态环境修复立法及其法律制度的构建将是我国未来环境立法的重点。得出上述判断是基于以下几方面的认识：首先，生态环境危机日益加剧与环境保护立法之间存在巨大的反差，迫使我们反思现行环境立法，现行环境立法以预防生态环境污染和破坏为主，而对于已经破坏的生态环境修复问题，现行环境立法尚缺乏应对。事实上，从根本上扭转生态环境持续恶化的局面，需要通过生态环境修复立法，制定生态环境修复法律制度，恢复受损的生态环境。其次，以恢复生态学为代表的环境科学的技术进步和以环境经济学为代表的社会科学的知识增量为生态环境修复立法及其法律制度的构建提供了技术和知识保障。再次，生态环境修复与可持续发展之间存在紧密联系。通过对受损生态环境进行恢复，进而实现生态环境的可持续发展，保障整个社会的可持续发展必将被环保实践部门和立法部门所接受。最后，从我国环境立法理念、基本原则、价值依归、立法内容、法律意识等各方面的情况来看，我国的环境法正在实现生态化转向，由传统的环境保护法向生态环境法，由不可持续的环境法向可持续环境法转变已成为环境法学界的普遍共识。② 生态环境修复法属于生态环境法的基本范畴，环境法的生态化为我国生态环境修复立法及其法律制度的构建创造了良好的条件。

　　生态环境修复是我国法律面临的新命题，生态环境修复需要法律制度的保障，我国生态环境修复法律制度的完善应从两方面进行：一是对现有

---

　　① ［意］朱塞佩·格罗索：《罗马法》，史黄凤译，中国政法大学出版社 1994 年版，第 1 页。

　　② 舒国滢教授认为："法的演进体现着法律发展的积累性和总体的进步性。" 参见舒国滢《在法律的边缘》，中国法制出版社 2016 年版。环境法的演进应以环境法的前期演进成果为基础，体现为对前期环境法的发展和超越。我国法律的生态化已成为学界的普遍共识，环境法的生态化更是被环境法学界所推崇。以吕忠梅、蔡守秋教授、王树义、曹明德等为代表的学者们对环境法的生态化问题进行了较为深入的研究。部分研究成果已被立法部门所采纳。环境法生态化问题的研究成果，以及环境立法对学界研究成果的采纳等都将为我国下一阶段环境法的演进提供良好的条件。

生态环境修复相关法律制度进行完善，二是创设一些新的法律制度。就前者而言，需要完善包括生态环境产权制度、环境影响评价制度、防治外来物种入侵制度、生态环境补偿制度等。就后者而言，需要构建生态环境规划制度、生态环境价值评估制度、区域生态环境修复的招投标制度、生态环境修复保证金制度等。

一　生态环境产权制度

生态环境产权制度源于产权经济学中的产权制度。著名产权经济学家巴泽尔对产权的定义是：个人对资产的产权由消费这些资产，并从资产中取得收入和让渡这些资产的权利和权力所构成。① 哈罗德·德姆塞茨给出了产权经济学关于产权的经典定义：产权是使自己或他人受益或受损的权利。生态环境产权是指社会主体对生态环境所拥有的产权。通过行使生态环境产权，可以使自己或他人受益或受损。生态环境产权制度由生态环境产权界定制度、产权交易制度和产权保护制度所构成。生态环境产权制度是产权理论之于生态环境的运用，是产权制度理论移植到生态环境保护领域的创新。

生态环境产权制度以承认生态环境的价值为前提。生态环境具有经济和生态价值。生态环境是人类生存和发展的物质前提。生态环境为人类的生存和发展提供各种自然资源和能源，人类生存和发展所需的所有物质资料都来源于生态环境。同时，生态环境还为人类的生存和发展提供空间和场所。除此之外，生态环境内部各要素的组合构成各种生态系统，生态系统的结构及其生态功能也与人类的生产和生活有着密切的联系。生态环境为人类提供有形的物质资料和无形的生态环境容量，整个地球生态环境是人类共同的财富。

受"产权实物观"的影响，传统的产权理论认为，产权是一种实物形态的东西。受此影响，在生态环境领域一直没有明确地提出产权概念。传统观念认为，对于生态环境这种无形之物可以无偿地获取。生态环境产权制度成为经济学和法学研究所忽视的问题。随着社会的发展，生态环境问题表现得越来越明显，生态环境危机成为人类生存和发展道路上必须要

---

① ［美］巴泽尔：《产权的经济分析》，费方域、段毅译，生活·读书·新知三联书店1997年版，第2页。

解决的问题。人类开始从各个层面和领域展开了反思，期望找到解决生态环境问题、应对生态环境危机的对策。在经济学领域，对传统产权理论的重新审视和反思促成了产权理论在生态环境领域的运用。特别是运用产权理论治理生态环境污染等"外部性"问题取得了一定的成效，更是促成了产权理论在生态环境保护领域的运用和发展，生态环境产权的观念逐步得到了普遍的认可。① 生态环境产权制度的提出体现为对传统产权理论的超越。

生态环境产权具有可分割性、延续性和价值性特征。生态环境产权的可分割性是源于产权的可分割性和生态环境的可分性。就产权的可分割性来看，产权经济学研究表明，产权能界定而且可分。产权的可分割性是多种产权安排的理论前提。正是基于产权的可分割性，各个产权主体对属于自己的产权负责，对自己的产权行使排他性的权利。同时，基于理性预期，产权交易才得以发生。从生态环境的可分性来看，生态环境本身是一个大的生态系统，生态环境系统由若干子生态环境系统所构成，因而，生态环境系统具有可分性。生态环境产权的延续性是指，生态环境产权既可以为当代人所享有，还可以为后代人享有。生态环境不会随着一次性消费而消失，生态环境及其生态功能有历史延续性。生态环境产权的延续性要求当代人在行使产权权利的同时，还应当考虑后代人享有生态环境产权的可能。就生态环境产权的价值性来看。马克思的价值理论学说认为，价值是凝结在商品中的无差别的人类劳动，是抽象劳动的结果。人类对生态环境的改造促使生态环境凝结了人类无差别的劳动，因而生态环境具有价值性。而且，生态环境不仅具有经济价值，还具有生态价值。生态环境的经济价值主要通过各种自然资源和能源表现出来，而生态环境的生态价值则主要表现为生态环境作为生态系统所具有的各种生态功能。

改革开放以来，为适应市场经济发展的要求，我国开始探索建立适应市场经济要求的生态环境产权制度，经过 40 年的发展，我国初步建立了与社会主义市场经济相适应的生态环境产权制度。但是，生态环境的污染

---

① 目前学界研究的用语还比较混乱，对生态环境产权的称谓有环境产权、环境资源产权、自然资源产权和环境产权等。学界对生态环境产权称谓的混乱从侧面反映了对这个问题研究的不足。笔者认为，"生态环境产权"的称谓更为合理。生态环境产权不但包含传统环境产权、自然资源产权和环境资源产权，还将生态环境所具有的生态服务功能纳入产权的范畴，因而，生态环境产权的称谓更为合理。

与破坏、自然资源的不合理开发和利用、生态环境系统承载力下降的客观情况反映出我国生态环境产权制度还存在问题。

首先，我国的生态环境产权界定制度不健全。巴泽尔认为，产权界定越明确，财富被无偿占有的可能性就越小，因此，产权的价值就越大。[①]由此可见，产权清晰和产权细化既是衡量产权界定制度是否健全的评判指标，也是市场经济的必然要求。现行的生态环境产权界定制度以生态环境中有形的自然资源产权界定为主，而对生态环境的无形的生态功能的产权界定却有所忽视。生态环境之于人的意义不仅仅是简单的物质资料和能源，生态环境系统的生态功能为人类的活动提供了良好的场所，为人类的生活提供便利条件。因此，对无形生态功能产权的界定应是我国生态环境产权界定制度的应然内容，但就目前的情况来看，生态环境产权界定制度还存在缺失。

其次，我国生态环境产权主体制度也有缺失。生态环境产权主体制度的缺失主要表现为产权权利主体的"虚位"和产权权利主体与实际使用权主体的分离两个方面。以生态环境产权中的农村土地资源产权为例。按照我国的宪法和相关法律，我国的农村土地属于集体所有，现行农村集体土地所有权的主体有三个：乡镇农民集体、村农民集体和村内各集体经济组织或者村民小组。有学者认为，集体所有的实质，就是集体成员的共同共有。但是，一方面集体的大小、集体成员的构成（共同共有者的构成）以及集体所有土地的范围是变动的；另一方面集体成员在各个集体之间流动的频繁。以上两方面的原因致使我们无法从法学、社会学或者管理学的角度对"集体"这个概念的外延和内涵做一个明确的界定。换句话说，"集体"这个概念的不确定性造成了农村土地所有权的权利主体的不确定。权利需要由明确的主体掌握，权利的存在才有价值。"农村土地集体所有制"中"集体"界定的模糊不但会让我们对农村土地所有权这个权利的存在价值产生合理的怀疑，而且也必然会影响到"农村土地集体所有制"这个制度的基础，进而质疑农村土地集体所有制的存在价值。[②] 就产

---

① ［美］巴泽尔：《产权的经济分析》，费方域、段毅译，生活·读书·新知三联书店1997年版，第6页。

② 邓禾、王江：《我国农村土地资源经营制度的完善——从物权法的视角考察》，《广州大学学报》（社会科学版）2007年第6期。

权权利主体与使用权主体分离来看，通过产权交易制度，我国的产权主体与实际使用权主体之间存在较为显著的分离现象。从追求经济效益来看，产权主体与实际使用权主体的分离有利于生态环境中各种自然资源的配置，但从生态环境的保护和恢复来看，这种分离既不利于对生态环境的保护，又不利于对受损的生态环境进行及时的恢复。

再次，生态环境产权交易制度存在缺失。目前的生态环境产权交易主要以自然资源和能源的产权交易为主。生态环境产权交易制度的缺失集中体现在自然资源和能源产权交易制度上。自然资源和能源产权交易的价格与其价值严重脱节，背离了马克思主义政治经济学的价值规律。也就是说，在自然资源和能源交易的一级市场，自然资源和能源产权的交易价格不能正确反映作为生态环境系统重要生态因子的自然资源和能源的真正价值。生态环境系统中的各种自然资源和能源是生态环境的重要组成因子，它们对生态环境系统功能的发挥具有重要的作用。此外，在自然资源和能源产权交易的二级市场，即自然资源和能源产品的交易价格来看，各种自然资源和能源产品交易的价格普遍偏低。以水、土地和矿产资源这些传统工业化中的三大要素产品的交易价格为例，目前，这三大要素产品的交易价格构成并不完全。例如，目前我国绝大多数的采矿企业没有将矿区生态环境修复、治理的费用纳入生产矿产资源产品的生产成本。对自然资源和能源生态价值的忽视，进而导致自然资源和能源产品的交易价格严重背离其价值，不利于自然资源和能源的节约，也不利于生态环境的保护。

最后，生态环境产权保护制度存在缺失。生态环境产权保护制度的缺失集中体现在对生态环境产权主体权利的保护上。由于对公权力机关以追求社会公共利益的名义侵占私有产权的行为缺乏有效的监督和制约，私有产权在公权力面前显得非常弱势，现实生活中私有产权主体受到公权力侵害的情况层出不穷。生态环境产权是一种权利束，存在所有权主体、使用权主体、转让权主体和实际占有权主体等多个权利主体，也存在"公"和"私"两类主体。此外，还存在所有权收益、使用权收益、转让权收益等多种收益。在生态环境保护和修复领域，现行的生态环境产权保护制度在细化各类、各个主体的责、权、利方面还比较薄弱。

完善以生态环境修复为目标导向的生态环境产权制度是我国环境保护和相关立法的重要问题，笔者认为，应从以下几个方面完善我国生态环境产权制度。

一是完善生态环境产权制度应以有利于减少生态环境污染和破坏，从而减轻生态环境受损，减低生态环境修复的强度和规模为主要的目标。二是通过立法明确生态环境产权制度，将传统的环境产权扩大为生态环境产权，将有形的矿产资源、能源和无形的生态环境系统的生态功能都纳入产权对象范畴。当生态环境受损时，以恢复生态环境系统基本生态功能为目标指向的生态环境修复能通过产权保护立法得以实现。三是立法要明确各个产权主体的产权范畴，明确公有产权和私有产权的权利边界，并对生态环境的公有产权和私有产权进行平等的保护。四是当生态环境的所有权主体、使用权主体和实际经营权主体发生分离时，立法要明确各个主体的责、权、利。建议由生态环境所有权主体承担生态环境修复的主要责任，生态环境使用权主体和实际经营权主体承担次要责任。五是改革现行生态环境资源的价值评估机制。通过将生态环境修复成本纳入成本核算，从而节约资源和能源，减少生态环境的污染和破坏。六是对公权力进行监督，对私人行为进行引导，确保生态环境资源的配置、流转和使用朝有利于生态环境保护，减少生态环境受损的方向发展。七是在配置生态环境资源时，应以生态环境利益为首要的考量指标。同时，可考虑建立生态环境修复诚信档案制度，对积极进行生态环境修复的主体，赋予其优先权。

二　环境影响评价制度

环境影响评价制度最早由 1969 年的《美国国家环境政策法》所确立。该法第二节规定："在对人类环境质量具有重大影响的每一项建议或立法建议报告和其他重大的联邦行动中，均应由负责官员提供一份包括下列各项内容的详细说明：第一项：拟议中的行动将会对环境产生的影响；第二项：如将建议付诸实施，不可避免地将会出现的任何不利于环境的影响；第三项：拟议中的行动的各种选择方案；第四项：地方上对人类环境的短期使用与维持和加强长期生产能力之间的关系；第五项：拟议中的行为如付诸实施，将要造成的无法改变和无法恢复的资源损失。"环境影响评价制度是环境影响评价在法律制度上的表现，是环境影响评价活动的法律化和制度化，是对环境影响评价活动和行为进行规范的行为准则。环境影响评价制度是指在政策规划、工程建设、各项开发活动及其他可能对周围生态环境产生影响的行为实施之前，实现对该政策规划、工程建设或开发活动的可能对周围环境产生的影响，进行调查、预测和评估，提出预防和治理措施的法律制度。①

　　以是否有利于生态环境修复为评价标准审视我国目前的环境影响评价制度，现行环境影响评价制度尚有不足：忽视对生态环境系统的生态功能影响的评价。现行环境影响评价制度主要着眼于评价政策规划、建设项目等对生态环境的宏观影响。而对各种生态环境的开发和利用活动造成的微观层面的生态环境影响，现行环境影响评价制度尚无相应规定。也就是说，对生态环境系统的生态功能有可能受到政策规划、工程建设项目以及各项开发活动的影响而发生不利后果的风险，现行的环境影响评价制度缺乏足够的预见和防范。生态学研究表明，生态环境是一个由若干子生态系统所构成的大的生态系统。在排除人为干扰和自然破坏的情况下，生态环境系统内部的各生态因素的运动、变化和发展完全遵循生态规律进行。在生态规律的作用下，生态环境系统内部维持着动态的平衡。但是，人为干扰和自然破坏打破了生态环境系统内部的平衡，生态破坏和退化导致生态秩序趋于崩溃。从某种角度来看，生态环境危机就是生态环境系统内部失衡、生态秩序无力维持的集中体现。而生态环境系统内部的失衡通过生态环境功能退化表现出来。

　　综合以上分析，本书认为，其一，环境影响评价制度既要着眼于对政策规划、工程建设和各项开发活动对宏观层面环境的影响进行评价，还应重点关注各项生态环境开发和利用活动对属于微观层面的生态环境的各项生态功能是否造成不利影响进行评价。其二，现行的环境影响评价制度以提出预防和治理的方案和措施为重点，当出现环境影响评价不当给生态环境造成不利影响时，现行环境影响评价制度缺乏应对。当出现环境影响评价不当，从而产生较为严重的生态环境破坏时，首要的应对之策是进行生态环境修复，尽可能地恢复生态环境系统的结构和功能。当出现环评不当而对生态环境救济不力的情况时，现行的环境影响评价制度还缺乏足够的风险规避和应对之策。其三，现行环境影响评价制度主张对生态环境进行治理，从而消解生态环境受到的不利影响。对于生态环境治理和生态环境修复之间的区别，前文已有论证。简而言之，生态环境治理体现的是以人的主观意志对生态环境进行改造，而生态环境修复则强调在遵循生态环境自我演替和发展规律的基础上，通过人为的积极干预恢复生态环境系统的

---

① 曹明德：《生态法新探》，人民出版社 2007 年版，第 250 页。

结构和功能，从而扭转生态环境整体质量下降的趋势。生态环境治理注重过程，而生态环境修复更强调结果。在当前生态环境整体形势日益恶化的情况下，更应强调生态环境修复。因此，应将现行的环境影响评价制度从注重治理转变到注重生态环境修复上。其四，现行环境影响评价制度体现的公众参与不够，无法对生态环境修复进行持续性的全程监督。《环境影响评价法》《环境影响评价公众参与暂行办法》都有公众参与环境影响评价的相关规定。但我国环境影响评价制度中的公众参与仍然存在问题。主要表现为环境影响评价中的公众参与权不具体；环境信息公开制度存在缺失，公众获取相关信息的机制不顺畅；公众参与缺乏有效的发展保障等问题。公众参与环境影响评价方面存在的上述不足，既影响到对环境影响评价的监督，又不利于对生态环境修复进行持续性的跟踪监督。其五，我国现行的环境影响评价制度规定的法律责任过轻，有为评价而评价、放纵违法行为之嫌。该法律责任的严厉承担与其有可能造成的社会危害程度之间有明显的脱节。

笔者认为，为促进生态环境修复，应从以下几个方面着手完善我国现行的环境影响评价制度：

一是扩大环境影响评价的范畴，原则上对有可能造成生态环境污染和破坏，从而导致生态环境受损的活动都应纳入环境影响评价的范畴。二是将环境影响评价的对象从宏观层面的环境转向微观层面的生态环境系统的结构和基本生态功能。既注重对宏观层面环境受到的影响进行评价，又注重对微观层面生态环境系统的结构和功能受到的不利影响进行评价。三是由提出预防和治理措施转变为提出预防和生态环境修复措施。四是加强公众对环境影响评价的全过程参与，确保公众获取环境影响评价全过程的信息。同时，还应将公众的参与和监督引入对受损生态环境的恢复过程中，形成对生态环境修复的全过程监督机制，确保受损生态环境能得到及时有效的恢复。五是注意环境影响评价制度与相关制度的协调。例如，以是否具有科学、完备的生态环境修复规划作为颁发行政许可的必备条件。以此来确保因建设项目和采矿活动而受损的生态环境能得到有效的恢复。

三　防治外来物种入侵制度

生态学研究表明，生态多样性的减少是生态环境系统退化的重要表现。因生物多样性减少而增加的生物多样性危机是生态环境危机的表现之一。生物多样性减少的原因有多种，其中，外来物种入侵是我国生物多样性降低的重要原因。外来物种入侵对生物多样性的危害仅次于生态环境系统的退化对生物多样性造成的危害。

外来的入侵物种直接或间接地影响我国的生态环境质量。一方面，外来物种入侵会严重破坏生物的多样性，并加速本地物种的灭绝。外来的入侵物种通过竞争占据本地物种生态位，排挤本地物种，与本地物种竞争食物或分泌释放化学物质，抑制本地物种生长，扼杀当地物种，使当地物种的种类和数量减少，甚至濒危或灭绝，从而威胁本地生物的多样性。①

另一方面，外来物种入侵会严重破坏生态平衡。外来物种入侵，会对植物土壤的水分及其他营养成分，以及生物群落的结构稳定性及遗传多样性等方面造成影响，从而破坏当地的生态平衡。② 另外，外来物种入侵会改变一定区域内生态环境系统的结构，对生态环境系统的生态功能造成影响，从而导致一定区域内生态环境的退化。防治外来物种入侵既有利于遏制我国生态多样性减少的趋势，维护我国的生态环境安全；又有利于恢复我国生态环境系统的生态平衡；还有利于对我国因生物多样性减少而受损生态环境的修复。

目前，我国还没有防治外来物种入侵的专项立法，相关规定还比较零散。现行的防治外来物种入侵的法律制度主要有以下四类：

一是在一些环境保护法和自然资源法中有一些零散规定。如《野生植物保护条例》第1条将"保护生物多样性，维护生态平衡"明确纳入其立法目的范畴。《海洋环境保护法》第25条明确规定，引进海洋动植物物种，应当进行科学论证，避免对海洋生态系统造成危害。《渔业法》第16条也规定，水产苗种的进口、出口由国务院行政主管部门或各省、自治区、直辖市人民政府渔业行政主管部门审批。

二是关于动植物卫生检疫方面的法律法规。其中以《进出境动植物检疫法》《进出境动植物检疫法实施条例》《植物检疫条例》和《植物检疫

---

① 胡珀：《外来物种入侵及其法律防治体系构建》，《求索》2005年第11期。

② 例如，引自澳大利亚而入侵我国海南岛和雷州半岛许多林场的外来物种薇甘菊，由于这种植物能大量吸收土壤水分从而造成土壤极其干燥，对水土保持十分不利。此外，薇甘菊还能分泌化学物质抑制其他植物的生长，曾一度严重影响林场的生产与发展。参见解焱、李振宇、汪松《中国入侵物种综述》，载《保护中国的生物多样性》（二），中国环境科学出版社1996年版，第91—106页。

条例实施细则》为代表。《进出境动植物检疫法》规定对于进出境的动植物、动植物产品和其他检疫物，装载动植物、动植物产品和其他检疫物的装载容器、包装物，以及来自动植物疫区的运输工具，都必须依法实施检疫，以防止动物传染病、寄生虫病和植物危险性病、虫、杂草以及其他有害生物传入、传出国境，从而保护农、林、牧、渔业生产和人体健康，促进对外经济贸易的发展。此外，还有一些与上述法规相配套的部门规章。如《进境动物一、二类传染病、寄生虫名录》《禁止携带、邮寄进境的动物、动物产品和其他检疫物名录》《进境植物检疫危险性病、虫、杂草名录》《进境植物检疫禁止进境名录》《出入境人员携带物检疫管理办法》等。以《出入境人员携带物检疫管理办法》为例，该法第 7 条规定，携带植物种子、种苗及其他繁殖材料入境，必须事先按照相关规定办理检疫审批手续；因特殊情况无法事先办理的，应当按照有关规定申请补办动植物检疫审批手续。携带前款规定之外的动植物、动植物产品入境，按照有关规定需要办理检疫审批手续的，应当事先向国家质检总局申请办理动植物检疫审批手续。第 17 条规定，携带允许进境的植物种子、种苗及其他繁殖材料入境的，必须提供《引进种子、苗木检疫审批单》或者《引进林木种子、苗木和其他繁殖材料检疫审批单》。

三是我国加入的一些防治外来物种入侵方面的国际公约。如《生物多样性公约》《濒危野生动植物种国际贸易公约》和《卡塔赫纳生物安全议定书》。

四是我国制定的一些防治外来物种入侵方面的配套政策。如《生物多样性保护行动计划》《生物多样性国情研究报告》《中国履行生物多样性公约国家报告》《全国生态保护纲要》《关于加强外来入侵物种防治工作的通知》和《生态功能保护区规划编制大纲》等。

基于外来物种入侵与我国生态环境系统退化之间存在的紧密联系，防治外来物种入侵对于我国受损生态环境的修复具有重要的意义。从总体上来看，我国现行防治外来物种入侵方面的法律制度存在诸多缺失，无法满足防治外来物种入侵、保护生物多样性的要求。从是否有利于生态环境修复出发，审视我国现行的防治外来物种入侵方面的法律制度，其缺失集中体现在现行制度的立法目的上。现行法律制度所反映的立法目的存在偏差。例如《进出境动植物检疫法》第 1 条规定，为防止动物传染病、寄生虫病和植物危险性病、虫、杂草以及其他有害生物（以下简称病虫害）

传入、传出国境，保护农、林、牧、渔业生产和人体健康，促进对外经济贸易的发展，制定本法。《植物检疫条例》第1条规定，为了防止危害植物的危险性病、虫、杂草传播蔓延，保护农业、林业生产安全，制定本条例。由此可窥见，我国现行防治外来物种入侵方面法律制度的目标导向是经济利益的保护。对于外来物种入侵有可能对生态环境及其生态功能带来危害的危险，现有立法还缺乏充分的预判、相应的法律制度也不健全。

完善我国现行防治外来物种入侵法律制度的关键是对我国生态环境危机、生物多样性水平降低、生态环境系统退化、生态环境功能丧失等现象之间的联系有科学的认识。以此为前提，以维护我国生态环境质量，受损生态环境得到及时、有效恢复，促进我国生态环境可持续发展为目标导向和评价标准，检视现行法律制度的缺失，并完善相关立法。

四　生态环境补偿制度

生态环境补偿简称为生态补偿。生态补偿有狭义和广义之分。狭义的生态补偿是指对由人类社会经济活动给生态环境造成污染和破坏的补偿、修复和综合治理等一系列活动的总称；广义的生态补偿还应包括对因环境保护而丧失发展机会的区域内的居民进行的资金、技术、实物上的补偿、政策上的优惠，以及为增进环境保护意识，提高环境保护水平而进行的科研、教育费用支出。①

以是否有利于生态环境修复为检验标准，审视我国现行生态环境补偿制度，现行制度的缺失集中体现在以下三个方面。

其一，生态环境补偿制度的设计理念有偏差。生态环境补偿制度设计理念的偏差表现为：一是将生态环境补偿误解为目的。生态环境补偿仅是一种带有明确指向性的行为。生态环境补偿的本质是应对生态环境问题，缓解生态环境危机的一种手段而非目的。二是将生态环境修复补偿的客体限定为人。传统意义上的补偿对象局限于人，而对人的行为所造成污染和破坏的生态环境却被排除在补偿的客体范畴之外。

其二，生态环境补偿制度存在逻辑性障碍。以"谁开发、谁保护，谁破坏、谁恢复，谁受益、谁补偿，谁污染、谁付费"为指导原则构建起来的生态环境补偿制度存在逻辑性障碍。现行的生态环境补偿制度以污染者

---

① 黄锡生：《矿产资源生态补偿制度探究》，《现代法学》2006年第6期。

或破坏者的明确为前提，而对于污染者或破坏者不明，但生态环境损害又客观存在，以及有非人为原因导致生态环境损害的情况，现行的生态环境补偿制度还缺乏应对。事实上，现实生活中大量的生态环境污染和破坏往往无法找到明确的责任者。

其三，生态环境补偿的客体范围过窄。究其原因还在于我们对生态环境补偿的应有内涵认识不够。从法律层面来看，生态环境补偿包括对生态环境自身的补偿、对人的补偿、对生态风险的补偿和对保护治理生态环境的补偿。在道德层面，生态补偿是怀着感恩的心情，反哺环境，回馈自然，回报自然以及尊重关爱自然的人们。在法律层面，至少包括以下几个方面：一是从事对生态环境有影响的行为时对生态环境自身的补偿。如修建大坝时，环境评价报告中要求必须修建的巡鱼通道。这体现了人与自然的关系。二是开发利用环境资源时对受损的人们的补偿。这是我们经常提到的生态补偿的含义。三是开发利用所带来的生态风险（包括对环境的风险和对人的风险）的补偿。这种补偿针对的是环境风险的不确定性。如设立的生态风险基金。这既体现了人与自然的关系又体现了人与人的关系。四是对保护、治理生态环境的补偿，包括对因保护环境所带来的机会丧失的补偿。如退耕还林、还草的补偿金。① 生态环境补偿的客体既包括人，还包括人类所依附的生态环境。而现行的生态环境补偿制度将生态环境排除在补偿客体范围在外。

其四，生态环境补偿的目的是通过设立一种补偿机制实现以生态环境利益为主要内容的社会公平。这种社会公平的物质前提有两个：一是生态环境利益的存在，二是生态环境利益能维持在一定的水平之上。这两个条件的实现有赖于对受损生态环境的及时、有效修复。因此，生态环境补偿的首要前提应是对生态环境进行修复。按照国际通行的观点，生态环境补偿制度的核心制度有两个方面：一是破坏者恢复，二是受益者补偿。但现行制度主要集中于对受益者进行补偿，对于破坏者恢复，甚至破坏者不明时生态环境的恢复，现行环境立法和相关制度都缺乏应对。

生态环境修复为生态环境补偿的实现提供了可能，也为生态环境补偿法律制度的评价提供了标准。应从以下几个方面完善我国的生态环境补偿制度：

---

① 王清军、蔡守秋：《生态补偿机制的法律研究》，《南京社会科学》2006年第7期。

　　一是扩大生态环境补偿的客体范畴，将对生态环境的补偿引入现行法律制度中。二是转变理念，明确这样一个理念，即生态环境补偿不是最终目标，而是实现以生态环境利益为内容和载体的社会公正的实现手段和措施。在这个前提下，以生态环境补偿为起点，启动生态环境修复，最终实现以生态环境利益为主要内容的社会公正。三是完善污染者和破坏者不明时，生态环境修复的相关规定。立法应明确规定：当污染者和破坏者不明时，应以国家和地方政府为主体，对受损生态环境进行恢复。

五　生态环境规划制度

　　生态环境规划制度简称为生态规划制度。生态规划制度是指国家根据各地区的生态环境条件、自然资源状况和社会经济发展的需要，对自然资源的开发和利用、城市及村镇建设、工农业生产布局、基础设施建设等，在一定时期内所做的总体安排，以便达到其预定的生态目标。生态环境规划是开展生态环境保护的前置程序。生态环境规划制度又以生态环境信息调查和统计制度、生态环境功能区划制度为核心内容。生态环境的信息调查和统计是指对各地区生态环境信息进行的调查和统计。这些信息和数据涵盖全国生态环境的总体资源禀赋、各地区的资源禀赋、生态环境的容量信息、全国和各地区的生态环境状况，全国和各地区的生态环境阈值以及经济、人口等信息。只有在对这些信息有充分了解的基础上才能对生态环境的功能区划进行科学的划分。

　　全国生态功能区划是在全国生态调查的基础上，分析区域生态特征、生态系统服务功能与生态敏感性空间分异规律，确定不同地域单元的主导生态功能，制定全国生态环境功能区划。生态环境功能区划制度是指，在生态现状调查、生态敏感性与生态服务功能评价的基础上，分析其空间分布规律，确定不同区域的生态功能，提出全国生态功能区划方案的制度。全国生态功能区划是生态保护工作由经验型管理向科学型管理转变、由定性型管理向定量型管理转变、由传统型管理向现代型管理转变的一项重大基础性工作，是科学开展生态环境保护工作的重要手段，是指导产业布局、资源开发的重要依据。

　　生态环境功能区划应以人与自然和谐相处、尊重自然生态环境发展规律、生态环境优先为基本原则。根据不同区域的生态环境状况，我国的国土可划分为优先开发区、重点开发区、限制开发区和禁止开发区四类。结合我国目前生态环境保护和监管的实际情况，应采取分类管理和分区域管理相结合的办法进行生态环境监管。在此基础上，针对不同的生态环境功能区，制定对应的生态环境保护、开发和利用的制度。

六　生态环境价值评估制度

生态环境价值评估制度是指对自然生态环境的生态价值、经济价值和社会价值进行测算，从而为生态环境保护提供参考的规制和运行机制的总称。对生态环境系统内部所包含资源的价值和生态环境系统的生态功能进行货币化评估，从而计算出生态环境的价值，既有利于对生态环境资源进行配置和流转，又有利于促进生态环境的恢复、保护生态环境。

生态学研究表明，生态环境是一个庞大复杂的生态系统，在"人—生态环境"这一系统中，生态环境系统提供四种服务，即为人类提供生产资料，为经济系统输入原材料；维持生命系统，如自然界的光合作用是人类赖以生存的源泉；为人类提供丰富多彩的舒适性服务，如享受、美学价值等；分解、转移、容纳经济活动中的残余物等。① 然而，"由于这些服务中总有一些能够产生外部效应和公共物品，因此也就不能依赖市场力量使之达到效用最大化，同时也不能通过市场来提示其反映真实社会价值的价格"。这就意味着，一个自由化的市场体系不可能产生出最优的资源配置。② 即使在产权制度较完备的情况下，仍然需要对生态环境价值进行评估与测算。对生态环境价值进行评估是生态环境战略管理的前提和依据，生态环境战略管理有赖于对生态环境价值进行科学的评估。

生态环境价值评估制度包括以下几个方面的内容：一是生态环境价值评估的主体。生态环境价值评估应由生态环境价值评估的专业机构进行，确保评估的科学性和客观性。二是生态环境价值评估的原则和方法。生态环境价值评估应以客观、公正和科学评估为原则。生态环境价值评估应通过公开招标的方式，选取有资质的专业机构进行独立的评估。三是生态环境价值评估要实现信息公开，确保公众和市场主体能充分了解生态环境价

① ［美］伦纳德·奥托兰诺：《环境管理与影响评价》，郭杯成等译，化学工业出版社2004年版，第89—90页。

② ［美］迈里克·弗里曼：《环境与资源价值评估》，曾贤刚译，中国人民大学出版社2002年版，第36页。

值评估的信息，从而确保市场主体能获取及时的信息，为市场主体进行交易提供便利。四是要体现公众参与。在对生态环境价值评估信息有充分了解的情况下，引入公众监督机制对配置生态环境资源的行为进行监督，实现生态环境资源的高效配置。

七　生态环境修复的招投标制度

招投标，是在市场经济条件下进行大宗货物的买卖，工程建设项目的发包与承包，以及服务项目的采购与提供时，所采取的一种交易方式。生态环境修复的招投标制度是指由政府环保部门提出生态环境修复项目方案，由政府集中采购中心具体组织，将生态环境修复纳入政府采购目录，通过招投标的方式确定生态环境修复项目的承担人，具体进行生态环境修复的方式、方法的总称。

在生态环境修复的组织实施中引入招投标机制既有法律依据，又有重要意义：

首先，对生态环境修复实施招投标管理符合相关法律的规定。《招投标法》第3条规定，在中华人民共和国境内进行下列工程建设项目包括项目的勘察、设计、施工、监理以及与工程建设有关的重要设备、材料等的采购，必须进行招标：大型基础设施、公用事业等关系社会公共利益、公众安全的项目；全部或者部分使用国有资金投资或者国家融资的项目；使用国际组织或者外国政府贷款、援助资金的项目。生态环境修复资金的主要来源是政府财政，此外，生态环境修复具有典型的"服务性"特征。因此，将生态环境修复项目纳入政府集中采购目录具有法律依据，对生态环境修复项目实施招投标管理也有法律依据。

其次，以招投标的方式对生态环境进行修复有利于将政府环保部门从复杂的事务中解放出来，促进政府职能转变。生态环境修复具有很强的科学性和专业性，实践证明，由政府环保主管部门进行具体的生态环境保护和修复的效果并不理想。通过招投标的方式，将生态环境修复发包出去，政府承担发包方的权利和义务，负责对生态环境修复过程进行监督和控制，并对生态环境修复进行项目验收，既有利于生态环境修复，又有利于促使政府环保主管部门职能的转变。

再次，生态环境修复的招投标有利于促成生态环境修复市场的培育。

生态环境修复属于环保产业的范畴。① 环保产业被称为 21 世纪的朝阳产业，具有很大的发展前景。培育生态环境修复市场需要政府遵循市场机制的运行规律，将生态环境修复项目以招投标的方式组织实施，既有利于引导市场主体的发展，又有利于扩大生态环境修复市场的影响。

最后，生态环境修复的招投标制度是对传统观念的突破，以建立生态环境修复招投标制度为代表，将市场机制引入生态环境的修复，运用市场机制实现生态环境修复既有利于促进政府职能转变，又有利于生态环境修复资金的高效使用，还有利于鼓励各种经济成分积极参与、培育生态环境修复市场。

生态环境修复的招投标应包括以下几个方面的程序：首先，由环保行政主管部门就一定区域内的生态环境修复编制计划，并提交政府集中采购部门。其次，由政府集中采购部门就生态环境修复项目进行公开招标，在有资质的生态环境修复专业机构和组织中，通过竞标方式确定生态环境修复项目的承包方。再次，由环保行政主管部门对生态环境修复进行监督。最后，由专业生态环境修复评价组织对生态环境修复项目进行评估。

此外，还应拓宽生态环境修复资金来源，建立多元化的生态环境修复融资渠道。生态环境修复的资金可包括以下来源：造成生态环境损害的责任主体缴纳的罚款、罚金，政府财政支出，扣缴的生态环境修复保证金，通过项目融资方式获取的资金，通过债券、彩票等方式募集的资金以及公益捐赠等。对于生态环境修复资金的使用，应建立专门的资金使用监督机制。建立健全项目投资决策机制，项目资金预算、决算和审计机制等，确保生态环境修复过程中资金使用的安全、合法和效益。

八　生态环境修复保证金制度

生态环境修复保证金是指为保证受损生态环境得到及时、有效的恢复而向生态环境的潜在污染者和破坏者收取的现金、担保债券、财产证书、存款单、不可撤销信用证、信托基金、法人担保、政府债券、可转让债券、保险等财物。生态环境修复保证金属于担保方式的一种。生态环境修复保证金制度是"谁污染，谁负责；谁破坏、谁恢复"责任原则的制度

---

① 环保产业是指在国民经济结构中，以防治环境污染、改善生态环境、保护自然资源为目的而进行的技术产品开发、商业流通、资源利用、信息服务、工程承包等活动的总称。

保障，对生态环境修复具有极其重要的意义。

目前，我国各级地方政府普遍建立了以"矿区生态环境修复治理保证金制度"为代表的生态环境修复保证金制度。但是，现行的法律制度有如下弊端。其一，名称不统一。例如，《宁夏回族自治区煤炭资源勘查开发与保护条例》规定对煤矿企业实行矿山地质环境治理保证金制度，煤矿企业应当按规定缴纳矿山地质环境治理保证金，用于矿山环境治理和生态恢复；《山东省深化煤炭资源有偿使用制度改革实施方案》和《重庆市矿山环境治理和生态恢复保证金管理暂行办法》则将其称为"环境治理和生态恢复保证金"。而深圳市《关于调整深圳市自然生态环境治理保证金标准的通知》中则将其称为"自然生态环境治理保证金"。其二，保证金的征收标准不统一。各地方政府制定的保证金标准之间有较大差距，这种情况不利于生态环境的整体保护。其三，制度设计的理念有偏差。生态环境修复保证金应以确保受损生态环境得到及时、有效的恢复为目标。但是，由于制度设计有缺陷，缴纳保证金往往成为规避生态环境修复责任的"合法"方式。现实生活中"以罚代责"的情况比较普遍。这种做法违背了生态环境修复的初衷，给生态环境造成的危害非常大。其四，生态环境修复保证金制度设计不合理。以生态环境修复保证金的形式为例，我国现行绝大多数的生态环境修复法律制度中均规定以现金的方式收取保证金。

构建生态环境修复保证金制度有如下要点：第一，建议由国务院制定一个指导标准，由各省级地方政府制定本行政区域内生态环境修复保证金的具体征收标准。第二，对于跨行政区划生态环境修复保证金的征收，由所在省级政府提请国务院环保部门协调。第三，在设计制度时应本着灵活的原则，放宽保证金的形式限制。生态环境修复保证金的形式应多元化，凡是有价财物，都可以作为保证金。除现金外，担保债券、财产证书、存款单、不可撤销信用证、信托基金、法人担保、政府债券、可转让债券、保险等财物均应可以充当保证金。第四，保证金罚没后应直接转入生态环境修复专用资金账户，通过生态环境修复招投标的方式，确保将其用于生态环境修复。第五，注意生态环境修复保证金制度与许可证制度之间的协调，将缴纳生态恢复保证金作为颁发相关行政许可的前提条件。

参 考 文 献

一 著作类

（一）中文著作

曹明德：《生态法新探》，人民出版社 2007 年版。

常纪文：《环境法的新发展》，中国社会科学出版社 2008 年版。

常纪文：《环境法前沿问题——历史梳理与发展探究》，中国政法大学出版社 2011 年版。

陈慈阳：《环境法总论》，中国政法大学出版社 2003 年版。

陈海嵩：《解释论视角下的环境法研究》，法律出版社 2016 年版。

陈金钊：《法律解释学：权利的张扬与方法的制约》，中国人民大学出版社 2011 年版。

陈玉成：《污染环境生物修复工程》，化学工业出版社 2003 年版。

迟福林、张占斌主编：《邓小平著作学习大辞典》，山西经济出版社 1992 年版。

戴星翼、俞厚未、董梅：《生态服务的价值实现》，科学出版社 2005 年版。

董世魁、刘世梁、邵新庆、黄晓霞：《恢复生态学》，高等教育出版社 2009 年版。

葛洪义：《法理学》，中国政法大学出版社 1999 年版。

黄锡生：《水权制度研究》，科学出版社 2005 年版。

江必新：《环境资源审判指导》，人民法院出版社 2016 年版。

柯坚：《环境法的生态实践理性原理》，中国社会科学出版社 2012 年版。

李洪远、鞠美庭等：《生态恢复的原理与实践》，化学工业出版社2005年版。

李思强：《共生构建说论纲》，中国社会科学出版社2004年版。

廖盖隆等主编：《马克思主义百科要览·上卷》，人民日报出版社1993年版。

刘俊国、［美］安德鲁·克莱尔：《生态修复学导论》，科学出版社2018年版。

刘世梁：《恢复生态学》，高等教育出版社2009年版。

刘湘溶、朱翔：《生态文明——人类可持续发展的必由之路》，湖南师范大学出版社2003年版。

陆忠伟：《非传统安全论》，时事出版社2003年版。

吕世伦、谷春德：《西方政治法律思想史》，辽宁人民出版社1986年版。

吕世伦、文正邦：《法哲学论》，中国人民大学出版社1999年版。

吕忠梅：《环境法新视野》（修订版），中国政法大学出版社2007年版。

吕忠梅：《理想与现实——中国环境侵权纠纷现状及救济机制构建》，法律出版社2011年版。

吕忠梅等：《环境与发展综合决策：可持续发展的法律调控机制》，法律出版社2009年版。

罗肇鸿、王怀宁等主编：《资本主义大辞典》，人民出版社1995年版。

米文宝：《生态恢复与重建评估的理论与实践》，中国环境科学出版社2009年版。

彭克宏等主编：《社会科学大词典》，中国国际广播出版社1989年版。

彭少麟：《恢复生态学》，气象出版社2007年版。

彭少麟、任海：《恢复生态学导论》，科学出版社2001年版。

秦格：《生态环境损失预测及补偿机制——基于煤炭矿区的研究》，中国经济出版社2011年版。

沈德咏主编：《最高人民法院环境侵权责任纠纷司法解释理解与适用》，人民法院出版社2016年版。

史玉成、郭武：《环境资源法的理念更新与制度重构》，高等教育出版社 2010 年版。

孙佑海：《超越环境"风暴"——中国环境保护立法研究》，中国法制出版社 2008 年版。

汪劲：《环境法律的理念与价值追求》，法律出版社 2000 年版。

汪劲：《环境法学》，北京大学出版社 2014 年版。

王惠岩：《政治学原理》，吉林大学出版社 1989 年版。

王明远：《环境侵权救济法律制度》，中国法制出版社 2001 年版。

王树义主编：《可持续发展与中国环境法治——生态安全及其立法问题专题研究》，科学出版社 2007 年版。

王正平：《环境哲学——环境伦理的跨学科研究》，上海教育出版社 2014 年版。

邬晓燕：《中国生态修复的进展与前景》（生态文明建设卷），经济科学出版社 2017 年版。

吴鹏：《以自然应对自然——应对气候变化视野下的生态修复法律制度研究》，中国政法大学出版社 2014 年版。

肖蔚云、姜明安主编：《北京大学法学百科全书（宪法学·行政法学）》，北京大学出版社 1999 年版。

徐祥民、王光和：《生态文明视野下的环境法理论与实践》，山东大学出版社 2007 年版。

严耕、杨志华：《生态文明的理论与系统建构》，中央编译出版社 2009 年版。

杨通进、高予远：《现代文明的生态转向》，重庆出版社 2007 年版。

余谋昌：《环境哲学：生态文明的理论基础》，中国环境科学出版社 2010 年版。

俞海山、周亚越：《消费外部性：一项探索性的系统研究》，经济科学出版社 2005 年版。

张宝新、葛维宝：《大规模侵权法律对策研究》，法律出版社 2011 年版。

张维平：《保护生物多样性》，中国环境科学出版社 2001 年版。

张文显：《法学基本范畴研究》，中国政法大学出版社 1991 年版。

张梓太：《环境法律责任研究》，商务印书馆 2004 年版。

周连碧：《矿山废弃地生态修复研究与实践》，中国环境科学出版社2010年版。

竺效：《生态损害的社会化填补法理研究》，中国政法大学出版社2007年版。

左玉辉：《环境学原理》，科学出版社2010年版。

（二）中文译著

［美］A. 利澳波第：《沙乡的沉思》，侯文蕙译，经济科学出版社1992年版。

［法］阿尔贝特·施韦泽：《文明哲学：文化与伦理学》，陈泽环译，上海人民出版社2008年版。

［美］巴泽尔：《产权的经济分析》，费方域、段毅译，生活·读书·新知三联书店1997年版。

［美］保罗·萨缪尔森、威廉·诺德豪斯：《微观经济学》，萧琛译，华夏出版社1999年版。

［法］贝尔纳·斯蒂格勒：《技术与时间》，裴程译，译林出版社2000年版。

［美］查尔斯·哈珀：《环境与社会——环境问题中的人文视野》，肖晨阳等译，天津人民出版社1998年版。

［美］戴斯·贾丁斯：《环境伦理学：环境哲学导论》（第三版），林官明、杨爱民译，北京大学出版社2002年版。

［美］丹尼尔·A. 法伯、罗杰·W. 芬德利：《环境法精要》，田其云、黄彪译，南开大学出版社2016年版。

［美］E. 博登海默：《法理学：法律哲学与法律方法》，邓正来译，中国政法大学出版社2004年版。

［德］恩格斯：《自然辩证法》，中共中央马克思恩格斯列宁斯大林著作编译局译，人民出版社1971年版。

［美］弗·卡普拉、查·斯普雷纳克：《绿色政治——全球的希望》，石音译，东方出版社1998年版。

［日］今道友信：《美学的将来》，樊锦鑫译，广西教育出版社1997年版。

［德］卡尔·拉弗伦茨：《法学方法论》，陈爱娥译，商务印书馆2005年版。

［美］伦纳德·奥托兰诺：《环境管理与影响评价》，郭杯成等译，化学工业出版社 2004 年版。

［美］罗伯特·保罗·沃尔夫：《哲学概论》，郭实渝等译，广西师范大学出版社 2005 年版。

［美］罗尔斯：《正义论》，何怀宏、何包钢、廖申白译，中国社会科学出版社 1988 年版。

《马克思恩格斯全集》（第 4 卷），人民出版社 1974 年版。

［美］迈里克·弗里曼：《环境与资源价值评估》，曾贤刚译，中国人民大学出版社 2002 年版。

［法］米歇尔·福科：《词与物》，莫伟民译，生活·读书·新知三联书店 2001 年版。

［美］庞德：《通过法律的社会控制》，沈宗灵译，商务印书馆 2008 年版。

［美］R. F. 那什：《自然的权利——环境伦理的文明史》，杨通进译，青岛出版社 2005 年版。

［日］山寺喜成：《自然生态环境修复的理念与实践技术》，魏天兴、赵廷宁、杨喜田等译，中国建筑工业出版社 2014 年版。

［美］斯里达斯·拉夫：《我们的家园——地球》，夏堃堡译，中国环境科学出版社 1993 年版。

［加］威廉·莱斯：《自然的控制》，岳长龄、李建华译，重庆出版社 1993 年版。

［法］雅克·德里达：《书写与差异》，张宁译，生活·读书·新知三联书店 2001 年版。

［日］岩佐茂：《环境的思想与伦理》，冯雷、李欣荣、尤维芬译，中央编译出版社 2011 年版。

［美］约翰·罗尔斯：《政治哲学史讲义》，杨通进、李丽丽、李航译，中国社会科学出版社 2011 年版。

［日］植草益：《微观规制经济学》，朱绍文译，中国发展出版社 1992 年版。

二 论文类

（一）中文论文

陈学敏、韩德强：《生态修复理念下环境司法的困境与应对》，《中国审判》2015 年第 4 期。

高利红、余耀军：《环境民事侵权同质赔偿原则之局限性分析》，《法商研究》2003 年第 1 期。

巩固：《2015 年中国环境民事公益诉讼的实证分析》，《法学》2016 年第 9 期。

黄锡生、王江：《区域开发对环境的影响研究——法经济学的视角》，《地域研究与开发》2007 年第 5 期。

黄选瑞、滕起和等：《关于环境再生产过程中利益分配问题的探讨》，《中国人口·资源与环境》2001 年第 3 期。

李承亮：《损害赔偿与民事责任》，《法学研究》2009 年第 3 期。

李笑春、仝川等：《草地可持续发展：生态建设到生态恢复的转向》，《自然辩证法研究》2004 年第 9 期。

李挚萍：《环境修复法律制度探析》，《法学评论》2013 年第 2 期。

李挚萍：《环境修复目标的法律分析》，《法学杂志》2016 年第 3 期。

刘思华：《马克思再生产理论与可持续经济发展》，《马克思主义研究》1999 年第 3 期。

卢维善、丁斌：《论生态环境审判的修复机制》，《人民司法》2015 年第 23 期。

吕忠梅：《环境司法理性不能止于"天价"赔偿——泰州环境公益诉讼案评析》，《中国法学》2016 年第 3 期。

吕忠梅、窦海阳：《修复生态环境责任的实证解析》，《法学研究》2017 年第 3 期。

任凤珍、蒋北辰：《我国矿区环境保护的法律思考》，《河北法学》2007 年第 2 期。

沈文星：《我国湿地保护立法问题探讨》，《林业资源》2006 年第 3 期。

王江：《环境法"损害担责原则"的解读与反思——以法律原则的结构性功能为主线》，《法学评论》2018 年第 3 期。

王江、黄锡生：《我国生态环境恢复立法析要》，《法律科学》（西北政法大学学报）2011 年第 3 期。

吴常青：《论恢复性司法的本土资源与制度构建》，《法学论坛》2006 年第 3 期。

徐忠麟：《生态文明与法治文明的通约及融合》，《清华法治论衡》2014 年第 2 期。

薛晓源、陈家刚：《从生态启蒙到生态治理——当代西方生态理论对我们的启示》，《马克思主义与现实》2005 年第 4 期。

于秀波：《我国生态退化、生态恢复及政策保障研究》，《资源科学》2002 年第 1 期。

俞可平：《科学发展观与生态文明》，《马克思主义与现实》2005 年第 4 期。

钟祥浩、刘淑珍、范建容：《长江上游生态退化及其恢复与重建》，《长江流域资源与环境》2003 年第 3 期。

竺效：《论环境侵权原因行为的立法拓展》，《中国法学》2015 年第 2 期。

（二）英文论文

Cairns, "Encyclopedia of Environmental Biology", *Restoration Ecology*, No. 3, 1995.

Daily G. C., "Restoring Value to Word Degraded Lands", *Science*, No. 269, 1995.

Hobbs R. J., Norton D. A., "Towards a Conceptual Framework for Restoration Ecology", *Restoration Ecology*, No. 4, 1996.

Newton, Adrianc, Muir Stirling, Michelle Crowell, "Current Approaches to Native Woodland Restoration in Scotland", *Botanical Journal of Scotland*, Vol. 53, No. 2, 2001.

后　记

行文至此，终于可以写一些轻松的文字。

早有传闻，个人学术专著是高校文科教师，尤其是法学教师的"标配"。初闻此言，内心虽稍有涟漪，但一来脸皮厚，二则不尽苟同，虽经恩师多次提点，挚友反复催促，然天性慵懒，总能借故推诿。

时间奔逝，恍惚之间，入师门求学六年，毕业后栖息于恩师锡生教授羽翼之下，教书差强人意，治学亦未见精进，倏然之间已近十载，惶恐未有衰减。现忝列高校教师之列，然"未达标"之窘境还是偶尔能造成不小的困扰。所谓标配，意指一般，基本的装备，符合最低标准，也指标准的配备。不管怎样推诿，"未达标"无论如何都谈不上光彩。

事情转机骤现于去岁年末，个人成长遇挫也增刻了并不算坏的印记，"达标"之要求亦从未如此清晰且紧迫地呈现，于是重拾旧文，鼓捣出拙著如上。

尚有一些细节需要交代。犹记得博士求学之初，恩师访学牛津一年，话别之际犹有庄重交代，为长久计，宜自主选题。然学识俱浅，选题之困终难自力克除，一来二去竟又逾一岁。其间未断思考，恰遇其时学界研究风生水起，蔚为壮观，热点涌出并有泉流之态，新词频生似有喷薄之势。无奈资质驽钝，诸位大家的精深研究，仅敢仰望。幸有一日，闲逛至图书馆逸夫楼的自然科学藏书层，"生态修复"终得相见，想来实在幸运。

彼时研究甚是困苦，一来学界尚未有先进对此予以关注，能够查阅之资料近乎无。二是生态学界或恢复生态学界对此问题的研究于我而言过于生僻，消化并引入之难可想而知。

自己选择的路，再难也要走下去。三个月时间草就的论文完成度并不高。能蒙混过关看似不错，实则是评审老师们仁爱之心泛滥的善果和提携后辈之情些许急迫的确幸。评审和答辩时，各位老师对论文选题的认可和赞赏极大地鼓舞了我的信心，这也是我时隔十年，重新补充、修改、完善相对陈旧文字并努力将其出版的信心源泉。

小书即将付梓之际，诚挚地对如下师友表示感谢。

感谢恩师黄锡生教授！入门求学6年，恩师的人品、学识和才情均让我感佩，对我的恩情更是车载斗量，唯有铭记恩师教诲，践行"仁、义、礼、智、信"的门风，好好做人，踏实做事以报答师恩于万一。

感谢中国社会科学院法学研究所的马骧聪研究员。马老是我的师爷，有幸与之有过几次短暂的交流，马老对论文选题给予了充分肯定。感谢中山大学的李挚萍教授，湖南师范大学的李爱年教授，西南政法大学的刘俊教授，原西安交通大学（现重庆大学）的胡德胜教授，重庆大学的陈德敏教授等。他们或是我博士论文的外审专家，或是参加答辩的老师。十年前，他们对论文选题给予了肯定，十年来我国环境法理论研究、环境保护实践和环境保护司法中有关生态环境修复的各种进展、进步均力证了上述几位师长的独到眼光。

感谢武汉大学的柯坚教授，柯老师与我亦师亦友，其儒雅淡泊的君子之风让人亲近，其厚实学养让人敬佩。感谢重庆大学的程燎原教授、曾文革教授、宋宗宇教授、秦鹏教授、唐绍均教授和靳文辉教授，感谢我的师兄戴德军博士和蒲俊丞博士，师姐韩从容博士等，感谢诸位对我的提携、鞭策和鼓励。

感谢社会科学出版社的梁剑琴女士。梁编辑热情细致的工作作风，认真尽责的工作态度值得我学习，也得益于她高质量的工作，本书才能按时、顺利地出版。

感谢我的研究生杨静、钟瑞、彭染宁和丁浩江。在本书的修改过程中，他们帮助进行了资料收集、整理，内容调整和文字校对等工作，在此一并致谢。

感谢我的家人，谢谢你们给予的理解和关爱！

王　江

2019年3月18日